本书承蒙浙江传媒学院英语语言文学学科
卓尚中外文化传播研究出版基金资助出版

浙江省哲学社会科学规划资助课题成果文库

文化休克与返乡文化休克

蔡荣寿　金芳颖 / 著

中国社会科学出版社

图书在版编目（CIP）数据

文化休克与返乡文化休克/蔡荣寿，金芳颖著．—北京：
中国社会科学出版社，2016.2
　ISBN 978－7－5161－8004－4

　Ⅰ.①文…　Ⅱ.①蔡…②金…　Ⅲ.①文化交流—研究
Ⅳ.①G115

中国版本图书馆 CIP 数据核字（2016）第 074783 号

出 版 人	赵剑英
责任编辑	郭晓鸿
特约编辑	席建海
责任校对	张依婧
责任印制	戴　宽

出　　版	中国社会科学出版社
社　　址	北京鼓楼西大街甲 158 号
邮　　编	100720
网　　址	http://www.csspw.cn
发 行 部	010－84083685
门 市 部	010－84029450
经　　销	新华书店及其他书店

印　　刷	北京君升印刷有限公司
装　　订	廊坊市广阳区广增装订厂
版　　次	2016 年 2 月第 1 版
印　　次	2016 年 2 月第 1 次印刷

开　　本	710×1000　1/16
印　　张	18.5
插　　页	2
字　　数	292 千字
定　　价	69.00 元

前　　言

当下，出国访问、进修、留学、旅游已非常普遍，而人们对于国外的美好预期和现实总会有差距，如果不准备好面对文化休克问题，将使出国的价值受到影响。而当他们回国时，若没有经历返乡文化休克的准备，也将阻碍他们更好地适应国内的生活，体现自身的社会价值。因此，本研究旨在为出国访问、进修或留学的教师和学生提供解决方案，提高他们的跨文化交际能力。

本书通过对出国人员和归国人员的文化休克和返乡文化休克进行问卷调查和选取样卷中比较有代表性或者具有特性的案例进行个案研究，阐述了出国人员和归国人员经历文化休克和返乡文化休克的现状；提出解决出国人员和归国人员经历文化休克和返乡文化休克的具体方法。

本书的第一章对文化休克与返乡文化休克的概念进行界定，介绍国内外研究现状与文化适应理论模型；第二章是关于文化差异理论和文化冲突的探讨，重点介绍克拉克洪—斯托特柏克构架、霍夫斯泰德的文化维度模式和蔡安迪斯的多维个人主义与集体主义理论；第三章分析了文化休克与返乡文化休克的类型，包括文化休克存在的原因、症状、阶段、种类与影响，以及返乡文化休克现象、产生的原因、症状与种类；第四章是文化休克和返乡文化休克的调查研究对比；第五章是文化差异纵横谈，重点讨论中美文化差异、中俄文化差异、中英文化差异、中法文化差异、中日文化差异、中澳文化差异和中德文化差异；第六章讨论了如何应对文化休克与返乡文化休克。

目　　录

第一章　引言

一　研究背景

跨文化交际是指来自不同文化背景的人之间的交际。跨文化交际需要处理的是交际和文化之间的关系，解决的是跨文化语境中的问题。正确地了解和认识新文化，对固有的行为举止、交际规则、思维方式等作出必要的调整，必要时还要对文化身份作出必要的改变，以适应新的文化、生活和环境，这都是跨文化交际中需要作出的调整。马可·波罗、哥伦布、库克船长等人都是早期非常成功的跨文化交际者。张骞、玄奘、郑和则是中国早期跨文化交流的先驱。

随着社会科学和技术的进步与发展，尤其是现代通信技术及交通工具的发达，以及"地球村"和"全球化"的观念深入人心，世界变得越来越小，距离不再是人与人交流的障碍，世界人口在不断流动，不同国家和民族之间的人交流日益频繁。网络的发达、交通设施的完善、工业的全球化、国际交流生的日益增多、旅游业的发展、各国移民数量的增加等一系列的发展，促进了各国及各民族人民之间的交流。现代传播技术及现代社会的发展，使我们每个人都进入了跨文化交际的时代。由于这种变化，越来越多的人在与自己以往生活环境不同的文化环境中生存，和不同文化的人进行交流。以美国的国际交流生为例，1955 年，有来自世界各地约 3.4 万名留学生去美国求学；到 1990 年，人数增长到 38.6 万；而到 1996 年，人数又到了 45 万。在中国，2009 年赴美留学生人数有 9.85 万，到 2014

年赴美留学人数突破 20 万。2014 年 8 月，在北京举行的第九届中国留学人员创新创业论坛上，教育部副部长刘利民介绍，2013 年中国留学回国人数为 35 万，创历史新高。

由于跨文化交流的日益频繁，越来越多的专家、学者开始关注由此而带来的一些影响。跨文化交流带来的后果有利也有弊。从有利的方面来说，跨文化交流开阔了人的眼界，对一个人的个性成长有帮助，能够通过另一种视角来看待对方的文化，从而促进两种文化的碰撞和融合。随着两种文化交流的日益频繁，越来越多的人参与到跨文化交流中来，也能够促进两种文化间的相互理解。

而从有弊的方面来说，在跨文化交流过程中，尤其是初期，由于对另一种文化的了解可能不够充分，陌生的环境可能会造成人的焦虑、困惑、恐慌、失落等情绪，在与当地人交流过程中，由于价值观、信仰、生活方式、习俗、教育模式等方面的差异，可能也会产生很多交流上的困难，甚至是分歧和矛盾。同时，在适应新的环境时可能会产生困难和压力，甚至会造成生理上的一些疾病，比如头晕、恶心、失眠、多梦等症状。《晏子春秋》里面的名言"橘生淮南则为橘，生于淮北则为枳"，本意是用来比喻迁地不良，越过淮河，南北地理环境、天气、水土有差异，人文环境也有差别。由于这些差异，植物会有"水土不服"的现象，果子也由大变小，由好变差了。这句话现在多用来形容人在不同的环境中，也会有适应不良或水土不服的现象。这就是我们所说的文化休克（culture shock）现象。如果文化休克现象不能得到及时的改善，很容易使出国的人对于新的国家及文化有抵触情绪，甚至起敌意，不利于跨文化交流的顺利展开。

而当出国人员在其他文化中生活了相当一段时间，经历了异国文化的冲击和适应过程后，带着潜移默化的行为习惯再回国时，对于曾经熟悉的环境和生活方式，似乎也会存在很多不适应，甚至感觉很陌生，他们还将面临新一轮的文化冲击和文化再适应。这种由于在国外生活了一段时间，回到母文化环境时所产生的类似进入新文化时的不熟悉、误读等现象，被称为返乡文化休克（reverse culture shock 或 re-entry shock）。这同样可能使人产生心理或生理上的问题，甚至可能比去一个新的国家产生的问题更大，更难以调整状态。已有的一些研究结果表明，归国人员对于回国后将面临的返乡文化休克缺乏充分的了解和思想准备，这使得对此问题的研究尤为迫切。

二 研究意义

文化休克和返乡文化休克研究对中国的出国留学人员及留学归国人员具有重大的现实意义。自20世纪70年代至今，尤其是近几年，我国每年出国留学人员成倍上涨，"海归"人数也与日俱增。还有不少已获得他国护照或居留权的人也选择回国工作、定居，或从事跨国公司的中高层管理工作。这些人都面临不同程度的文化休克或返乡文化休克。而这些人在中国社会和经济发展过程中发挥着不可或缺的作用。因此，对于文化休克和返乡文化休克的研究很有必要。

其实，返乡文化休克比文化休克更应该得到重视。人们面对文化休克时的反应往往会有三种：一是完全不能适应而完全封闭在母文化中；二是完全接受融入新的文化环境；三是能很好地结合母文化和客体文化。那么，返乡文化休克应该也会出现相应的几个结果，但是如果无法融入客体文化，又难以重新融入母体文化，这种归属感的缺失有可能会带来"恐内症"，消极抵触母体文化环境。虽然返乡文化休克已经开始得到人们的重视，但是目前为止还没有比较有建设性的解决方法。留学归国人员还是要在自己的摸索中寻找融入周围环境的道路。

国外的许多大学和研究机构针对学生们存在的文化休克和返乡文化休克，开设了专门的研究机构和咨询中心，为他们提供缓解各种不适应症状的建议和指导。相比较而言，我国的教育体系中就没有这样相对明确完善的研究、指导机构。面对今后越来越多的留学归国人员，建立相应的组织或研究机构对他们的返乡文化休克提供精神和必要的物质帮助，至少对于还没有完全恢复融入的人们来说，这样的衔接和中间地带，能够使他们减少无所适从的感觉，更有指导性地调整个人状态。这将能一定程度上减少由于文化不同带来的生理和心理上的不适，消除他们由于文化休克而造成的人际交往中的障碍，从而使其建立良好的社会关系，更好地发挥他们在社会进步中所能起到的作用。同时，文化的再适应还能使他们重新认识母文化，更深层次地理解与认同母文化的价值观。

在此，列举一些由于文化差异造成适应问题的例子，例子均摘自陈国明（2009）。[①]

【案例1-1】印象最深的是，当时念的是政治，全班只有我一个外国人，上课时常如鸭子听雷，苦闷万分。有一天终于鼓起最大的勇气，向某位友善的外国同学商借笔记参考，没想到她当场拒绝，气得我回家大哭一场，暗恨美国的缺乏人情味，只好努力看书来弥补英文听力的不足。（周芬娜，《世界日报》2000年7月4日）

这是对美国人讲独立、重竞争的文化价值观的不适应。根据 Hofstede 的理论，美国人是个人主义的文化价值观，而中国人是集体主义的文化价值观，这会导致中美在处理人际关系（relationship）和事物上有所差别，中国人非常重视人与人之间的情谊，也会为对方考虑；而美国人则喜欢就事论事，讲话也更直接，不会太多顾及对方的感受和"面子"。

【案例1-2】来美国后不久，在大学城的商店购物，素昧平生的祖母级店员找钱时，居然称呼我"亲爱的"（honey），教我着实大吃一惊。"亲爱的"不是电影里夫妻、情人的互称吗？（张纯瑛，《世界日报》2000年7月6日）

这是美国人人情味的表现，跟私情没有什么关系。不光是美国人，好多欧洲国家的人如法国人，朋友间见面甚至要拥抱或亲吻对方的脸颊，并不是说他们有多么多情，男女关系暧昧不清，这只是他们对朋友见面打招呼的方式而已。

【案例1-3】犹记抵达美国不久，有一日在校园的林荫大道慢跑。

---

① 陈国明：《跨文化交际学》，华东师范大学出版社2009年版。

迎面而来是一位天使面孔、魔鬼身材的金发丽人。没想到在擦身而过之际，她脸带微笑，嫣然对我说了声"嗨"。一向自认长相平庸，既无玉树临风之姿，亦无小白脸之貌，所以在女同胞面前吃不开，早就习以为常。现在居然有如此美女主动示好，难道是国内诸妹有眼不识泰山，还是外国女孩的要求标准太低？（李宽宏，《世界日报》2000 年7 月 24 日）

可别自作多情地以为天降美色于你，"嗨"和"How are you""How are you doing"及"What's up"等，都是美国人对于朋友或是陌生人一种礼貌的寒暄用语。而非因为你特别迷人而有意接近。就如上一个例子中提到的，一些国家甚至会采用拥抱、亲吻的方式来打招呼，而非过于亲密或男女暧昧不清，这是由于不同文化社交生活方式所导致的理解错误。

【案例1-4】不久，朋友发生一件令他们痛苦不堪的事。13 岁的女儿正当反叛年龄，经常告假外出，不喜学习，不爱做家务，也不愿意收拾房间。朋友用自己的尺度来衡量，不可容忍，一时冲动，掌掴了她。哪知，事情因老师知悉并报警而闹大了。等我赶到她家时，3 个女儿已被政府保护儿童部门一起带走了。她夫妻也正被警察调查，作为一宗罪案来处理。朋友用饱含泪花的眼神，看了我一下，便被警方拘走。这样的情景，把我震惊得傻了眼，一颗重重的心不断下坠。（娴子，《世界日报》2000 年 7 月 15 日）

这是因对儿女管教方式的文化差异所带来的适应上的悲剧。根据 Hofstede 的理论，中国人属于高权力距离文化，比较注重等级差别，父母相对子女来说，更具权威，子女要听从父母的教导。而美国人属于低权力距离文化，相对来说比较追求平等，父母对子女的教导不能采取强迫的方式来限制他们的自由。和案例 1-4 类似的由于中西文化差异造成的文化误读的情况还有，下一个案例中就有所体现。

【案例1-5】据西班牙欧浪网报道，家住西班牙巴塞罗那的山东籍侨民张女士遭医院医生报警，并被指控对其10岁的女儿使用家庭暴力。据了解，原来是中医"拔罐"被误认为"家庭暴力"。事情的经过是这样的：张女士在出国前曾学过中医刮痧（skin carping therapy）、针灸、按摩、拔罐（heated-cupping therapy）等中医非药物疗法，因女儿患了重感冒，她认为拔罐可以活血化瘀，治疗由外邪引起的感冒发热、头痛、咳嗽等症状，就用从国内带来的一套拔罐为女儿进行了拔罐治疗，但未见好转，就带她去医院找医生开药。当医生为她女儿检查身体的时候，发现她女儿身上因拔罐治疗留下的瘀痕，系热力烫伤所致，认为是故意的人为行为。张女士也承认是她做的，她解释那是中医疗法，但医生和警察表示不清楚中医的"拔罐"是什么，没有见过也无法证实那是一种怎样的医疗行为，因此被认定为家庭暴力行为而起诉。（中新网2008年8月11日消息）

电影《刮痧》中，也是由于孩子身体不适，大人给其刮痧，去医院就诊时被误认为在家受家庭暴力。由于美国特别反对父母对子女的"虐待"（虽然有些打骂在我们看来是正常的，并非虐待），因此当看见孩子被刮痧之后的背，便认定孩子在家受到父母的虐待，孩子马上就会被政府保护儿童部门带走，父母也会陷入警方调查取证的危机中。这正如案例1-6提到的。

【案例1-6】如今身为人父了，但时代也改变了。不论在东方或西方，体罚孩子已不再时兴。尤其住在美国，不仅不能体罚孩子，连要动口骂骂管训不成才的子女，都得看看窗户有没有关紧，以防邻居误以为你在虐待孩子，电话一通，警察就来。想起以前父母辈管教儿女之威风，处罚手段之自由，真想一头撞墙，自悲当今父母在管教孩子的权力上，给剥夺得像只无毛鸡一样。

如果孩子尚小，只要把声音稍稍抬高，就可以把他们唬住，立得调教之效。可是家里若有个十来岁的初中生（别说两个），那日子可就难过了。说他懂事，他却好像不懂任何你懂的；说他不懂事，他却好像又懂一点你不懂的。你不能说他，一说他嘴巴就翘得像鱼钩，尽以为你根本不懂任何事。你气得像个要炸掉的气球，恨不得揍他一顿以收点管教之功，但手一举，马上又如丧家之狗，夹着尾巴，垂头丧气，跌坐在沙发椅上，双手无力，等待着心脏病来攻击。真是无语问苍天，有苦难言。（京士顿，《罗州华人导报》1999年10月15日）

这样的例子比比皆是，这都是由于对对方文化不够了解所导致的文化休克现象。如果对于文化休克现象没有很好的心理准备和认知，便有可能在国外遇到很大的困难。当然，笔者在找这些关于文化休克的案例时，发现涉及返乡文化休克的几乎没有，而实际上返乡文化休克更容易被人忽略，因为人们出国多少还会有一点心理准备，而回国一定会认为回到母文化肯定可以像以前一样生活得非常自如。但实际上，那种回国后感受到的国内与国外的差别，以及国内文化自身的一些变化（在出国的这段时间内，国内文化多少会产生一些变化）会让归国人员更难以接受。

三　文化休克和返乡文化休克的概念界定

（一）文化休克

笔者查阅了诸多国内外文献，绝大部分文献都指出，"文化休克"的概念是在1960年由Oberg提出的。但事实上，当"文化休克"概念还没有单独提出来的时候，对文化休克现象的描述便已存在，比如Redfield，Linton和Herskovits（1936）[1] 在有关涵化（acculturation）的论述中，就提到了这个现象。

根据潘一禾（2011）[2] 的研究，"文化休克"（也译作文化冲击、文化震荡）这个概念最早是由人类学家卡莱沃·欧伯格（Kalervo Oberg）在他

---

[1]　Redfield, R., Linton, R. & Herskovits, M. J., Momorandum on the Study of Acculturation, *American Anthropologist*, 1936（38）：149—152.

[2]　潘一禾：《超越文化差异：跨文化交流的案例与探讨》，浙江大学出版社2011年版。

1954 年的博士论文《克林基特印第安人之社会经济》(*The Social Economy of the Tlingit Indians*)中提出的。克林基特(Tlingit)是加拿大西北部的一支原住民,是一个东南阿拉斯加海岸及亚历山大群岛的温带雨林繁衍出来的、靠狩猎为生的母系社会。欧伯格出生在加拿大,父母为芬兰人,他后来去了美国,1944 年获美国国籍。在研究克林基特之独特原住民文化和社会构架的过程中,欧伯格提出了"文化休克"概念,并加以系统研究;还在很多演讲中,对文化休克现象进行了深入浅出的解释。

不过,笔者发现大部分文献中认为欧伯格提出"文化休克"概念的学者指出这个概念是在 1960 年由欧伯格在《实用人类学》(*Practical Anthropology*)这本期刊的论文 "Culture Shock:Adjustment to New Cultural Environments" 中提出的。他观察到,很多脱离了母语文化的人来到一种新的文化环境时,常常会在心理或生理上出现一段时间的不适应,如抑郁、疑惑、暴躁,甚至是恐怖和自闭等。因此,他将"文化休克"定义为:"由于失去自己熟悉的社会交往信号或符号,对于对方的社会符号不熟悉,而在心理上产生的深度焦虑症。"其症状包括过度洗手,过度担心所饮用的水质及所吃的食物、被褥的清洁状况,老是心不在焉、眼睛盯着远方放空,吃饭没有胃口,过于依赖本民族在当地的永久居住者,对于遭人欺骗和遭人抢劫充满了极度的恐惧,非常在乎皮肤上的不适及轻微的疼痛,非常想念自己的家乡。[1]

"文化休克是人们在另一种不熟悉的文化环境中所产生的心理反应。通俗地说,一个人从一地迁移到另一地,原来自己熟悉的一套符号、习俗、行为模式、社会关系、价值观念等被另一套新的自己所不熟悉的符号、习俗、行为模式、社会关系、价值观念所替代,从而在心理上产生焦虑,在情绪上不安定,甚至沮丧。严重的情况下,会产生各种心理和生理方面的疾病。"[2]

---

① Oberg, K., Culture Shock:Adjustment to New Cultural Environments, *Practical Anthropology*, 1960 (7):167—221.

② 李建军、李贵苍:《跨文化交际》,武汉大学出版社 2011 年版。

当文化休克发展到非常严重的状况时，人们甚至无法开始正常的生活。比如一位美国军官的妻子，去哥伦比亚后在床上整整躺了两天，因为她心里对于当地空气中的细菌感到极度恐惧。这种紧张和焦虑就是文化休克在生理上的表现，这也是由于之前对于文化休克预料不足，或者说对于新的文化了解不够所导致的。有研究数据表明，大约有 20% 的移民者在面对新的文化时，非常享受新的环境，并没有遇到什么困难；而有 30%—60% 的移民者会遭遇不同程度的文化休克，有些甚至是非常严重的文化休克。① 文化休克发展到极端，甚至会出现患精神病或者自杀的情况。

（二）返乡文化休克

返乡文化休克（reverse culture shock 或 re-entry shock）是 Scheuts 在 1944 年最早提到的，当时主要研究的是在海外多年的士兵返回本国时遇到的困难问题。返乡文化休克主要是指出国人员在离开本土相当一段时间内，经历了异文化的冲击、适应过程后，回到母国时对于曾经熟悉、现在却可能是陌生的母文化环境产生的类似进入新文化后的不熟悉、误读等现象。② 它发生于出国人员重新返回本土文化后，一些原本觉得天经地义的社会习俗、生活习惯、思维方式及行为准则，在新的环境中却变得难以适应。多年的异国生活让人在不知不觉中被那些尽善尽美的商品文化和以人为本的人性化服务，宠得在细节上受不得一丁点儿委屈。所以即使回到的是自己的国、自己的家，那些曾经以为理所当然的不太美好的琐碎却开始变得刺人的眼，扎人的心。

许多报道都反映了出国人员归国后产生不适应的情况，在经历返乡文化休克时，海归往往难以适应而坚持自我，从而陷入被误解甚至被批判的尴尬处境。《华闻周刊》就曾经做过一项"国人讨厌海归的十大理由"的调查报告。如今，不少海归也纷纷通过论坛、博客等互联网渠道表达了自己对返乡文化休克难以招架的处境。一夜之间，故乡人仿佛成了"最熟悉的陌生人"。同时，国外学者也已对返乡文化休克做了大量的研究：Uehara

① Jandt，F.，*An Introduction to Intercultural Communication*，SAGE Publications，2007.
② 潘翎、崔贵强：《海外华人百科全书》，香港三联书店 1998 年版。

（1986）① 将返乡文化休克形容为归国者最初回国经历得心理困难。Gaw（2000）② 认为返乡文化休克是归国者回到祖国或母文化时重新适应本土文化的一种过程。

学者 Michael Paige 指出，如果说文化休克是指出国人员面对不熟悉的文化所经历的冲突与矛盾，那么返乡文化休克指的是回国人员面对熟悉的文化所经历的冲突与矛盾。在李晶（2008）③ 的研究中，将返乡文化休克定义为："出国人员在离开本土相当一段时间内，经历了异文化的冲击、适应过程后，回到母国时对于曾经熟悉、现在却可能是陌生的母文化环境产生的类似进入新文化后的不熟悉、误读等现象。"结合各学者的研究，简单来说，返乡文化休克指的是出国人员在异国生活过一段时间回国后所经历的心理上的不适。（Adler，1981④；Austin，1983，1986；Brabant，Palmer，Gramling，1990；Enloe，Lewin，1987；Gullahorn，Gullahorn，1963⑤；Martin，1984⑥）

这样的冲突与矛盾比出国后经历的不熟悉的冲突与矛盾要更难克服。因为通常回国人员回国时都是带着轻松愉悦的心情，以为终于可以回到自己熟悉的文化中，但当回国人员回国后，会有一种陌生感和疏离感，会意识到好多东西与自己想象的并不相同，有些事物也与出国前相比有所改变，这种"熟悉的陌生感"往往要比出国时经历的陌生感心理上更让人难以接受，Jody Merrill-Foste 将这种感受称为"becoming a stranger to one's own culture"。因此，"返乡文化休克"也像"文化休克"一样，经历者要

---

① Uehara, A., The Nature of American Student Reentry Adjustment and Perceptions of the Sojourn Experience, *International Journal of Intercultural Relations*, 1986, 10 (4): 415—438.

② Gaw, K. F., Reverse Culture Shock in Students Returning from Overseas, *International Journal of Intercultural Relations*, 2000 (24): 83.

③ 李晶：《逆向文化冲击中的文化适应——对上海市归国留学人员的实证研究》，硕士学位论文，复旦大学，2008 年。

④ Adler, N. J., Re-entry: Managing Cross-Cultural Transitions, *Group and Organization Studies*, 1981, 6 (3): 341—356.

⑤ Gullahorn, J. T. & Gullahorn, J. E., An Extension of the U-curve Hypothesis, *Journal of Social Issues*, 1963, 9 (3): 33—47.

⑥ Martin, J. N., The Intercultural Reentry: Conceptualization and Directions for Future Research, *International Journal of Intercultural Relations*, 1984 (8): 115—134.

感受情绪的起伏和波动。一般来说，经历者最终能够适应国内的生活环境。返乡文化休克的程度是因人因具体情况而异的，人们离开本文化时间的长短、与故乡亲友联系的疏密、语言改变的多少等都能够在一定程度上影响返乡文化休克。

四 国内外研究现状与文化适应理论模式

（一）国内外研究现状

由于越来越多的人因为工作、学习有了长期在海外生活的经历，回归母体文化时遭遇的尴尬越来越多，文化休克与返乡文化休克的研究范围也就有了扩展。作为不同文化碰撞的体验者和经历者，留学归国人员面对的种种不适应，将在未来与国家、文化的进一步融合中放大。虽然文化休克不可避免，但可以"预防"，可以"医治"。

国外对于文化休克和返乡文化休克的研究，一方面，是学术上的探讨；另一方面，缘于国际交流的频繁，跨国企业或者国际机构对于此问题的关注。它的研究对象通常为以学习、移民、商务为目的的出境人员，以及政府或国际组织工作者。研究的主要问题是跨文化交际过程中（包括出国及回国），跨文化适应、精神健康适应、出国或归国人员的阻止管理和实用性质的出国或归国适应培训等。1977 年，Werkman 对高中生的研究，1990 年 Brabant，Palmer，Gramling 及 1991 年 Rohrich 和 Martin 对大学生的研究，1991 年，Briody 和 Baba 及 1992 年 Black 对公司人员的研究，1992 年，Lucca Irizarry 和 Pacheco 对归国移民的研究，1993 年，Stringham 对外交人员的研究都证明文化休克和返乡文化休克的问题是存在的。[①]

国外对于跨文化适应的研究，主要从两个层面进行：一个是个体层面；另一个是群体层面。个体层面侧重的是，在个体与不同文化接触的过程中，个人在认同、价值、态度、行为等方面的变化。Graves "将文化融入看作个体与其他文化群体的实际接触所导致的心理与行为上发生的变

---

① 李晶：《逆向文化冲突中的文化适应——对上海市归国留学人员的实证研究》，硕士学位论文，复旦大学，2008 年。

化"①。Searle 和 Ward 认为，"在跨文化转变及调整过程中，存在两种类型的适应：心理适应和社会文化适应"②。

国内对于跨文化交际的研究最早从胡文仲开始，贾玉新、许力生在这方面也有很多研究。关于文化休克与适应的研究主要是针对移居海外的华人华侨和留学生展开的。如郑雪和美国学者 Berry（1989）合作研究了加拿大的中国旅居者的心理适应问题；陈向明（1998）关于中国留学生在美国的适应问题的研究；中国科学院的陈秀蓉（1999）对近 30 年来印度尼西亚华人文化的适应作了详细的研究，指出当地政府对待华人华侨的政策是影响其文化适应的重要因素；徐光兴（2000）对中国学生在日本的适应进行了研究；厦门大学陈衍德教授（2001）对东南亚华人文化与当地主流文化的互动关系进行了研究；中国华侨华人历史研究所在这方面也颇有成果。

（二）跨文化适应理论模式

跨文化适应（intercultural adaptation/intercultural adjustment）泛指对一个新文化环境逐渐感到贴切或相称的过程。跨文化适应的研究通常着重于居住在异国的人们，着重于他们在适应新文化过程中所产生的矛盾、焦躁、烦恼与痛苦的心理冲击（psychological impact）。因此，跨文化适应也称为文化休克（culture shock）、涵化（acculturation）、涵化压力（acculturative stress）、适应压力（adaptive/adjustment stress）、文化劳累（cultural fatigue）、变迁休克（transition shock）或适应休克（adjustment shock）。其中以文化休克最为常见。③

严谨地说，文化休克应该只是文化适应过程中的一个阶段，但由于它代表跨文化适应过程中最明显与最主要的部分，因此了解了文化休克也就等于了解了文化适应的意义与本质。反过来说，研究文化适应理论对于理

---

① Graves，T. D.，Psychological Acculturation in A Tri-ethnic Community，*Southwestern Journal of Anthropology*，1967（23）：337—350.

② Searle，W. & Ward，C.，The Prediction of Psychological and Sociocultural Adjustment During Cross-cultural Transitions，*International Journal of Intercultural Relations*，1990（14）：449—464.

③ 陈国明：《跨文化交际学》，华东师范大学出版社 2009 年版。

解文化休克也有着极大的帮助。因此，文化适应理论从某种意义上来说，基本上也是反映了文化休克的理论。本书中，作者根据各类文献，经筛选，总结出以下几种模式。

1. 转变模式（Transition Model）

Church（1982）[1] 通过文献分析指出，对 U 型曲线假设的支持是无力的、非决定性的、过于泛化的。该模式之所以得不到有效证实，是因为每个旅居者的个体情况差异很大，每个人的性格、出国目的等各不相同，这都会令他们的适应结果产生巨大差异。有的人在新的文化环境中，长年累月实现的不是适应，而可能是被边缘化、被隔绝。同时，每个国家的具体情况也各不相同，有些国家对外来群体比较宽容，有些就充满偏见，这都会给出国者在异国他乡的经历带来不可预知的影响。通过案例 1-7 可以说明这一问题。

【案例 1-7】玛利亚和她的妹妹从希腊移民到德国，但她们的经历却大不相同。玛利亚说，她在德国大学拿到学位，并获准在德国工作，但只因为她的民族问题，她总是收到应聘单位的拒绝信。她在英国也有相同的经历。所以，她只指望能找到一份临时工作。

而她的妹妹被德国一家 IT 公司拒绝的理由竟然是口音和黑色的头发。所以玛利亚认为，我们只有在先学会互相尊重的前提下，才有可能谈文化休克及文化适应问题。

从这个角度来看，U 型曲线把文化适应问题过于简单化了，没有考虑个性与多样性。而转变模式则较好地考虑了每个转变者自身的特征。

Bennett（1977）[2] 指出，文化休克和适应就像人们一生中要经历的一些成长转变一样，如我们到外地去上大学、结婚、初为人父母等，所以

---

[1] Church，A. T.，Sojourner Adjustment，*Psychological Bulletin*，1982，91（3）：540—572.

[2] Bennett，J.，Transition Shock：Putting Culture Shock in Perspective，*International and Intercultural Communication Annual*，1977（4）：45—52.

Bennett 的观点又被称为文化适应的转变模式。所有的转变都是有得有失的，比如我们结婚后失去了某些独立性，但同时获得了伴侣和亲密的关系。文化适应也一样，它部分地依赖于调适者本身，即每个人都有自己更偏好的方式来应对新的环境。心理学家发现，通常这些应对新环境的方式可以分为两种："回避"（flight）和"战斗"（fight）。

（1）回避。出国者面对新的环境时踌躇退缩，在看清楚事态发展之前绝不会投入其中。采用这种方法的人可能只有在确定自己说出的话没有问题时才会开口说话，笔者刚去英国留学时也是如此。虽然在国内学的是英语专业，但在课堂上开口说话表达自己的观点时总会斟酌再三，生怕说错丢脸，感觉说错了不光是自己丢脸，就像是给中国人丢脸一样。当然，这也不是一件坏事，可以令人们暂时从与其他文化互动的紧张中释放出来，即短暂的回避可以让旅居者从文化适应的挑战中获得必要的休息，但沉陷于这种回避就是一种无用功。有些人到国外求学或者到国外生活，同学、同事、朋友通常也都与自己是同一文化的出国人员，大家平时交流都用母语，交谈的内容也大多是对东道国的不满。这是一种明显把自己与东道国文化隔绝开的态度，不利于在文化适应中成长转变。

（2）战斗。这一类出国人员有一种冒险精神，善于用试错的方法。他们会不失时机地练习东道国的语言，而不在乎自己的发音有多么不标准；他们可能会跳上一辆公交车而不确定这辆车是否能载自己去目的地。有些人去中国香港学习，会利用一切学习香港文化和语言的机会。在公共场合即使都是人，他们也不会羞于说那蹩脚的粤语。也许有些人在内心会嘲笑他们丑态百出，但等到临近毕业的时候会发现，他们已经能说一口流利的粤语，也由此获得了更多的就业选择机会。[①]

回避和战斗这两种方式无所谓对错，它们可能与每个人的家庭环境有关。有些父母会鼓励孩子要自信、敢于尝试；有些家长可能会鼓励孩子在新环境中多等、多看。但根据笔者个人的经验，每个人在不同的场合可能会采取不同的方式。比如笔者之前提到的，刚到英国，在课堂上要发言时

---

① 陈雪飞：《跨文化交流论》，时事出版社 2010 年版。

更多时候会采取"回避"的方式，会想很多，开口较少，这是因为笔者觉得同学和老师经常要碰面，如果说错会丢人。但不意味着笔者处处都是如此，到了课堂外，比如教堂、超市、商场、酒吧，甚至大街上，都非常积极地开口与当地人交流，珍惜每一次学习当地文化的机会，因为那些人也许一辈子也就碰到一次，说错了也无所谓，不会没面子。

2. 感情四阶段论

对 U 型理论模式有持反对意见的，但是也有学者提出的理论与 U 型理论模式相似，如 Mansell（1981）[①] 的跨文化适应感情四阶段论。这个理论比较注重出国人员内心受到文化休克的冲击，经历的感情高低起伏的变化，逐渐改善及慢慢适应东道国文化的个人成长的过程。它其实与 U 型模式所提到的心理起伏变化有点类似，只不过 U 型理论中，出国人员刚到东道国，心情如蜜月般甜蜜，之后才开始经历文化休克，最后渐渐适应。而 Mansell 在理论中指出，出国人员在跨文化适应过程中，多少会受到4个阶段的心路历程：疏离感（alienation）、边缘化（marginality）、濡化（acculturation）及二元性（duality）。

（1）疏离感。在这个阶段，出国人员的内心一般都会对自己文化有非常强的认同感，也因此比较排斥东道国文化，这样会使得他们参加当地活动的机会减少，认识的人也不多，有一种疏离感。在这个阶段，因为缺乏适应东道国文化的必备技巧，而感到自身只有与自己的文化才最相配，并且常常有想要回国的冲动。

（2）边缘化。边缘化的感觉像三明治面包一般，也就是夹在两种文化之间，不知道自己到底属于哪一边。这种情况不明的现象，使得出国人员经常对自我认同发生不确定感。在社交关系方面，感到边缘化的出国人员顶多只能与东道国的人建立初级或表面的联系。由于无法完全放弃本国的文化和风俗习惯，所以经常感到既无法好好享受自己的文化，也无法好好享受东道国的文化。

---

① Mansell，M.，Transcultural Experience and Expressive Response，*Communication Education*，1981（30）：93—108.

（3）濡化。当出国人员对适应东道国的生活方式有强烈需求的时候，濡化现象也会跟着出现。对东道国文化开始产生认同，意味着自己原来文化的重要性在生活中已经慢慢降低。能够不执着于自己原来的思想态度，与当地人民深交的障碍已经自然解除。不过这个阶段要注意的是若过度急于融入新环境，可能会碰到障碍继而引发挫折感，反而不利于跨文化适应。

（4）二元性。最后是文化二元性期。这一阶段类似 U 型曲线模式的完全适应期。文化二元性代表了出国人员虽然在国外生活了好多年，但是已经掌握了适应自己的母文化及东道国文化的能力，能够在两种文化间自如地转换。这种适应弹性的能力提供给出国人员克服文化冲突的技巧，整合成他们新的行为成规。[①]

3. 转化学习模式（Transformative Learning Model）

Taylor（1994）的转化学习模式认为，出国人员在新文化环境中居住一段时间后，自我转化是一个不可避免的经验。跨文化适应是出国人员经过由沟通活动，一步一步学习如何把自己从一个新鲜人或菜鸟，转化成一只玲珑自如的老鸟的过程。以 Mezirow（1978，1981，1991）[②] 的转化学习理论与 Ruben（1988）[③] 的跨文化转化理论为基础，Taylor 发展出了转化学习模式，用以解释跨文化适应的过程。

转化学习模式特别留意出国人员如何解释他们生活的经验，以进一步习得了解、感激、尊敬与接受东道国文化的过程。这个转化学习的过程，包括 3 个阶段：转变的前提、过程与结果。

转变的前提指作为转化催化剂的文化休克。因为有了文化休克，出国人员才会在面对文化差异的时候，试图矫正内心的失衡现象。这个矫正的

---

① 陈国明：《跨文化交际学》，华东师范大学出版社 2009 年版。

② Mezirow, J., *Education for Perspective Transformation*, New York: Center for Adult Education, Columbia University, 1978; Mezirow, J., A Critical Theory of Adult Learning and Education, *Adult Education Quarterly*, 1981（32）：3—24; Mezirow, J., *Transformative Dimensions of Adult Learning*, San Francisco, CA: Jossey-Bass, 1991.

③ Ruben, B. D., Human Communication and Cross-Cultural Effectiveness, In L. A. Samovar & R. E. Porter（Eds.），*Intercultural Communication: A Reader*, CA: Wadsworth, 1988.

过程，就是跨文化适应的过程，是自我转化与成长的前提。Taylor 采用了 Mezirow（1991）[①] 的转化 10 个阶段解释跨文化适应的转化过程。10 个阶段如下。

（1）失向的困境（disorienting dilemma）；

（2）带有罪恶感或耻辱感的自我检视；

（3）对知识的、社会文化的与心理的假定作批判性的评估；

（4）体认自己的不满经验与转化过程，乃是他人在谈判类似转变的共有现象；

（5）探索新角色、关系与行动的可能选项；

（6）准备行动的方针；

（7）寻求实行计划的知识与技巧；

（8）对新角色暂时性的采用；

（9）在新角色与关系上，建立自信与能力；

（10）以新的面向为基础，重新整合自己的生活。

在这 10 个阶段中，第一阶段代表出国人员在经历文化休克后，开始产生转化的前提。第九和第十阶段代表了跨文化适应的转化结果。第二到第八阶段可以与 Adler（1975）[②] 及 Mansell（1981）[③] 等其他阶段模式并论。

这个模式的局限性是把学习的过程视为跨文化适应的普世模式，十足反映了西方文化那种自主与自导的世界观。不过它的优点是强调了经过百折不挠的努力，出国人员在情感、认知与行为上都会因此有所成长，而终究导致改变转化的结果。

[①] Mezirow，J.，*Transformative Dimensions of Adult Learning*，San Francisco，CA：Jossey-Bass，1991.

[②] Alder，P. S.，The Transitional Experience：An Alternative View of Culture Shock，*Journal of Humanistic Psychology*，1975（15）：13—23.

[③] Mansell，M.，Transcultural Experience and Expressive Response，*Communication Education*，1981（30）：93—108.

4. 交流体系模式（The Communication System Model）

根据陈雪飞（2010）[①] 的研究，Kim（1995）[②] 也把文化适应看作一个经历成长的过程。Kim 认为文化适应是一个紧张、调适和成长（stress-adaptation-growth）的动态体系，就像人们在不适应的环境中经历紧张，其自然反应就是寻求调适。这个调适的过程便是打破以前所持有的态度和行为的过程。调适之后，人们会实现自身的成长，并形成一种整体性的视角。具体来说，指遇到问题不再单纯聚焦于某一件事，而是能从整体文化的角度进行理解。这里的调适是通过交流和互动完成的，也就是说，出国人员通过与新环境中的人进行交流，逐渐发展出新的思维和行动方式，由此达到一个新的水平并获得一种跨文化的身份，所以这也被称为交流体系模式。

不过，并非所有的出国人员都能在交流中获得成长，一些人是很难调整到新方式的。根据认知不协调理论，人们在遇到跟自己以前的态度不相符的新观念或者行为时，通常有 3 种反应：①拒绝新思想，这样的人几乎不可能适应新文化。②努力将新思想装进自己已有的解释框架，这样的人往往会面对很多误解和困惑。这个状态是不稳定的，如果人们坚持自己已有的解释框架，就会导致我们面对很多事情时都无法赋予其有效的意义，最终我们可能退回到拒绝新思想的状态；另外，当我们面对一系列的困惑而一筹莫展时，也可能会尝试改变，即尝试采用下面的第三种反应。③改变自己现存的解释框架，这通常可以提供给人们最好的调适结果。

但是，交流在人们的调适过程中就像一把双刃剑：出国人员在新的环境中与本地人交流越多，调适得越好，同时他们感受到的文化休克也就越多。因此，作为一个出国人员，与当地人交流越多，也就代表他要花越多的时间，在更多不同的场合和当地人一起活动，如一起吃饭，一起做设计

---

① 陈雪飞：《跨文化交流论》，时事出版社 2010 年版。

② Kim，Y. Y.，Cross-Cultural Adaptation，In Richard L. Wiseman（ed.），*Intercultrual Communication Theory*，SAGE Publications，Inc.，1995：170—193.

报告，一起参加社团活动等，他也因此会遇到更多由文化差异引起的误解和冲突，所以他会经历更多文化休克。不过，在这些交流过程中，跨文化互动可能会有很多困难产生，也会有很多压力，但最终可以获得较高的回报。这也类似转变模式中的"战斗"的方法。

交流在以下 3 个方面帮助旅居者调适。

（1）对很多事物"想当然"的阶段。每个人会很自然地用自己母文化的思维和视角对待在异文化中经历的事情。而当我们用老办法处理新问题屡屡碰壁的时候，便开始意识到自己很多原来的预想或者假设都是错误的，需要改正。

【案例 1-8】一个留学美国的中国人将到达未来的新大学，他没有任何担忧，因为他想当然地认为，跟中国一样，学校会给新生安排住宿的地方。当他在飞机上与一位美国女孩爱丽丝谈起此事时，爱丽丝告诉他不应该那么肯定学校会给他安排住宿的地方，在美国的大学，这是你自己的事情，学校没有责任为你办理。幸运的是，这位留学生在爱丽丝家借宿了一晚。这样的经历会让他好好地反思其余的那些"想当然"。

（2）慢慢理解新文化模式的意义。当我们面对新的文化模式时，可以通过互动和交流理解这些模式的意义。还以案例 1-8 中那位中国学生为例。

【案例 1-9】他早就听说美国文化强调个人主义和独立，但从未有过切身的感受。现在，当他到达大学的时候，宿舍早已安排满了。国际生办事处的工作人员塞给他一大张地图，让他自己到外面找房子，他说，"现在我真正明白独立的意义了，也感到自己真正明白了美国"。这看上去将是不错的开始。

（3）开始理解新文化模式中的新信息。出国人员通过与当地人的交流与互动，将学会用新的文化模式解释他以前从未遇到的新信息。当他能够为在新的文化背景中的经验和互动赋予意义的时候，他也就开始以一种更加整体性的方式理解他的一些经历，也就是能够把新信息放到新的文化模式中去理解。①

【案例1-10】正如这位留学生，他一直与爱丽丝保持联系，但后来发生了改变，他解释说："一直都是我在与爱丽丝联络，她很少来联系我。因为抽不出时间，我有很长一段时间没有给她打电话，但现在我并不觉得内疚，因为不管怎样她似乎都不介意。我现在知道许多美国人乐意帮助他人，但也许从此以后再也不会见到这些他们帮助过的人。"

从这一点来看，这位留学生已经明白了他与爱丽丝之间只是一种暂时性的协助友谊。这也是美国个人主义文化模式的体现。就这个留学生而言，现在他已经可以用美国的文化模式去理解自己遇到的新信息，这种理解圈（sense-making cycles）的形成也代表了他的成长。Kim 总结了这种成长过程中彼此相关的三大方面。

（1）功能上的适应。出国人员进行成功的调适后，在与东道国文化社会中的人进行交流及与之发展令人满意的关系方面，便达到一种预期的熟练水平。功能适应的主观指标包括生活满意度，在东道国文化社会中生活的积极情感、归属感及在主观认知方面与当地人有了越来越高的一致性；客观的社会经济指标包括职业、收入、地位等。

功能上的适应特别强调日常生活中与人交往的适应力，如日常的吃、穿、住、行。一些初到中国香港求学的学生就会很排斥到餐厅吃饭。餐厅里通常会设置一个提示板，上面写着当日提供的菜品，学生可根据自己的需要到各个窗口点餐。有的餐厅设有多个窗口：有卖点心的，有卖炒菜的，有卖面的，有专门提供饮料的，等等，有时甚至找不到该去的窗口。而且记住那些通常都有七八个字的、奇奇怪怪的菜名的确颇费脑筋。站在

---

① Martin，J. & Nakayama，T.，*Intercultural Communication in Contexts*，The McGraw-Hill Companies，2004.

橱窗前，服务人员总是很匆忙地用粤语询问："你要嘅咩呀？"当你不知道如何用粤语表达时，就只能冲着那些能看到的菜乱点一通："啊，这个，这个，还有这个……"只有经过一段时间，熟悉了各个餐厅的环境，也熟悉了那些不太经常更换的菜品，可以讲一点广东话之后，才不再有那么强烈的抵触情绪。其他方面亦是如此，当知道在哪儿可以买到物美价廉的衣服，乘车外出怎样才会最快捷方便时，才不会抱怨"怎么到了这么一个'鬼地方'"。

（2）心理上的健康。心理健康关注的是出国人员的情感状态，通常直接与人们的交流能力及其在主文化社会中的功能适应程度密切相关。当然也与东道国文化的开放性有关：一个受欢迎的氛围总比一个受排斥的氛围让人觉得舒心。

（3）跨文化身份。出国人员不再受限于或者隶属于某一种文化，而是能够有意识地让自己既不完全属于某一个给定的文化，也不完全脱离于这个给定的文化。① 此时，人们最初的文化身份开始失去独特性和刚性边界，而自我呈现则越来越具有延展性和弹性。② 由此，他们对其他文化会更加敏感和宽容。许多留学生表示，他们除了跟东道国的人打交道外，还需要与来自其他文化的留学生交流，这种多文化交织的经历可以让他们更加理解彼此。

当然，文化辩解的淡化（特别是过度淡化）并不一定都能塑造出成功的跨文化身份，有时候太多的文化冲突会让我们无所适从，不知道相信什么，不知道如何发展自己的伦理观或者价值观，因为我们缺少文化认同所提供的个人的、社会的和文化的指导，此时人们只可能被边缘化。

Kim 特别强调，这种"紧张—适应—成长"的过程在我们对新文化进行调适时是反复出现的，而且我们的成长历程绝不是一帆风顺的线性回

---

① Alder, P. S., The Transitional Experience: An Alternative View of Culture Shock, *Journal of Humanistic Psychology*, 1975 (15): 13—23.

② Kim, Y. Y. & Ruben B. D., Intercultural Transformation: A System Theory, See In Y. Y. Kim & W. B. Roben Gudykunst (Eds.), *Theories in Intercultural Communication*, California: Sage Publication, 1988: 299—321.

归，而是表现为一种螺旋式的弹簧模式，就像是进两步退一步（如图 1-1 所示）。陈雪飞（2010）[1] 表示他的学生在看到这个螺旋模式时，都深以为是，认为该模式很能切实反映他们在一个崭新的环境中所经历的心态变化。这也说明了该模式具有很强的实践意义。

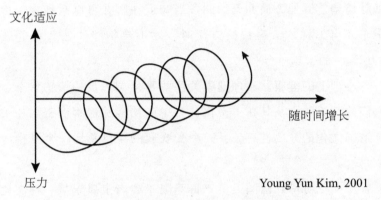

图 1-1　对新文化调式时的螺旋式弹簧模式[2]

---

①　陈雪飞：《跨文化交流论》，时事出版社 2010 年版。

②　Kim，Y. Y.，*Becoming Intercultural：An Integrative Theory of Communication and Cross-cultural Adaptation*，Thousand Oaks，CA：Sage，2001.

第二章 文化差异理论与文化冲突

对文化差异一词，人们并不陌生。为什么西方的笑话中国人听起来并不可笑？为什么中国的传统美德"谦虚"在西方则可能被认为是无能的表现？在东方，人们更强调集体利益和集体主义精神。在日语中，有俗语说"如果钉子凸起，必须敲下去"，中文也有类似的表达，如"枪打出头鸟"，这些俗语都强调一种集体主义精神。在西方，人们则更强调个人表现，他们认为，不愿显露自己才华的人，是不可思议的。以上问题的症结，归根到底是文化差异问题。

文化差异是引发出国和归国人员文化休克和返乡文化休克的根源所在。关于文化差异的研究，有三大文化差异理论十分具有代表性：克拉克洪—斯托柏克构架；霍夫斯泰德的文化维度模式；蔡安迪斯的多维个人主义与集体主义理论。

一 克拉克洪—斯托特柏克构架

当我们进行文化差异研究时，引用最多的方法之一就是克拉克洪—斯托特柏克（Kluckhohn-Strodtbeck）构架。这一构架确定了 6 项基本的文化维度：①对人性的看法；②人们对自身与外部自然环境的看法；③人们对自身与他人之关系的看法；④人的活动取向；⑤人的空间观念；⑥人的时间观念。克拉克洪（Kluckhohn，C.）提出了价值取向文化模型。[1]

美国哈佛大学女学者、人类学家克拉克洪曾参与太平洋战争时美国战争情报处（Office of War Information）组建的一个约 30 人的专家队伍，研究不同文化的价值、民心和士气。该研究组通过对日本民族的心理和价值观的分析，向美国政府提出了不要打击和废除日本天皇的建议；并依此建议修改要求日本无条件投降的宣言。第二次世界大战后不久，哈佛大学加强了对文化价值研究的支持力度，并与洛克菲勒基金会一起资助克拉克洪等人在美国的得克萨斯州一片有 5 个不同的文化和种族的社区共存的方圆 40 英里的土地上展开的一项大规模的研究。六大价值取向理论就是研究成果之一，发表在《价值取向的变奏》一书中。

（一）对人性的看法

人性取向涉及人类本质的内在特征。克拉克洪和斯多特贝克（Kluckhohn，Strodtbeck，1961）认为在回答人性取向的问题时要考虑两个方面：首先是人性是善、是恶或是善恶的混合体；其次还要考虑人性是否可变。在中国文化中对于人性的看法，孟子断言"人性本善"，"恻隐之心，人皆有之；羞恶之心，人皆有之；恭敬之心，人皆有之；是非之心，人皆有之。恻隐之心，仁也；羞恶之心，义也；恭敬之心，礼也；是非之心，智也。仁义礼智，非由外铄我也，我固有之也，弗思耳矣"，"人皆可以为尧舜"。荀子则认为"人性本恶"，"饥而欲食，寒而欲暖，劳而欲息，好利而恶害，是人之所生而有也，是无待而然者也，是禹、桀之所同也"。孔孟之道的"人性本善"贯穿了中国两千多年的思想史，也成为一般人的思想观念。

基督宗教中认为任何人生来便是有罪的，其罪来自其祖先——亚当和夏娃。他们偷食了智慧之果，懂得了男女羞耻之事，作为惩罚，男性需要劳动而女性则需要生儿育女。基督教原罪的观点在西方近代宗教改革的新教领袖——路德、加尔文那里更是将其发挥到极致，他们索性明指人性本

---

① 参见［美］克拉克洪（Kluckhohn，C.）《文化与个人》，高佳译，浙江人民出版社 1986年版，第 32 页。

恶，即任何人生来便是恶人，只有笃信上帝（天主），才可能获得灵魂的拯救。正因为人们生来有罪，才有了基督教的求人们向善、赎罪一说。人生来有罪的说法，影响了整个欧洲人的文化史。奥古斯丁则认为，一切存在皆来自上帝，而一切来自上帝的皆是善。奥古斯丁原罪说的重大历史意义，在于参与塑造了西方的人性论。西方文化的人性观，既非主性善，亦非主性恶，而是说由天赋的善，通过理性和意志的抉择而变恶。这个恶，不是天赋的恶，而是人的罪，必须由人负责。而复原善，不在人力之内，只能信靠创世主在基督之内的救赎。也就是说，人性中的善，并不可靠。人必须努力，但人的努力没有必然的确定性。

（二）人们对自身与外部自然环境的看法

人与自然之间存在着三种潜在的关系，即征服自然、与自然和谐相处及服从自然。人自身与外部环境的关系在东西方有不同的认识。东方人敬畏天地，在顺从的状态下与自然环境被动和谐。在东方，由于人们对自然知识、自然规律缺乏科学认识，因而对自然被动顺从，主要表现在人对自然的敬畏崇拜上。人对自然的被动服从在道家思想中处处可见。老子《道德经》中说："王法地，地法天，天法道，道法自然。"这一切，都是在主张效法自然以行人事，强调对自然的被动服从。"天不能不高，地不能不广，日月不能不绕天运行，万物不能不生生不息，这些都不是人为或某种东西主宰的结果，而是顺天而行、因道而成的道的自然而然的体现。"庄子继承了老子的"天人合一"思想，他认为："有人，天也；有天，亦天也。天与人一也。""天地与我并生，而万物与我为一。"这些都可以看出，庄子将天地万物视作融为一体的和谐整体。

西方人则认为他们可以控制环境，于是在征服、控制、统治下，人与自然出现了不和谐。马克思早在1847年就说道："农民的耕种如果自发地进行，而不是有意识地加以控制……接踵而来的就是土地荒芜，像波斯、美索不达米亚等地以及希腊那样。"[①] 恩格斯则更具体地指出，"美索不达米亚、希腊、小亚细亚以及其他各地的居民，为了得到耕地，毁灭了森

---

① 马克思、恩格斯：《马克思恩格斯全集》（第32卷），人民出版社1974年版，第53页。

林，但是他们做梦也想不到，这些地方今天竟因此而成为不毛之地，因为他们使这些地方失去了森林，也就失去了水分的积聚中心和贮藏库。阿尔卑斯山意大利人，当他们在山南坡把在山北坡得到精心保护的那同一种枞树林砍光用尽时，没有预料到，他们这样做，竟使山泉在一年中的大部分时间内枯竭了。同时在雨季又使更加凶猛的洪水倾泻到平原上"①。古希腊哲学家普鲁泰戈拉认为"人是万物的尺度，是存在者存在的尺度，也是不存在者不存在的尺度"；康德则认为"理智的原则不是理智从自然界得来的，而是理智给自然规定的"，"人是自然界的最高立法者"，认为人是万物的中心。中西方文化差异，从古到今，一直都是众多学者争相研究讨论的话题，而实际上，这种差异却是早在数千年前已经决定了的，并且对各自的历史发展产生着巨大的影响。

（三）人们对自身与他人之关系的看法

在中国，人与他人的关系强调的是"人伦"，"人伦"就是人与他人关系中的稳定的秩序，在早期就是家庭内部的血缘关系，即"五教"：父义、母慈、兄友、弟共、子孝成为人际关系的准绳。随着社会的发展，血缘关系开始加入了政治关系，人与人之间的关系要靠"礼仪"来维持，礼仪是人生的本分，用以促进人与人之间彼此的信任及社会生活的和睦，有助于人际关系的良好发展。人与人的关系中还有一个重要思想就是"仁"，"仁者爱人"，实行仁德就是爱护别人。孟子则在孔子的基础上把人际关系发展为"仁、义、礼、智"四德。同情之心是仁的开端，羞耻之心是义的开端，礼让之心是礼的开端，是非之心是智的开端，这四种开端，就好比一个人拥有四肢一样自然。

在西方，古希腊哲学家柏拉图认为，教育的主要目的就是要培养威严、礼仪和勇敢。这是人与人交往的基本规范。柏拉图的另一个观点就是强调"正义"，"正义就在于人人都做自己的工作而不作一个多管闲事的人：当商人、辅助者和卫国者各做自己的工作而不干涉别的阶级的工作时，整个城邦就是正义的"。伊壁鸠鲁则提倡健康积极的"快乐主义"，他

---

① 马克思、恩格斯：《马克思恩格斯全集》（第4卷），人民出版社1995年版，第383页。

指出，求乐避苦是人的本性，幸福和快乐是人生的目的，于是一种积极的人际关系也随之建立。

从以上对东西方人自身与他人的关系分析中发现，东西文化中有许多相似之处，它们都把孝敬父母、友爱兄弟、仁爱善良当作衡量一个人的标准，都推崇人与人之间的友爱、友情和忠诚。

在东方强调人与人之间关系的相互依存，个体属于群体，个体的利益必须服从群体的利益，个体对他人与外界的依赖，要求人的"平和"与"忍让"。而西方的人际关系则不然，他们讲"爱人"更讲"爱己"，他们讲"利他"更讲"利己"，强调个人的自由、独立和解放。当来自东西方不同文化的人们彼此接触，就会产生各种文化的休克现象。

（四）人的活动取向

一些文化重视做事或活动，他们强调成就；另一些文化重视存在或即时享乐，他们强调体验生活并寻求对欲望的满足；还有一些文化重视控制，他们强调使自己远离物质而约束欲望。美国人是十分重视活动的民族，他们最崇尚的是"变化"，因此美国人号称世界上著名的"mobile race"（流动民族）。美国人喜欢变化，他们喜欢变换自己的工作环境，甚至是生活环境，他们的这个变化其实主要是针对自己的工作而言的。只有变化，人才能发现自己的潜能，才能活得有意义，才能让自己的人生丰富多彩。美国人比较看重自己的价值最大限度地实现。"人挪活树挪死"，中国人虽然也很赞成这句话，但真正实践起来却很害怕，因为"变化"就意味着"挑战"和"不稳定"，甚至是"危险"。意大利人可以说是典型的生活标兵，他们的文化中有罗马武士、Gucci、大竞技场、法拉利、黑手党等。这是一个天生懂得享乐的民族。恩格斯说，意大利是第一个资本主义民族，中国人把时装当成生意，法国人把时装视为理想，意大利人巧妙地合二为一。10家意大利公司控制了20％的高级时装国际市场。45％的外国人喜欢意大利食品、葡萄酒和名牌服装。意大利人有一种将一切上升为艺术的本事，一双Gucci皮鞋价格超过300双温州廉价皮鞋，一位意甲球星的身价抵得上整支中国足球队。意大利人天生的平衡感能把理想与现实、灵魂与肉体、形而上与形而下都结合得恰到好处。恋物但不贪婪，热情而不虚伪，富足而不炫耀，自信而不霸道，爱美天性让他们轻易把生活上升为艺术，不经意成为全球生活方式的典范。日本民族的勤奋性格在世界上十分闻名，无论是工人还是农民，无论是管理者还是家庭主妇，一丝不苟、勤奋工作可以说是他们共同具有的优秀性格和传统美德。靠着勤奋，日本民族战胜了无数次的地震海啸和火山爆发；靠着勤奋，日本民族创造出了无数的世界之最；靠着勤奋，日本民族更是保持着几十年世界经济第二大国的荣耀。应该说，日本之所以拥有今天的辉煌，其勤奋耕耘和精心劳作的性格和传统起到了不可估量的积极作用。因此，不同的民族具有不同的活动取向。

（五）人的空间观念

人的空间观念是依据现实而得以表现的关联存在，我们只有在空间的观念下通过对现实世界的观照，才能互推彼此的概念和模样。在现实的存在中，物态的存在永远无法超越空间形态的限制。在早期的神话中，空间不仅控制和规定了我们的生活，而且还控制和规定了诸神的生活。

比如美国人，有空间观念，没有地域观念。到郊外的美国人家里做客，你做的第一件事很可能就是，情不自禁地移步到落地窗前，赞叹窗外的美景。这是你对主人的第一句恭维话，说的不是屋内的摆设装饰，而是屋外的景色，可主人却满心欢喜，你竟懂得欣赏他精心设计的远景图。展目遥望，远在天边的地平线不仅是天地间的分界，更是未来的象征。美国人不固守一个地方，不管这个家园多么美好，他的目光总是越过辽阔的空间，投向遥遥地平线的某一点上，而那，就是他的未来。

再看看传统的中式房屋，情况正好相反。房屋围墙四面环绕，进入围墙，你就会置身于一个静谧温馨的私家小院，院子里的某个角落也许有个小巧玲珑的花园。房舍、亭子、假山、花草，井然有序，俨然一个美哉优哉的小天地。然而，却看不到任何远景，眼前没有任何开阔的空间。四季变换是唯一人工未施的自然风景，头顶那片天空是唯一可见的开阔空间。

中国人深深地扎根于他的家园。一旦离去，不是飘往远方的乐土，而是满怀虔诚的信仰进入另一幽冥的世界。

中国人心系乡土，不喜远游。道家经典《道德经》中形象地描绘了中国人这种"根"的意识："邻国相望，鸡犬之声相闻，民至老死，不相往来。"理论上而不是现实中，中国农民的地位是相当高的。究其原因，他们不仅从事生产粮食这一"根基"行业，而且他们与唯利是图的商人不同，总是扎根于一方土地，即使国难当头也绝不肯背离家园。而在西方，空间的观念意味着不同的希望与未来。

西方的建筑以石料为主体，一般都纵向发展，建筑高耸入云、直指苍穹，建筑质地坚硬、沉重，可塑性弱，石柱为支撑建筑的主要材料，阳刚冰冷，规矩方圆，更改的难度大。西方教堂大多为此种类型。中国建筑则以木质材料为主，质地柔软而温暖，可塑性强，质感自然而优美，重视建筑材料间勾连的亲和关系，中国的四合院则是这一样式的典型代表。

（六）人的时间观念

人类的时间取向可以分为3种：一是过去取向（past-orientation），强调传统和尊重历史；二是现在取向（present-oriented），通常注重短期和眼前；三是未来取向（future-oriented），强调长期和变化。

来自不同文化背景的人对时间的观念有不同的理解。中华民族是一个强调传统、尊重历史的民族。敬老是中华民族的传统美德，敬老是和尊重历史、尊重传统联系在一起的。老者是文明的承继和传播的载体，不尊重老年人的社会，必然容易导致冷漠和肤浅。中国人认为，一个忘了自己的过去和民族文化传统的人，就不能更好地理解过去和展望未来。按照中国人的习俗，到了过年过节都要祭拜祖宗，人到晚年也要养老归宗。中国还有重阳节，人们在这一天专门来孝敬老人。中国传统的家规、家风代代相传。到了近代中国，随着世界各国的文化进入中国，引发了中国人对自我文化的怀疑和轻视，致使中国传统文化不断衰微，从而引起人们思想和伦理道德的混乱，所以尊重历史、强调传统依然是人类文明传承的重要途径。

具有现在时间取向的人们认为只有现在才是最重要的，人们倾向于只争朝夕的生活，几乎不为明天做什么打算。现在取向的文化中，人们通常只注重短期和眼前的事务或利益。传统的伊斯兰文化就属于现在时间取向的文化。他们认为过去的事已经过去，而将来的事不为凡人所知，只有真主才能预知未来。任何妄图预测未来的人都不正常，凡人即使只是谈论未来的事也是过于放肆。因此，阿拉伯人在时间观念上是现在取向，不愿意对未来的事进行预测。菲律宾、拉丁美洲一些国家及美国亚利桑那州北部印第安人的文化也是属于现在时间取向。这些文化与其他文化相比在对时间的态度上有更多的随意性和随机性。

未来时间取向的文化很注重变化。在这种时间取向的社会里，变化通常被认为是必要和有益的，而过去则是过时的，应当被抛弃的。克拉克洪和斯托特柏克（Kluckhohn，Strodtbeck，1961）[1]与霍尔（Hall，1959）[2]都认为这种时间取向存在于美国社会。在美国，新产品的种类和包装层出不穷，因为他们认为只有这样才能吸引顾客。而在过去取向的中国社会里，人们通常更相信老品牌和老字号。从美国电影也可以看出美国人的未来取向，他们往往喜欢拍摄一些科幻片，把时间定位在未来的某一年，或是主人公穿越到未来的某一时间。而中国的影视作品中，历史题材的作品不占少数，即使是穿越剧也通常穿越到古代某一时间。

由于文化背景的不同，各国的时间观念也不尽相同，时间的分法各种各样，比如自然时间、人文时间、心理时间。时间观念的差异，在东西文化冲突中起着十分重要的作用。

克拉克洪—斯托特柏克构架，从6个不同的维度，探讨文化的差异性，指出了不同的国家、不同的种族在这六大问题上的不同行为、看法和观念，这六大文化维度，从不同的角度影响了他们的生活方式、行为方式和工作的态度。

---

[1] Kluckhohn, F. R. & Strodtbeck, F. L., *Variations in Value Orientations*, Evanston, IL：Row, Peterson, 1961.

[2] Hall, E. T., *The Silent Language*，New York：Anchor Books, 1959.

二 霍夫斯泰德的文化维度模式

霍夫斯泰德（Geert Hofstede）教授 1928 年生于荷兰的哈勒姆。他曾经参过军，又做过多年的工程师。1965 年，他加入了 IBM 公司的人事部门。1971 年，他进入学术界，先后在欧洲多所大学任教，1993 年从马斯特里赫特大学退休。霍夫斯泰德关于文化的观点是在他做的关于文化差异的研究基础上形成的。还在 IBM 人力资源部门工作时，霍夫斯泰德发现，尽管公司有一套深厚的公司文化，但是 IBM 遍布世界各地分支机构的员工的文化价值观却差异很大。1968 年和 1972 年，他在 IBM 员工中做了两次研究，调查了 11.6 万名员工，这是当时针对员工态度的最大规模的研究。在大量的调查数据中，霍夫斯泰德教授试图找出能够解释导致大范围内文化行为差异的因素。这种文化差异可分为 4 个维度：权力距离（power distance）、不确定性规避（uncertaintyavoidance）、个人主义与集体主义（individualism versus collectivism）及社会的男性化与女性化（masculine versus femininity）。霍夫斯泰德在后期的研究中又增加了一个维度，即长期—短期导向（long-term orientation versus short-term orientation）。霍夫斯泰德教授的观点在研究跨文化差异时被广为引用，在国际学术领域，霍夫斯泰德教授被视为研究文化差异及文化差异如何影响管理策略的权威。

（一）权利距离（Power Distance）

权利距离表明一个社会能够接受组织或公司的权利在各成员之间不平等分配的程度。权利距离与等级有关。对于权力距离，由于文化的差异，不同的国家对于权力是否重要的看法是完全不同的。

【案例 2-1】芬兰是一个对权力不很看重的国家，因为权力并不能给他们带来更多的好处，相反要带来更多的责任。芬兰是全球腐败程度最低、腐败案件最少的国家，与其社会道德和监督机制是分不开的。

首先是拴住公务员的腿。说来可能不信，芬兰根本就没有公车腐败。除总统外，芬兰整个公务员系统中，只有总理、外交部部长、内务部部长和国防部部长 4 个人享有固定的专用公车待遇。而且他们也只能在上班时使用。据说，虽然贵为一国元首，芬兰的总统常常骑自行车出行。为了管住其他公务员集体使用的公车，芬兰政府曾设计了一套监控系统。公车上装着信号跟踪器，上面有两个按钮，一个刻有公务字样，另一个刻着私事字样。如果是私事，就要照章付钱。公务用车则事先向政府办公部门申请并讲明去向，上车时还要分情况按下按钮，让监控中心收到信号，具体掌握公车一路的行踪。如果按下了公务按钮，而汽车实际行驶的方向不对头，车上的无线电话就响了，监督人员会打来电话询问和提醒开车者……令人感慨的是，这套监控系统在芬兰装了近 5 年，竟然没抓到一个违规者。政府后来干脆把它都拆了。

其次就是管住公务员的嘴。芬兰人热情好客，民间互相请客送礼是人之常情。但是对芬兰的公务员来说，受礼和吃请绝对是天大的事，一不小心甚至会把前途和事业搭进去。因此，芬兰年轻人进入政府工作后的第一件事，就是赶快请教"腐败"的界限，找准接受礼品或受请吃饭的上限。老公务员传授的一般经验是：可以喝一杯啤酒或者吃一个三明治，但如果不小心喝了别人的葡萄酒，那么每分钟都可能出问题。芬兰的法律规定，公务员不能接受价值较高的礼品，并对价值较高作了细化定义：根据物价指数调整，一般在 24 美元（20 欧元）左右。芬兰物价水平较高，在一些餐馆里，一杯白开水可能都要收你 5 美元，这样看来，就算在餐馆里请公务员喝白开水，也要数一数能喝几杯才可以。而且还曾有过这样一件事：每年的新年前夕，当地民众有送礼的习俗。中国使馆入乡随俗，送了一瓶茅台酒、一筒茶叶，另外再加一瓶红酒，略表对他们一年来给予帮助的感谢。可是，事后中国使馆的工作人员才知道，他们用自己的薪水买回了礼物。而如果是公务接待，上至总理下至普通的科员，一起吃饭的有些什么人，点了什么菜，花了多少钱，都要巨细无遗地在网上开列清单，让人人都可以看得到，件件能够查得清。甚至为了一顿公宴，芬兰还曾有位中国银行行长级别的高管落了马。当时，在公务接待中，行长一不小心上了一道鹅肝，传媒上网查阅菜单后提出质疑，结果行长只好为这道鹅肝引咎辞职！

再就是紧抓公务员的心。芬兰的人口少，生活圈子小，政府的人员也少，公职高薪，谋职不易。因此，一旦公务员被坐实了腐败，不仅会被立即革职，严重的话还会立即入狱，而且私营机构不愿雇用，社会上的人看不起，更重要的是在亲朋好友、街坊邻居面前永世不得抬头。腐败成本十分高昂。所以，很多芬兰人都说，已经有许多年没有听说过有什么腐败的事情了。最近的一桩案子，还是发生在2002年。2002年5月，芬兰《晚报》披露，文化部部长苏维·林登批准向一家高尔夫公司提供17万欧元的政府资助，而她和她的丈夫及数位亲属都拥有该公司股份。政府司法总监闻讯立即展开调查。事件见报一周之内，林登便旋风般被迫下台。现在，芬兰全国的法院每年受理的行贿受贿案件加起来不足10起，而且几乎都是一些鸡毛蒜皮的小案。芬兰政府干净得已经快要让人们忘记还有腐败这回事。在芬兰这样的国家，谁还会看重权力呢。（新华网，http：//news. xinhuanet. com/observation/2010-07/20/c_12351523_2.htm）

然而，由于权力能够给很多人带来好处，于是，很多国家对于权力的控制仍然十分注重。在这样的国家，权威、地位、资历、年龄等，往往都会带上权力的色彩。

霍夫斯泰德认为这一维度所关心的基本问题是人与人之间的平等问题。在各种群体中，权利上的不平等是不可避免的，而且是功能性的。这种不平等通常以等级制的形式出现。权利距离在所有的社会层次都有，家庭、官场，甚至在朋友间都存在。每个社会在处理权利不平等的问题上方式方法不同，形成了价值观上的差异。权力距离差异通过权力距离指数（power distance index）体现。在权力距离大的社会，人们接受较强的等级制，安心于自己的位置。权力距离指数高的国家和地区有菲律宾、墨西哥、委内瑞拉、印度、新加坡、巴西、中国香港、法国、哥伦比亚等。权力差距小的社会，人们接受较弱的等级制。权力距离指数低的国家有澳大利亚、以色列、丹麦、新西兰、爱尔兰、瑞典、挪威、芬兰、瑞士等。

（二）不确定性规避（Uncertainty Avoidance）

不确定性规避是指组织或群体面对不确定性时所感受到的威胁及试图通过制定安全规则和其他手段来避免不确定性的程度。霍夫施泰德认为，人们抵抗未来这种不确定性的途径主要有 3 种：科技、法律和宗教。人们用科技来抵抗自然界的不确定性，用法律来抵抗来自其他社会成员的不确定性，而宗教则被人们用来化解无可抵抗的死亡和来世的不确定性。

霍夫斯泰德的调查表明，不同民族文化之间在不确定性规避倾向上有很大的不同，有的民族把生活中的未知、不确定性视为大敌，千方百计加以避免，这种文化中的人民往往喜欢事先安排计划好所有要做的事，如果计划遇到临时性的改动，便会感到不安。而有的民族对不确定性则抱着坦然接受的态度，认为"是福不是祸，是祸躲不过"，对事先安排好的计划遭遇临时的变动比较坦然，不会感到不安。

避免不确定性的强弱程度可以通过不确定性规避指数（Uncertainty Avoidance Index）来体现。不确定性回避程度高的文化通过规章制度、安全措施及对于绝对真理的信仰尽力回避各种不确定因素。因为这些文化在心理上难以忍受模棱两可的状态，做事比较"较真儿"，它们以制定一系列的行为规范来减少甚至避免不确定性，比如丹麦、挪威、芬兰、日本等。而不确定性规避程度低的文化对于模模糊糊的事及状态较能接受，对于模糊不清及计划外的变化没有心理的压力，对于反常的行为和意见比较宽容，他们的规章制度比较少，在哲学和宗教方面他们容许不同的主张同时存在。属于这类文化的国家和地区有美国、加拿大、新加坡、丹麦、瑞典、中国香港、爱尔兰、英国、印度和菲律宾等，这些国家和地区的人们比较随遇而安，做事往往带有一些惰性，喜静不喜动，比较懒散，能够接受一些临时的改变，人们对于成文法规在感情上不太认可和接受，除非绝对必要，否则社会不会轻易立法，其文化往往能包容各种各样的思想，因而有利于产生一些根本性的革新想法，但由于惰性和喜静不喜动的特性，却又不善于将这些想法付诸实施。

（三）男性化社会和女性化社会（Masculinity and Femininity）

男性化社会和女性化社会维度表明性别对一个社会中男性和女性扮演什么角色的决定程度。霍夫施泰德把这种以社会性别角色的分工为基础的"男性化"倾向称为男性或男子气概所代表的维度（即男性度，Masculinity Dimension），它是指社会中两性的社会性别角色差别清楚，男人应表现得自信、坚强，注重物质成就，女人应表现得谦逊、温柔，关注生活质量；而与此相对立的"女性化"倾向则被其称为女性或女性气质所代表的文化维度（即所谓女性度，Feminine Dimension），它是指社会中两性的社会性别角色互相重叠，男人与女人都表现得谦逊、恭顺，关注生活质量。Hofstede（1998）[①] 指出在男性化社会里，女人被赋予温柔和关心的角色。相反，在女性化社会里，男人与女人都该做这些事。

（四）个体主义和集体主义（Individualism and Collectivism）

霍夫斯泰德将个体主义和集体主义定义为："人们关心群体成员和群体目标（集体主义）或者自己和个人目标的程度（个体主义）。""他的研究发现，美国人在个体主义上得分最高（92/100），居世界之冠；而有中华文化背景的群体，如新加坡人、中国香港人、中国台湾人在个体主义上得分则很低（29/100）。"[②] 美国文化是个体主义文化，中国文化则是集体主义文化，可以用"枪打出头鸟"来概括。

【案例 2-2】《当幸福来敲门》这个影片取材于真实故事，主角是美国黑人投资专家克里斯·加德纳（Chris Gardner）。

克里斯·加德纳，生活在旧金山的黑人男青年，靠做推销员养着老婆还有幼子。克里斯从没觉得日子过得很幸福，当然也没很痛苦，就跟美国千千万万普通男人一样过着平淡的生活，直到有一天，一系列突如其来的变故才让克里斯知道，原来平淡的日子有多珍贵。

---

① Hofstede，G.，*Masculinity and Femininity：The Taboo Dimension of National Cultures*，Thousand Oaks CA：Sage Publications，1998．

② 陈晓萍：《跨文化管理》，清华大学出版社 2009 年第 2 版，第 34 页。

　　首先，他丢了工作，公司裁员让他丢了饭碗。克里斯从此遭遇了一连串重大打击，妻子因忍受不了长期的贫困生活愤而出走，连6岁大的儿子（杰登·史密斯）也一同被带走。没过多久，妻子又把儿子还给了克里斯，从此克里斯不仅要面对失业的困境，还要独立抚养儿子。后来，克里斯因长期欠交房租被房东赶出家门，只能带着儿子流落街头。在接下的两三年中，这对苦命父子的住所从纸皮箱搬到公共卫生间。克里斯坚强面对困境，不停地打散工赚钱，同时也努力培养孩子乐观面对困境的精神。父子俩日子虽苦，但还是能快乐生活。

　　一次，克里斯在停车场遇见一个开高级跑车的男人，克里斯问他做什么工作才能过上这样的生活，那男人告诉他自己是做股票经纪人的，克里斯从此就决定自己要做一个出色的股票经纪人，和儿子过上好日子。完全没有股票知识的克里斯靠着毅力在华尔街一家股票公司当上学徒，头脑灵活的他很快就掌握了股票市场的知识，随后开上了自己的股票经纪公司，最后成为百万富翁。

　　一路上克里斯经历了不少挫折，但是年幼的儿子每次都能给予他最大的鼓励，父子俩相互扶持最终完成了又一个美国梦。

这只是美国梦的一个典型范例，很多在美国的年轻人，通过个人的努力取得了成功，自由、平等、博爱的观念深入人心，人们相信，只要通过不懈努力，都有成功的机会。因此，个人主义的价值观念激励着年轻人为自己的美国梦不断去奋斗。

美国历史不算悠久，是一个年轻的国家，美国人的住处之间相隔甚远，即使是住在附近，也是独门独户，相互之间很少来往。当然，邻里之间也几乎不可能像中国人那样形成紧密而又依赖的关系。中国历史悠久，自古以来都是一个大国，幅员辽阔，人口众多，在长时间的集体生活中，邻里之间关系变得十分亲密。比如北方地区的"四合院"，众多人口居住在一片狭小的天地里，彼此了解，互相依赖，互相帮助，久而久之形成了人们强烈的集体归属意识。在自然经济状态下，人与土地、人与人之间的依赖关系变得越来越紧密，所以中国文化中的人从来都不是孤立的个体，人们总是习惯于把个人放在集体中去衡量他的成就。

（五）长期—短期导向（Long-term and Short-term Orientation）

长期—短期导向这个维度是霍夫斯泰德在 20 世纪 80 年代末 90 年代初的那次调查发展得到的。这个维度是指一个文化对传统的重视程度，在他研究的前后几年，亚洲经济发展极快，尤其是"亚洲四小龙"的腾飞，更是令人瞩目。将经济起飞看成一个文化现象，霍夫斯泰德发现这 4 个亚洲国家和地区（中国香港、中国台湾、韩国、新加坡）有一个共同的特点，那就是对传统的重视，而且有凡事都想到未来的倾向，而非只想当前，做一锤子买卖。这种长期导向与国家经济发展速度之间的相关系数达 0.7 之高，也就是说，在他所调查的二十几个国家中，长期导向这一条解释了经济发展将近 50％的变异量。[①]

三　蔡安迪斯的多维个人主义与集体主义理论

霍夫斯泰德理论认为个体主义与集体主义是同一维度上的两级，即一种文化如果在个体主义上得分高，就意味着在集体主义上得分低；反之亦然。一种文化不可能既强调个体主义又强调集体主义。

蔡安迪斯认为个体主义—集体主义不是一个维度的概念，也不是两个维度的概念，而是一个文化综合体，包括许多方面。他提出 5 个定义个体主义—集体主义的重要方面：①个体对自我的定义；②个人目标和群体目标的相对重要性；③个人态度和社会规范决定个体行为时的相对重要性；④完成任务和人际关系对个体的相对重要性；⑤个体对内群体和外群体的区分程度。

个体主义—集体主义理论是蔡安迪斯经过近 30 年对文化差异的研究之后提出来的。蔡安迪斯是一位出生于希腊的美国心理学家，因个体主义—集体主义的跨文化研究而闻名。1995 年，他出版了《个体主义与集体主义》一书。

---

① 参见陈晓萍《跨文化管理》，清华大学出版社 2009 年第 2 版，第 40 页。

（一）个体对自我的定义

个体对自我的定义在不同的文化中其理解和定义都大相径庭。个体的独立性在西方早在古希腊时期就已经十分明显，到文艺复兴时大放异彩，个体性突出，表现为对"人"的关切、尊重，以及对人的现世生活的肯定和鼓吹。西方的个体性在思想上主要表现在它的人道主义传统上，行动上主要表现在自由竞争上，文学上主要表现在个人情感的抒发和对个人主义的人格价值的肯定上。到浪漫主义时期更是一发不可收拾，即使是在"现代主义"和"后现代主义"的今天，其人性和人格的独立，依然岿然不动。可以说，独立性伴随着西方文化史的全过程，它是自由竞争的西方文化的典型特征。

《简明不列颠百科全书》中关于"个人主义"的解释是这样的："一种政治和社会哲学，高度重视个人自由，广泛强调自我支配、自我控制、不受外来约束的个人或自我。其内涵主要有：①独立的个人是社会的本源或基础；②个人是社会的终极价值（人是目的）；③个人与他人、社会之间的界限；④所有的人都是平等的；⑤个人对自己的行为负责；⑥自治自律的人格、自组织行为、对抽象的公共权威的服从。其表现形式主要有：①自由、平等、人权是个人的政治诉求；②民主法治是对个人的尊重；③宪政是个人的制度保障；④市场经济是对个人经济追求的承认与规范；⑤基督教是个人的灵魂拯救；⑥文学艺术是个性的表现（个人体验、情感、意志、理想等的表现或表达）；⑦科学是个人的求知活动（满足好奇心）；⑧生活方式是个人对幸福的追求。"

让·雅克·卢梭的"社会契约"理论主张，个人的意愿注定必须服从于所谓的"公意"。这种将个人地位置于群体之下的理论在根本上与个人主义的哲学相反，美国通常被认为是属于个人主义社会的"顶端"，而欧洲社会则较倾向于认同"公共精神"、国家的"社会主义"政策，以及"公共"的行动。

约翰·加尔布雷斯曾经提出一个经典的对照，他比较了"个人富裕而公共穷困"的美国和其他"个人穷困而公共富裕"的国家，例如欧洲国家。

举例而言，个人主义在日本相当不受欢迎，因为日本社会认为私利行为背叛了一个人应背负起的责任及义务（例如家庭）。

集体主义者则把自己看成群体中的一员，与他人有相互依存的关系，不能脱离他人而存在。早在中国历史上，"一个基本的公式或理论框架就是：大多数所赞同的就是道德的，服从大多数就是服从道德，人生来就是为大多数服务的，大多数永远是正确的，等等"①。中国历史上，苻坚的淝水之战，曹操的赤壁之战，项羽的垓下之围，都因为个体主义的膨胀而失败，所以在中国，匹夫之勇从来都不被提倡。

在中国，从小到大在衡量自己的时候都是通过与他人的比较产生。比如，在小学就开始对各门功课进行排名，每次考试结果都要公布，而且排序，到中学、大学依然如此。而在美国，老师鼓励的都是向自己挑战，从来不公布考试结果，更不排名。所有的考试结果都是直接寄到学生的家里，而且也不告知该生在班上的名次，只告知他/她与全国同龄学生比较后所处的水平。在这种情况下，大家都是心向内，自己与自己上一次比，与别人关系不大。

这也是许多中国人在美国生活多年之后还是觉得少了些什么，好像很难产生"成就感"的原因之一。因为美国人喜欢自顾自生活，没有人来关心你的车比他名贵，或者你住的房子比他豪华。比如，我就从来不知道，也不过问我的同事开什么车，穿什么名牌衣服。我的同事也不知道我住什么房子。即使去做客看见了，也不会因此对自我的定义或价值有所改变。因为别人如何与我实在没有什么关系，只体现个人对生活方式的选择。做任何事，关键是要自己内心觉得充实满足才行。②

（二）个人利益和群体利益的相对重要性

对个体主义社会中的人来说，个人利益比群体利益更重要。对于集体主义社会中的人来说，集体的利益则比个体的利益更重要。

"如果我不为自己，那我为谁？如果我只为自己，那我又是谁？"（If I

---

① 周义、徐志红编著：《中西文化比较》，人民教育出版社 2004 年版，第 294 页。
② 参见陈晓萍《跨文化管理》，清华大学出版社 2009 年第 2 版，第 47 页。

am not for myself，who am I for？If I am only for myself，who am I?）这句古老的西方格言思考了关于个人利益的问题。中国有两句俗语：人不为己、天诛地灭；事不关己、高高挂起。认为人的一切活动都是为了追求个人利益。从这些格言俗语中我们可以看到，无论是东方还是西方，个人利益在不同的文化范畴中都占有十分重要的地位。

Miller 认为个人利益原则是一种存在于西方文化中的社会规范，它规定了人是利己的，没有什么动机比追求个人利益更合乎常理，而且这种社会规范是可以通过正规教育和日常经验被习得的。在一个人成年之后，追求个人利益也是符合社会规范的，是正常而合理的。当一个人的行为违背了个人利益原则时，他的内心会感到不安，其他人也会对他的行为表示不解。因此，在这种社会中，人们在行动前通常会问自己："这么做适当吗？这么做对自己有利吗？"因此，个人利益给人们的行动提供的不是动机而是理由。[1]

个体利益，不是短期利益、临时利益，是包括物质利益、精神利益在内的个体行为所带来利益的一个综合评价值。1776 年，亚当·斯密的《国民财富的性质和原因的研究》出版，该书主要研究促进或阻碍资产阶级财富发展的原因，并首次提出"经济人"观点。斯密认为，每个人的一切活动都是受利己心支配的，人人都追求个人利益，客观上会促进整个社会共同利益的发展，这种个人利益的追求者就是"经济人"。笔者的观点不是对"经济人"观点的肯定，而是对主体以追求个人利益为目的对管理效益积极作用的肯定。

在西方的价值观中，个人利益始终处于主导地位。在西方社会，一切都以个人利益为中心，一切以实现个体的最大利益为最终目标。个人主义认为个人是社会存在的本体，强调个人独立自主、重视个人权利，亦强调对他人的尊重。但反对权威，反对任何形式"不合法的"对个人的强制，尤其反对国家对个人不必要的控制，这种观点在西方是普遍认可的。西方

① Miller，D. T.，The Norm of Self-interest，*American Psychologist*，1999（54）：1053—1060.

个人主义的价值观使人们在实现自己利益的前提下，对国家的利益起推动作用。

在中国，维护集体利益一直是千百年来中华民族尊重和信守的价值观。在强调坚持集体利益的同时，兼顾集体利益和个人利益的辩证统一。一方面，个人利益必须自觉服从和维护国家利益，把国家利益、集体利益放在首位，以大局为重；另一方面，又要充分尊重和维护个人的正当利益，发挥个人的主观作用。集体利益是许多个人利益的集中，归根到底要体现个人利益和需求，在个人利益与集体利益发生矛盾，不能兼顾的时候，我们讲集体主义、集体利益优先。在中国发展的不同阶段，对个体利益和集体利益有不同的认识，新中国成立以后到 20 世纪 80 年代初期是第一阶段，在这个时间段里，集体利益绝对高于个人利益，为了国家集体利益，个人利益可以无条件地牺牲；20 世纪 80 年代至今是第二阶段，在这三十多年里，随着中国市场经济的快速发展，对经济利益的追求使得个人利益的地位迅速放大、提高，甚至超越了集体利益。随着个性更加彰显的"80 后""90 后"逐步走上工作岗位，个人利益和集体利益的矛盾日益凸显，处理好个人利益和集体利益的关系，作出正确引导，已经成为社会发展的一项重要工作。

近百年来，中华民族备受列强欺凌，在国家生死存亡的时刻，无数中华儿女弃小家而顾国家，为了中华民族的解放复兴抛头颅、洒热血，这些先烈就是为了国家和民族的利益，放弃了自己的一切个人利益，乃至生命。"皮之不存，毛将焉附。"没有强大的国家作为后盾，人民就无法安居乐业，个人利益根本无法实现。只有牺牲个人利益，换取国家、集体利益的实现，才能使更多的人实现个人利益。因此，在涉及国家、社会重大利益的情况下，个人利益必须无条件地服从集体利益。

（三）个人态度和社会规范决定个体行为时的相对重要性

社会心理学家一直认为，态度是行为的决定因素，也是预测行为的最好途径。个人态度的形成实际上是一个社会化的过程，是个体在后天的社会生活环境中通过学习而逐渐形成的。因而，个体态度的形成受到社会生活环境中各种因素的影响和制约。

一系列的跨文化研究结果表明，在个体主义为导向的社会中，个人的态度是个体行为的主要动因；在集体主义为导向的社会中，社会的规范是群体行为的主要动因。个人态度主要受以下几个因素的影响。

1. 社会环境

一个人自出生开始直到生命的终结都生活在一定的社会环境之中，并受到社会环境的影响。这种影响主要是通过社会规范、准则的要求和约束，各种思想观念的宣传和教育，风俗习惯的潜移默化和文化的熏陶等方式进行的。

中国的文化思想说到底，关键在于一句孔子的"谦、恭、信、敏、慧"。而西方的文化，正好相反，在于一个"争"字，在为人处世方面以己为先。中西文化有所不同：中国人信奉儒教，讲顺从、孝顺。而西方人则讲民族自由、个人权力。中西文化上的差异的形成大体上经历了两个重要的时期：公元前221年，强大的秦国最终统一了中国。这次统一，不仅为统一的华夏文化的形成奠定了基础，也标志着中华民族开始形成。而此时的西方各国还仅仅是奴隶制的邦城国家。此后的中国，自给自足的封建自然经济占据了主导地位。随着农耕经济的不断发展，社会稳定，人们生活水平有所提高，不论是平民百姓还是王公贵族，都希望有一个比较安宁而稳定的生产环境，来维持这种农耕经济的发展。因此，主张"非攻、尚贤"的儒家思想渐渐成为中国的统治思想。而此后，中国的文化也发生了一些变化，人们追求"和谐"，而不喜欢"争斗"。而西方各国，随着庄园经济的发展，游牧经济得到了飞速的发展，游牧经济的扩张性也越来越凸显出来。在这种生产方式下，"争"也就不可避免地成为其文化中的关键。至此，中西文化开始"分道扬镳"了。

到16—17世纪，中西文化差异继续扩大，此时的西方各国，特别是西欧各国经历着一场前所未有的政治、思想上的变革。思想方面，"文艺复兴"这场思想解放运动对西方后来的文化产生了决定性的影响，"人文主义"思潮的传播一方面将人的思想从神学中解放出来；另一方面，它也使得自我私欲过度膨胀，加深了西方文化的"争"。在政治方面，早期的资产阶级革命使资本主义体系开始形成。资本主义的侵略性及血腥的资本原始积累也使得其文化中的"争"日益突出。而当时的中国，长期的封建专制日益完善和加强，统治阶级满足于现状，仍然做着"天朝"的美梦。不屑也不想去了解世界，更不用说去"争"了。再者，由于封建思想、自然经济的自闭性，人们也安于现状，并不也不敢去"思变"。随着时间的推移，中西文化在风俗习惯、宗教信仰、思维方式、道德观、价值观等方面的差异逐渐形成了。

2. 家庭

对于个体最初态度的形成，家庭及父母的影响是最重要的。父母的教养方式对于个体态度的形成及其今后态度的变化和发展具有决定性的作用。早期形成的态度往往会一直保持到成人期，有些态度则可能会影响人一生的发展。家庭及父母的影响还通过家庭成员之间的人际关系及家庭成员共同生活的方式表现出来。

当一个西方人谈论家庭，他指的是他们的父母和家里其他未成婚的兄弟姐妹，而中国人谈及家庭一般是指除父母、兄弟姐妹之外，还包括其他的一些亲戚，即使有时候并不全都生活在一起，但常常也居住在相近的一些区域。尤其在以前总是这样。相反，西方即使一些人有血缘关系，但他们往往居住到很远，只有节日才聚在一起。这样，西方儿童只有在独立的生活圈内成长，却不允许进入社交界。而中国儿童小的时候就在一个较大的人际关系圈内与许多形形色色的人交往，生活交际的圈子似乎更复杂。

在西方，孩子成年之前更多受父母的教育，祖父母或外祖父母并不管教他们，无论他们是否居住在一起。在中国，父母并不是孩子唯一管教者，孩子成年之前更多的是送到学校接受教育，往往父母因为工作忙无暇顾及孩子，孩子则被寄养在祖父母家中。在西方，当孩子成年以后，如果孩子的母亲对婆婆管教孩子的方法有所不满，是可以谅解的，而在中国这位母亲则可能被指责，这里当然也是受根深蒂固儒家思想影响的。

3. 同辈群体

随着年龄的增长,同辈群体逐渐成为首要的参照群体,对一个人的态度产生重要影响。个体开始经常把自身所持有的态度观点与同伴们的态度、观点作比较,并以同伴们的态度、观点为依据来调整自己原有的态度,使自己与同伴们保持一致。在个体主义文化中,同辈群体行为对个人态度的影响不会很大,在集体主义文化中,同辈群体行为往往成为个人态度形成的参照群体。

美国心理学家班杜拉认为,人的大部分社会行为都是通过观察他人、模仿他人学会的。"通过观察而学习的能力使人们能够获得较复杂的、有内在统一性的、模式化的整体行为,而无须通过行为主义设想的那种沉闷的尝试错误逐渐形成这些行为。"①

美国有个统计资料表明,一半以上的诺贝尔奖奖金获得者都曾跟高水平的老师学习过,他们以老师的行为为自己的准则,所以他们出成果获得时间平均比别人提前7年。科学家汤姆逊说,要逐步地跟随一个伟大的研究家,沿着不仅由他自己发现的,也沿着由他引起别人发现的不朽道路走去,那就容易多了。

榜样还来自同辈,个体在同伴之间受到期待,找到自己的榜样,就会互相模仿,相互认同。班杜拉认为,人们经常在既没有个人经验,也没有对可能的反应后果作解释的情况下适当行事,这是由于人们在观察别人行为中受到强化,因而替代性地得到了预示性刺激事物的信息的缘故。②

4. 团体

个人所属的团体也将对其态度的形成产生重要的影响作用。团体是通过特定的行为规范和准则来约束和限制其成员的。每一个加入团体的个人都必须遵守团体规范,在言行上与团体保持一致。因此,团体可以利用其对成员的影响力来促进成员态度的形成和转变。

---

① [美]A. 班杜拉:《自我效能》,《心理学评论》1977年第84期,第194页。

② 参见林碧英《班杜拉的"社会学习理论"与榜样教育》,《福建师范大学福清分校学报》1992年第2期,第74页。

这种影响了个人的心理和行为的团体，被称为参考团体。既然影响了参与者的心理和行为，那么，就不能把个人所属团体排除在参考团体外，不管是个人参与的还是未参与的，只要能成为个人观察、认识、评价的视野，必属此列。

作为社会学范畴的参考团体是由美国社会学家海门（Hyman）创立的。许多社会学家运用这个概念研究青少年犯罪、白人对黑人的态度、社会地位问题。他们把团体看成社会情境。以同龄人团体期望理解青少年犯罪，以社会关系之改变，说明人的态度转变。不过，不同时代、不同学术流派对参考团体的理解和运用是不一样的。

参考团体作为标示，是个人用作比较、对照、进行自我判断的参考点。海门说，参考团体是个人用来评价自己地位的比较点。他发现，由于个人把自己和不同的团体对比，对自己就会产生不同的评价。美国社会学家莫顿（Merton）和凯特（Kitt）在介绍斯通福利（Stouffer）的相对剥夺理论时，也袭承了海门的原义。他们发现，驻扎国外的士兵对自己的状况是否满意，要看他把自己和谁比较。如果和前线作战的士兵比，便感到满意；如果和国内的士兵比，便觉得不满。还有的社会学家借参考团体分析个人对自己的社会地位、经济状态、成就的评价。从逻辑上讲，只要是个人熟悉的团体，都有可能被当作参考点。显然，这是广义理解，对个人的影响相对较弱。①

5. 大众传媒

大众传播媒介是以报刊、图书、电影、广播、电视等为手段面向大众的一种信息沟通方式。社会通过大众传媒将社会规范、价值标准、文化传统及对某一社会事件的态度传递给公众，从而影响公众形成符合社会要求的态度。

在现代社会，大众传媒铺天盖地地进入公众生活，使得个体生活日益信息化，让人们的精神生活更加丰富、活跃。大众媒介所提供的各种社会学习"榜样"几乎包括了社会生活的方方面面，小到衣、食、住、行，大

---

① 参见陆风生《作为视野的参考团队》，《社会》1987年第6期，第8页。

到民主政治选举，个人的社会行为形式很难跳出大众媒介所提供给人们的范本，不知不觉中，人们可能已经在模拟大众媒介教给大家的新的示范行为了。

在集体主义社会中，社会规范对个体行为产生重要的影响。按照行为科学家 R. Gwin 和 P. Norton（1993）的观点，"社会规范指一个社会诸成员共有的行为规则和标准。规范可以内化成个人意识，即使没有外来的奖励，社会成员也会遵从；规范也可以因外部的正面裁决或反面裁决而发生作用。规范比价值或理想更具体。诚实是一种普遍的价值，而在特定的情况下确定诚实行为的各项标准就是规范。所以，规范是针对实际行为而不是对预期行为而言"[①]。行为科学家认为，"社会规范指一个社会诸成员共有的行为规范和标准，规范可以内化为个人意识，从而约束着人的行为"[②]。德国社会学家马克斯·韦伯（Max Weber）认为"东方文化（儒家文化）及其衍生的行为是一种'实质理性'行为，这不利于经济的发展，只有在西方基督教（新教）伦理文化背景下的'形式理性'的契约精神，才是市场经济的文化基础"。然而，"随着 20 世纪 70 年代到 90 年代，日本、'亚洲四小龙'及中国经济的飞速发展，韦伯的理论也受到了一定的挑战，人们开始质疑也开始思索，难道真的只有基督教（新教）的西方文化才能促使经济的发展吗？不同的国家能否找到一条适合自己文化及国情的经济发展道路？于是 80 年代以来掀起儒家文化及东亚经济发展的研究热潮"[③]。

中西方教育规范也大不相同。中国人教育学生，大多是一种封闭教育，得遵守校规；西方教育完全是一种开拓自由思维的空间，他们是在玩中学习，在学习中思考。中国培养的学生注重解决"已知"的问题，而一些发达国家，以美国和德国为例，主要培养的是让学生如何去"探索未知问题"。

在中国，由于"天地君亲师"这样的文化背景，为谋求一种正确的待人接物的态度，中国人的思想和精神是极其内敛的，也就是含蓄的。可以

---

① 郑晓明、方俐洛、凌文辁：《社会规范研究综述》，《心理学进展》1997 年第 4 期，第 17 页。
② 凌文辁、郑晓明、方俐洛：《社会规范的跨文化比较》，《心理学报》2003 年第 2 期，第 246 页。
③ 同上文，第 247 页。

说，中国人最大的特点是不想表达，或不愿表达。这其中的俗语有：藏在肚子里的是金，说出口外的是风。而这也许是普通的中国人比较沉默和文静的根本原因，所以，才会有"老成""深沉"之类的形容词。

中西文化的宗教规范也不一样。在中国，不论是外来的佛教还是土生土长的道教，讲究的是逆来顺受和来生。而西方的教义，虽然也强调来生，讲究受难，但不论是基督教还是伊斯兰教，都很讲究反抗异族压迫，反抗异教徒等，如《圣经》中的很多故事都有描绘犹太人的反抗和战争。这种在宗教上的差异的形成也与其形成时的社会背景密切相关：佛教、道教的传入和产生是在东汉时期，当时的中国，封建专制已经形成，统治者亟须一种能够安抚人心、利于安定的宗教以束缚人们思想，进而维护其统治。

（四）完成任务和人际关系对个体的相对重要性

美国人是个体社会的代表，他们开朗外向，幽默天真，不过他们工作起来却是非常认真严谨，态度真诚，对人对事都非常负责。因为他们乐天知命，他们坚信只要努力没有什么是得不到的，所以他们对工作的勤恳、认真是发自内心的，他们不会有什么不切实际的想法，虽然他们"疯狂"，但那只是用来形容他们惊人的创造力和想象力的。美国人其实想过的只是平凡的生活，所以他们工作起来就像一头牛。不过，在周末他们就懂得如何享受了。

美国是一个长期导向指数较低的国家，这种短期文化导向，使得美国人注重眼前利益，关心短期成果。这样的短期文化导向体现在管理上，表现为美国人最看重此时的利润，且上级对下级的考绩周期较短，要求立见功效；体现在工作作风上，他们大多急功近利，做事不容拖延。他们对完成任务有非凡的执行力和效果。

然而中国人的人际关系，却是不小的学问。在建立人际关系方面，中国人的思维和习惯与西方人确实是有很大的不同。

【案例2-3】朋友的孩子小D在澳大利亚留学，就读于当地某中学，品学兼优，为人坦诚可爱。有一次小D发现自己的班主任喜欢一种用于装饰的漂亮围巾，在当地标价是 50 澳元，折合人民币相当于 300 多元人民币。当她放假回到广州时，发现广州也有一样的围巾，但是标价只需要 40 元人民币，想到自己的老师喜欢，又这样便宜，便买了一条，包装好邮寄给了自己的老师。小 D 也知道，在澳大利亚给老师送礼物价值不能超过 7 澳元的规定。40 人民币只合 6.5 澳元，自然是在规定范围内的。这个事情在中国来说，真是小事一件，而且是举手之劳，花钱不多，同时又利于建立良好的师生关系。事后，小 D 也慢慢忘记围巾的事了。但是，等到小 D 再次回到澳大利亚的学校时，等待她的却是一件非常尴尬的事情。她的老师因为莫明其妙地收到了一份礼物而被学校以涉嫌受贿勒令退赔，并且作为不良记录事件记录在案。老师也感觉莫名其妙，但是，澳大利亚的学校就是规定了，每个老师能够收到的礼物价值不能够超过 7 澳元，也即 43 元人民币。这条围巾在澳大利亚标价是 50 澳元，自然是大大超过了所能够收受的范围。她的老师被学校勒令退赔她 50 澳元。任凭小 D 怎样辩解也无济于事。在广州，这件小礼物确实不到 7 澳元，但是，当它被寄到澳大利亚时，就得按照当地的价格计价。无意之中小 D 与自己敬爱的老师做了一笔生意，而且狠狠地赚了老师一笔。而这个生意是小 D 没有想到的，而且也是极不愿意去做的。同样，在美国、英国、日本等这些法治国家，教师、医生、警察、法官及其他公务员，他们作为公职人员，在收受礼物方面是有严格规定的。给这些公职人员送礼，弄不好就是害了他们。因此，他们面对这样的人情关系，常常会避之唯恐不及，常常会为避嫌而惊慌失措。因为，弄不好他们的"饭碗"就丢了。为了一点小礼物而丢掉收入丰厚的工作是很不值得的。（凤凰网，http：//blog.ifeng.com/article/7222697.html）

对于日本，首先不得不说的是它的程度较高的集体主义思想，有人形容日本人像一群小鱼，"秩序井然地朝着一个方向游动，直到把一块石子投入水中，他们才会转变方向，朝着相反的方向游去，队列依然整齐，成群游动"。日本人的集体意识就是这样强，这种意识，缘于特有的"团队"

精神。日本是一个岛国，自然环境相当恶劣。在古代，藩国林立，先民在争取生存的实践活动中，逐渐形成许多具有协作性质的集团组织。在共同利益的驱使下，形成共同认可的集团本位意识。因为分工不同，每个人的身份、地位都有具体的规定，从而保证集体机体的正常运行。这样的集团，一是具有强大的凝聚力，二是有森严的等级观念，三是有极强的效忠意识，下级对上级绝对服从，有无比强烈的归属感，个人对所属集体竭尽忠诚，行动上和集体保持高度一致。这种要求小我完全融入大我之中、绝对对大我负责的传统，虽然压抑了个体的主体意识，少有人情味，但也养成了日本人那种受人之惠、为人尽忠的"团队"精神，形成"忠德优先"的伦理价值取向。也就是说，在日本人的工作价值观中，永远是以"团队"为本位的。

"在个体主义文化中，由于强调自我的主体性和明确的自我疆界，自我的概念大多是完全独立的。而在群体主义文化中，由于更注重群体的和谐，个体的特征因而就具有更多的关联性，自我概念中往往包括他人，至少是与自我具有亲密关系的他人的成分。在个体主义文化中，亲密关系的内涵更多是参与和分享。而群体主义文化的亲密关系则更多带有社会责任和相互依赖的成分。显然，当具有不同文化背景的个体相遇时，由于不同文化自我理念的影响，双方对交际活动的期待、解释和评价会有差异，误解和冲突的发生也就在所难免。"[①]

（五）个体对内群体和外群体的区分程度

人们都生活在群体中，而群体的形成又以人际互动为前提。美国社会学家威廉·G.萨姆纳（1906）在《民俗论》中研究了不同社会的人与群体之间的关系。他首先提出了内群（内群体）和外群（外群体）的概念，群体成员将自己的群体称为"内群"，他们比较关注自己与内群成员之间的关系，对内群怀有特殊的正面而积极感情；同时他们又以较为严格的眼

---

① 任裕海：《影响跨文化人际关系若干因素探析》，《南京社会科学》2002 年第 8 期，第 58—59 页。

光看待其他群体，也就是"外群"，他们认为外群没有内群那样有价值①，或者说对待外群不像内群那样需要投入情感、时间和精力。

个体主义者与集体主义者根据内群和外群的划分，在人际交往中出现了差异性。集体主义者十分注重内群的人际关系，比如中国人，在社会关系中，人与人之间的关系，不是简单的个人关系，而是在一个群体中的人与人之间的关系。比如对于一个家庭来说，人与人的关系必须围绕着"家"来展开，当两个人结婚的时候，长辈都要告诉他们，婚姻不是你们两个人的结合，更是两个家庭的结合。这就是把婚姻关系的内群关系进行扩大，把简单的关系变得十分复杂。关系越是靠近亲缘的核心，其内容越是具有肯定性的情感的、合作的、亲密的；越是远离亲缘核心，便越具有否定性。人与人的交往靠的是人情交换，其约束力量靠的是良心和道德。

中国人的人际交往中往往根据身份形式决定交往的法则，内群偏私的倾向十分明显，表现为重视关系、依赖关系的关系取向。只要划归为自己人，也就是内群人，便在某些问题上不问是非。人们对内群人往往采取合作的态度，对自己人非常忠诚和负责，形成团结或内聚的关系格局，而且人际关系往往追求长远性，这样有利于自己的资源获取，而外群人则与自己的资源获取几乎毫无关系，对他们也往往不太合作，对他们的事都抱有"事不关己高高挂起"的态度。这样，置身于陌生人之中，中国人便容易感到缺乏安全感，因为会被视为外群人，不被关注，也较难得到完全公平公正的待遇。当然，中国的人际交往具有人情性也不是一无是处，它的优点在于中国人重视家庭关系，强调对老人的孝顺，因为家庭是最亲密的内群，除此之外，中国人还注重朋友情谊，讲究以恩报德，在情感体验上推崇推己及人等。

个体主义者在人际关系上更偏向于外群关系。他们对待与自己无关的群体和个人时十分冷漠，即便是内群关系，也不像集体主义者那么重视和投入。当然，这和他们社会的个人主义价值观是分不开的，因为注重个人

---

① 参见周晓虹《现代社会心理学：多维视野中的社会行为研究》，上海人民出版社1997年版，第334页。

主义，追求自己的利益，所以无论是内群人的利益还是外群人的利益，都不如自己的利益重要。西方社会群体间的关系，已发展为契约化的社会。正是在这种背景下，人际交往才有可能通行带有普遍意义的社会法则，人与人之间的相互独立、可选择的交往关系必然形成"私人领域"与"公众领域"的分野，并意味着"公开"与"私下"及"公众"与"个体"的对应和分化。它一方面表现为对私人领域的尊重与肯定；另一方面，表现为与他人交往时遵守契约。在这样的文化中，"公事公办"是指对规范规则的恪守，相对于集体主义来说，不会因为私人关系或私人情感就无视规则或不讲是非。在人际交往过程中出现矛盾时，他们往往会采取"对事不对人"的态度，针对事情本身而言，不会因为矛盾而对对方进行全盘否定。[①]

（六）个体主义—集体主义理论新进展：水平—垂直个体主义—集体主义

在水平—垂直个体主义者中，水平个体主义者只追求利益的最大化，不追求高于别人；垂直个体主义者追求个人利益最大化且要求自己要高于别人。在水平—垂直集体主义者中，水平集体主义者追求群体利益的最大化，但不要求高于其他群体；垂直集体主义者追求内群体利益最大化且要求高于其他群体。

水平个人主义和集体主义文化中，人们与他人进行比较希望自己超过他人的动机相对不是很强，没有必要通过自我提高（self-enhancement）来提高自尊（self-esteem）和自我效能感（self-efficiency），因此一般不会表现出很强的自我宽容（self-leniency）。而垂直个人主义和集体主义文化中的个体则有强烈的超越他人的意愿。

吴敏华（2006）在总结中国、美国、日资企业时引用曾仕强（2004）的观点则更为不同。他认为美国管理的（文化）基础，在于"个人主义"；日本管理的（文化）基础，在于"集体主义"；中国管理既不可能也无必要采取"个人主义"或"集体主义"为基础。

---

① 参见王梓伊《伦理与契约：东西方人际关系的差异》，《辽宁社会主义学院学报》2006年第6期，第90—91页。

吴敏华（2006）指出，美国人认为个体是形成企业绩效的关键，所以企业绩效管理的实质是个体绩效管理。因此，美资企业绩效管理及考核以个体为中心展开；而日本人重视集体主义，在绩效管理时采用以管理团队为主的绩效管理思想。由于注重集体主义及团队精神，日资企业在进行绩效管理时对目标的制定往往以团体为主，团体内的员工考核区分度小，差别不大。由此可见，日资企业代表了水平集体主义文化特征。而个人主义是美国的核心价值观念，是美国民族精神的本质。美资企业提倡个人奋斗，崇尚独立、自由、平等、竞争，强调个性、个人价值、个人权利和个性解放。所以，垂直个体主义是美资企业的重要文化特征。

中国的企业强调以集体利益为重，个人利益要服从集体利益，同时还强调民族主义和爱国主义精神。在中国的企业文化中，十分注重和谐，讲"人和"，重"亲和"，强调员工的归属感，强调集体是一个"大家庭"，强调以企业的利益和荣誉为重，当个人利益与集体利益发生冲突时，个人利益应服从集体利益。

关于中资企业的文化特点，Chen（1997）运用垂直、水平两个维度的个体主义—集体主义框架分析中国国企员工的奖酬分配观念。他认为中国人越来越是组织上的个人主义者，但在家庭、同事、朋友中则是文化上的集体主义者。Ralsion 等（1999）的实证研究支持了 Chen 的观点，结果显示中国新一代的管理人员越来越倾向于个人主义，行为方式上也越来越独立自主。因此，可以将中资企业归于垂直集体主义文化。①

四　文化冲突

中西方的文化差异表现在诸多方面，但简单加以概括其实并不复杂：反映到思维方式上是抽象和具象的差别，反映到生活态度上则似乎可以理解为西方人更加实用，西方人的思维及为人处世的方式较东方人简单，其语言表达的特点可概括为"表里一致""话里无话"，即："是"就是

---

① 参见刘小雪《水平—垂直维度文化对自评和他评差异的影响研究——以本土和在华外资企业 360 度反馈为例》，硕士学位论文，复旦大学，2010 年。

"是","不是"就是"不是",说话不喜欢拐弯抹角。如：客人到主人家做客，主人让客人再吃一些时，如果客人真的吃饱了，就说"吃饱了"，没有饱，他们也不会客气，会接受主人为自己添加的食物。相比之下，东方人特别是中国人的语言表达的意思较为复杂，常依场合而定，有时会出现"表里不一""话中有话"的现象。同样以客人到主人家做客为例，当主人给客人添加食物时，客人即便是还没有完全吃饱，也会说自己已经饱了，通常会拒绝以示客气，目的是减少主人招待自己的麻烦。当然，也因为这个原因，主人通常在被拒绝后，依然会非常客气地为客人添菜。西方人通常不会坚持要客人非吃非喝不可，那样他们反而觉得对客人不礼貌，他们通常希望客人自己动手（help yourself），不要拘谨，想吃什么就吃什么。所以，去西方人家里做客，如果还是保留中国式的客气，有可能会饿肚子。笔者曾经去英国人家里做客，中餐非常丰盛，大家都吃得很饱。晚餐时，大家说中餐吃得非常饱，于是女主人就简单弄了点小点心，供大家吃。主人家的女儿们表示还很饱，连点心都吃不下，于是当主人把点心递到笔者面前，笔者见主人家大部分的人都不吃点心，出于客气笔者也说自己不饿，不吃了，主人便没有再劝笔者吃。

对于别人送来的礼物，中国人和英语国家的人也表现出不同的态度。中国人收到礼物时，一般是放在一旁，等客人走后，才拆开看是什么东西。接受礼物时也常常会说"不用送礼""不要破费""不好意思""下不为例"之类的话，而且在接收礼物之前往往要推辞一番，表现出无可奈何地接受的样子。如果当着别人的面打开礼物并喜形于色，会给人"贪财"的感觉。而西方人收到礼物时，一般会当着客人的面马上打开，并连声称好，表达自己非常喜欢收到的礼物，并感谢对方。

文化差异也主要是指以价值文化为核心的社会文化的差异，它更容易引起文化冲突。不同的文化具有不同的价值观，人们总是对自己国家的文化充满自豪，大多数人总是有意无意地把自己的文化视为正统，并用此来评判别国的文化价值观和行为规范。人们总是认为其他国家的与自己文化不同的言行举止和价值观是奇怪的、不正常的，甚至是错误的。而事实上，这些看似奇怪的甚至是错误的言行举止和价值观对于那个国家的人来说是再正常不过的了。不能否认，正因为是中西方文化的差异，才造就了今日多姿多彩的世界。我们要掌握其真谛，不同族群的人之间要相互尊重、宽容谅解，但是不同文明之间的差异往往可以达到超过能够容忍的限度的地步。所以，最明智的措施是保持距离，除了保持地理意义上的距离，还要保持心理上的距离，那就是相互尊重，以及在正常的社会交往中增进相互了解。如果打压他人文化，奉行文化霸权主义，就很可能发生文化冲突。

文化差异造成了跨文化交际的障碍，西方人来中国，没有中国的传统文化知识，经常犯错，无法与当地人沟通；同样，中国人走出去，如果没有西方文化知识，也经常会与人产生交流障碍。这都是文化和知识的不对称所造成的。在全球化高度发展的今天，想要克服文化差异造成的交际障碍，首先要了解文化自身的运行规律，正确对待文化差异。注意对对方文化的尊重和理解，以平等和包容的态度交流。找到两种文化的结合点，发挥两种文化的优势，以文化提高合作的效果，以文化避免争端，以文化促进协商，使文化差异成为一种资源。

文化发挥着两方面重要作用，包括文化认同带来的正面效应和文化排斥诱发的负面效应。一般认为，文化的作用是：就个人而言，文化起着塑造个人人格，实现社会化的功能；就团体而言，文化起着目标、规范、意见和行为整合的作用；对于整个社会，文化起着社会整合和社会导向的作用。以上 3 个层面的功能是互相联系的。文化负面效应的几大类表现，包括文化定式（stereotype）、民族中心主义（ethnocentrism）、天真现实主义（naive realism）、褊狭主义（parochialism）、社会分类（social categorization）、顽固（lack of flexibility）、相对容忍（narrow tolerances）。

在跨文化交际活动中，我们不可避免地与一种以上的不同文化背景发生密切联系，文化相似性带来的安全感、舒适感和可预知性部分甚至完全丧失。人们会经常碰到未知的、模糊的、怪异的、费解的、外来的、异常的、陌生的、不可思议的、不可预见的东西。不同文化之间的差异往往容易导致人际交往失误，甚至文化休克。

【案例2-4】黄音桦虽然在美国生活了很多年，但每次回到上海，却总是觉得这里才是自己的家。在黄音桦看来，中国人有"叶落归根"的心态，这是经历了中华文明漫长历史形成的，这导致了很多人骨子里对祖国有一种"家"的情结。现在可能没有回来的，但在随后的多年内，他们还是会回来的。

有人这样分析中国人在海外长期生活的"不适感"：中国人在西方国家很容易寂寞无聊。最主要原因就是中国人是个群居的民族，注重家庭和人情往来，崇尚四世同堂、儿女绕膝。而西方人特立独行，各过各的，不热衷于扎堆，似乎没有中国人那样的人情味。中国人的这种集体吃喝的民族嗜好，已经不单纯是为了满足口腹之欲，而是创造一个大家聚在一起说笑的机会，即便在加拿大、美国，中国人依然喜爱聚餐。但西方人就远没有中国人这么热衷于扎堆吃喝，很少有老外会以在家里招待众人吃饭为喜好。

所以，即便这边有爱人、孩子或者父母，也不愿意长期在国外生活，许多中国人每年总是要回国生活一段时间。除非经济紧张，舍不得买回国机票，很少有人会踏踏实实在国外一直生活下去的。

张立（化名）是一位移民企业家，他告诉记者，偶尔去移民国消遣一下，感受异国情调尚可，长期的国外生活则很让人崩溃。由于文化差异和生活习惯等诸多问题，致使大部分移民人士无法在移民国融入主流社会，最后不得不选择回国。这种情况下，移民身份只是一个方便出入境、有助于自己工作的配置而已。

曾有媒体报道，一位移民美国的人士表示对移民美国很后悔。"我后悔死了，我所有移民的朋友都后悔死了……我永远也不会回美国去。"她想法改变的背后原因是纳税。根据美国法律，公民和永久居民（绿卡持有者）不论住在哪里，其在全球范围内的收入都要被征税。

在美国，纳税是严肃的法律问题，但很多移民在决定变成美国公民前并未认识到这一点。2010年3月，华盛顿通过《外国账户合规纳税法案》，目的就是打击在国外的偷税者。不光纳税是个问题，美国公民和绿卡持有者还面临烦琐的美国税收申报要求，在美国境外银行开户时也常遭遇麻烦。

从事移民工作的律师汪夏（化名）告诉记者，很多中国富人在申请美国公民身份的过程中了解到美国税务机构将监视其全球收入后，就中途放弃了。"很难找到一名税收申报历史没有瑕疵的中国企业家。而放弃美国公民身份也要付出很大代价。完成这一过程需花上一两年，还有高额的法律咨询费用。"

此外，移民除了可能承受高额的纳税之痛外，还承受着语言、信仰、生活习惯、交际圈子等诸多因素的困惑。更多的时候，移民者潜意识地认为自己成了"二等公民"。"虽然和当地人也能愉快地相处，但终究一方水土养一方人，总觉得自己无法彻底融入当地人之中，美国并不像大家想象的像个天堂。"汪夏说。

另一方面，留学选择的多样化也正在减弱"美国梦"的影响。统计数据显示，2010 年中国出国留学人员总数达 28.47 万人。除美国、英国、澳大利亚、加拿大等主流英语系国家外，一些传统意义上的小国也凭借其独特的优势得到越来越多学生和家长的认可，逐渐成为留学热门国家。留学选择呈现多样化发展趋势。

"美国梦"已渐渐失去了往日的光芒，与之相比，"中国梦"正在吸引越来越多的"海归"。在王长灵看来，如今的留学生与他们那时相比已截然不同，他们有着很多的选择。王长灵认为，去美国可以做"美国梦"，也可以做"中国梦"。当然，"中国梦"已经比"美国梦"更加精彩。"一个上海的中产，如果十年前卖掉了自己的房产并把人民币换成美元移民美国的话，今天他再回到上海，和已经拥有两套房产的同学相比，可能会发现自己已属于弱势群体。"

正在美国波士顿念大三的 Jermie 告诉记者，虽然周围很多朋友抱怨中国的食品安全和空气，但是大多数人还是想回祖国，毕竟家人都在那儿，回去更有归属感。更何况，中国的机会十分多。"国外的许多同学都和我们说，未来在中国，中国人当然要回去。"

事实上，西方经济的不景气，也是在外留学生纷纷回国的一大原因。据媒体报道，目前许多美国企业都在裁员或者停止雇用员工，这让许多毕业生"毕业即失业"。与此同时，工作签证及劳工绿卡申请紧缩，也限制了很多公司雇用外国留学生。一位移民律师表示，目前美国经济不景气，移民局核发工作签证有众多限制，同时新增很多审查规定，申请工作签证对于公司规模、薪资等检查更是特别严格。移民局通常以"资料不全、补充材料"等理由驳回申请，让不少雇主给外国雇员申请工作签证都感到非常麻烦。一位留美 MBA 毕业生表示，本来目前就业就很难，移民局还规定如果毕业 90 天后找不到工作，就要打道回府。

在海外华人哀叹"美国梦"难圆时，中国国内经济迅速发展，给"海归"们提供了更多的创业机会。目前，中国政府制定了各种吸引留学生回国的招才引智政策，诸如"千人计划"等，并对留学生回国提供了更多的优惠条件，包括最近出台的户口政策。此外，就业机会增加、文化和谐等各方面原因也让留学生对中国信心十足。在中国成就一番事业，寻找"中国梦"成为很多留学生在美毕业后的心愿。

美国主流媒体《大西洋月刊》曾撰文表示，目前中国经济正蓬勃发展，中国政府不断推出各项招才引智政策，在海外经历职业"瓶颈"、身份限制的华人华侨及留学生不愿意错过中国快速发展的大形势，纷纷踏上回国的航程，甚至那些年迈的老华侨及无学历、无专业技能的华裔劳工也纷纷回中国寻找"中国梦"。从"美国梦"到"中国梦"，很多人正在路上……（姚以镜：《别人的"美国梦"》，《国际金融报》2014 年 11 月 10 日第 29 版）

文化差异存在于跨文化交际的各个层面。文化差异理论从科学的角度和交际发展的序列性中，帮助我们深入了解文化休克与返乡文化休克的深层文化根源，理解文化之间的差异性，解释这些现象背后的逻辑性，阐明文化休克的必然性。这三大理论模型对于我们研究文化休克与返乡文化休克现象有强大的实践指导意义。

第三章　文化休克与返乡文化休克

一　文化休克存在的原因

陈国明（2009）[①] 总结了 Furnham 和 Bochner 及 Thomas 和 Althen 的研究和调查发现，社交与人际互动有关的困难最难适应。在经历文化休克的人群中，留学生又是一个非常特殊的群体，因此研究他们的文化适应困难很有必要。Furnham 和 Bochner（1982）调查了来自世界各地，在英国求学的国际学生，发现 10 项他们认为最难适应的事情：①与当地同龄人交朋友；②对待那些粗鲁不讲理的人；③主动向人示好，以建立友谊关系；④出现在众人面前；⑤与他人深交；⑥了解笑话或幽默与讽刺性的表达；⑦对待那些双眼直视着你的人们；⑧主动启口并持续对谈；⑨和不太认识的人在一起；⑩公开抱怨或处理不满意的服务。而 Thomas 和 Althen（1989）发现留学生在异国求学的过程中，通常会碰到以下 10 项难以适应的问题：①学业系统的差异所带来的困扰和压力；②处理和当地的人们，如指导教授、室友和房东的关系；③身居一个比自己国家自由得多的国度；④居留身份和其他因移民局所带来的焦虑与不安；⑤面对生活上个失望的期待；⑥经济来源短缺的忧愁；⑦自己族裔内，因政治、宗教或社会理念不同所带来的冲突；⑧国内因政治、经济各方面的发展所带来的冲击；⑨国内亲人朋友病故，自己却无法赶回所形成的苦痛哀凄；⑩如潮汐

---

① 陈国明：《跨文化交际学》，华东师范大学出版社 2009 年版。

而来的文化震荡所形成的阵阵浮浮沉沉的心灵波涛。

根据李建军和李贵苍（2011）[①]的研究，以价值观为核心的社会文化差异最容易引起跨文化交际中的文化休克。在跨文化交际诸多概念中，有一个概念叫作"民族中心主义"（ethnocentrism），有人也将它称为"文化中心主义"，它是一种认为自己文化优于其他文化的价值观。广义上说就是一种文化的人轻视其他文化或者团体的成员。美国社会学家 Sumner 给它下的定义是：以其个人所属群体为一切事物的中心为出发点来看待事物，对其他所有群体则按照自己的标准把它们分成等级……每个群体都认为只有自己的社会习俗是恰当的，看到别的群体有不同的社会习俗，就会嘲笑。简单来说，它是指各个国家、各个民族通常都用自己的文化标准来衡量其他文化，并自然地认为"自己文化中的生活方式、信仰、价值观和行为规范等是优越的，而其他文化是低劣的"。总之，它是一种主观主义的态度，肯定自己本群体的生活方式，以自己的价值观和生活方式为标准，用否定的态度，否定或贬低其他民族群体的生活方式和文化成就。

所有文化及其成员都在一定程度上具有一定的民族中心主义思想。因为每一种特定的文化模式往往受地域（如气候、地理条件、资源等物质环境）、民族（如种族、民族个性和习俗）和社会（包括社会制度、社会阶层、意识形态）等多种因素的影响。不同国家、民族、地区及社会群体都会有不同的文化结构和文化内容。人们在交际过程中，在心理上往往存在一种"民族中心主义"倾向。

"民族中心主义"倾向使得人们对新的文化环境产生某种"不适"的感觉，文化差异往往影响人们跨文化的交际行为。李建军和李贵苍（2011）认为，导致文化休克现象的原因主要有认知的缺位、习俗的差异等。

1. 认知的缺位

东方文化和西方文化是两种不同的文化体系。美国学者萨姆瓦在其《跨文化沟通》一书中以美国为例，对社会文化差异的大小进行排序：西

———————————

① 李建军、李贵苍：《跨文化交际》，武汉大学出版社 2011 年版。

方人和亚洲人之间的文化差异最大；欧洲人与阿拉伯人之间的差异大于美国人与欧洲人之间的差异；美国内部白人与有色人种之间的差异大于美国人和英国人，以及讲英语的加拿大人之间的差异。有些学者将这种差异称为"文化距离"，这将在以下段落中提到。

人们生活在某个文化环境里，其认知积累常常与该文化密切相关。而人们认识问题和解决问题的思路、方法和策略也通常习惯于已有的认知。当人们来到一个新的文化环境中，往往会忽略新的文化与自己已有的文化之间存在的差异，而习惯地运用已有的文化认知来思考问题。

【案例 3-1】某大学有位英国留学生 Jone，想用汉语跟看门的大爷问好，就问中国学生"watch dog"用中文该怎么说，得到的回答是"看门狗"。于是第二天一早，Jone 便礼貌地上前与看门的大爷打招呼道："早上好，看门狗。"老大爷听了气得差点背过气去，老大爷受到了侮辱，将 Jone 告到学校有关部门，最后以 Jone 作检讨收场。

这是一个因为中西文化差异而产生的例子。本案例中的 Jone 不了解中西文化中对动物"狗"的情感及其寓意。西方文化，特别是英国文化，主要来源于希伯来文化，由于希伯来民族是游牧民族，他们对于游牧文化中用于看护牧群的重要工具"马"和"狗"具有深厚的感情，因此在英语里有很多关于马和狗的言语表达具有褒扬的含义。而中国文化主要是由农耕文化发展而来的。人们在农业生产中用于田间劳作的"牛"和收获后用于看管粮食以免被老鼠糟践的"猫"是人们生活中的重要工具，因而，汉民族对牛和猫产生了深厚的感情。案例中 Jone 在交际中用本民族的文化认知来理解中国文化，结果造成交际失误。

2. 生活习俗的差异

习俗是一个国家和民族长期形成并遵循的一种区别于其他国家或民族的独特行为规则或者程序。例如，在阿拉伯国家，妇女有穿长袍的习俗，其长袍要遮盖住全身，包括脚，而且社会地位高的妇女往往还要将脸遮住。在泰国，外国女游客若想进寺庙，身体不得有裸露的地方，或者必须套上专门准备的裙子才能进去，否则禁止进入。在英国，酒吧是人们喝酒聊天或者谈事情的场所，但是对习惯于酒菜相连和酒后付账埋单的中国人来说就很不习惯，因为在这里只能先付费购酒，而且大多酒吧只能喝酒，一些酒吧不提供其他食品。

【案例 3-2】某北京姑娘嫁给了一个澳大利亚人。当有人问她有什么不适应的地方时，她举了一个例子：明明是隔壁邻居，近在咫尺，但每次去邻居家之前都要事先打电话，她觉得不可思议。当有人问她最想在北京的什么东西时，她回答说："芝麻烧饼。"这样的回答对移居海外的人来说比较普遍，因为长期形成的饮食习惯是很难改变的，深深烙在人们的心里。

【案例 3-3】某君移居美国，对于习惯了中国"熙熙攘攘的人群，白天黑夜都开门营业的商店"的大都市生活的他，面对美国密歇根州"人迹稀少的大街、大门紧闭的商店"时感到很不适应。

根据蔡荣寿、金芳颖（2009）[①] 的研究，文化休克存在的原因除了民族中心主义、认知的缺位、习俗的差异外，还可以从以下几个方面来看。

1. 地理因素

由于所处的地理位置不同，不同地方的人们有着不同的意识。这是千真万确的，因为他们拥有不同的价值观、人格和血统。当人们来到一个新的地方，他们或多或少都会经历文化休克。我们必须承认自然的地理环境是东西方国家人民价值观的主要构成因素。尤其在古代，生产力是很有限的，自然地理环境决定了社会的发展。

位于温带的黄河流域是中华民族的发源地。这使得中华民族将耕作看成主要的经济形式，并且将农业作为生活的中心。而中国的地理环境相对封闭，三大自然屏障（喜马拉雅山脉、西伯利亚和太平洋）几千年来使得

---

① 蔡荣寿、金芳颖：《跨文化交际通论》，苏州大学出版社 2009 年版。

中国大陆处于与外界相对隔离的状态。因此中国人强调农业而轻视商业。

西方文化起源于古希腊。希腊是一个拥有开阔海域的岛国。这个国家最初开始在周边海洋国家发展商业。商人们居住在城里，建立起与家庭完全不同的社会组织。他们建立了相对民主、平等的契约式社会。这些都成为海洋文化的特点。

2. 群体取向和个人取向

西方社会学家倾向于把个人主义摆在首位，而亚洲许多社会学家特别是中国和日本的社会学家则把集体放在首位。个人主义是西方价值观的主要内容。有种观点认为，个人主义的起源可以追溯到3000年前的古希腊。

个人主义最早是由法国初期的历史学家、政治学家 Alexis de Tocqueville 提出的。他指出个人主义是一种类似自私的生活哲学，它会危及社会进步。Alexis de Tocqueville 对个人主义是持否定态度的。而《美国百科全书》则认为这一习语最早出现在1835年的英国。美国哲学家 R. W. Emerson 指出个人主义展示的是个人的最高境界和人类精神的精髓，是乐观的、积极的，它将有计划地推动人文主义的发展和社会的进步。人们逐渐接受了这种观点。今天，美国被认为是个人主义的典型。在美国，人们相信每个人都有权利和自由来选择自己的生活方式。没有人能干预或操纵这一选择。每个人都有平等的权利，每个人都有权与人不同。正如一位著名学者所说的：我们可以说，美国人的价值观使他们更能意识到奋斗精神和竞争意识的重要性。这也促进了美国经济的发展。

在中国，情况大不相同。受儒家思想的影响，中国人从小就习惯于听从父母或兄长的命令。人们有义务为家庭或家庭利益作出牺牲，甚至牺牲自己的生命。一个中国人的名字中，姓排在第一位，其次是辈分名，最后才是自己的名字。这就强调了家庭的重要地位。与之相反，英语国家的人习惯于将自己的名字放在第一位，然后才是家族的姓。中文习惯用省（市）、县（区）、镇、村、街道、门牌号来表述地点，这种表述方法让人有很强的集体感。而英文则相反，刚好强调独立性。

3. 时间取向因素

我们可以说时间观念是一个国家认识过去和现在的哲学。怎样控制时间反映了一个国家的价值观。如果我们能很好地理解了这一点，我们就清楚地了解了当地的风俗。一位学者透过典型的东方视角，给我们展现了一幅画卷：沙漠中牵着骆驼前行的人，烈日当空下的农民，一步一叩的朝圣者，一边刺绣一遍聊天的妇女，葡萄架下品茶的人们，清晨练太极的老人……看上去他们没有一个显得着急。美国著名人类学家霍尔（Edward T. Hall）在研究高语境文化（High-context）和低语境文化（Low-context）的时候提到过时间观念的差异。他指出，人类的时间观念有两种文化模式：时间的单一性（mono-chronic time or M-time）和时间的多样性（poly-chronic time or P-time）。"时间的单一性"文化要求做任何事前都要提前计划和安排，并且在做事过程中要严格按照事先安排好的计划来执行，每一步都按计划表执行，计划表结束的时间一到，手头的事情就应该停止，不能影响下一项安排或让下一个人等候。多样性时间观念的人却没有安排日程的习惯，计划的安排比较具有灵活性，可以根据进展的情况随时调整，也不太注意遵守事先约定的时间，可能该进展到某一步的时候还没开始着手，该结束的时候可能又结束不了，他们更注重事情是否完成（getting things done），不允许由于时间限制而妨碍事情的完成。

霍尔（Hall）认为，单一性时间的缺陷是只关心时间表而不重视实际问题解决的情况及与之打交道的人的需要，这正好符合低语境文化（low-context）的人的做事风格；而多样性时间的缺陷是一切取决于领导的所作所为，要办好一件事往往要通过一定的关系才行，这恰好又符合了高语境文化（high-context）的人的做事风格。霍尔认为欧美等西方国家的时间模式更多倾向于单一性时间，而亚非拉地区国家的时间模式更多倾向于多样性时间。

从某种程度上说，中国人是时间的主人，而美国人则是时间的奴隶。中国属于农业文化，时间看起来很充足，生活节奏也不快。当中国人约会时，他们不太注重时间，迟到15分钟之内非常正常，不能算真的迟到。正如一句中国俗语所说"不见不散",这意味着约会是可以迟到的。也像中国人经常会说的话:别急!

美国人则把时间看得很重,他们认为时间是有限的。时间就像一条直线,精确地分成小时、分钟和秒,而且这条直线上的时间,从过去到现在再到未来,不会反复,不会周而复始。因此,做事不能拖拉,不能浪费时间,要分秒必争。因此,美国人总是说他们是时间的奴隶。时间操纵了人们的一切社会活动。日程表决定了他们的生活,什么该做,什么不该做;什么先做,什么可以拖到最后再做,都由日程表决定。有些美国人表示自己没有日程表,会感到非常不安,会理不清头绪,不知从何开始。

4. 不同的观念

不同的观念会导致不同的交流习惯。以谈判为例:中国的谈判方式通常都是把原则和共同的利害关系放在讨论的第一部分。中国人关心的是长期合作的可能性,因此他们避免在谈判之初就谈及细节,而是把它放到后面再谈。这种整体原则达成协议的谈判类型是中国人最明显的特点之一。

与之相反,美国人在谈判时把重点放在细节上。他们认为条约是一系列完整的受法律约束的并且必须执行的条款。而原则却是可有可无的,或者说它只不过是甜言蜜语而已。只有细节才能取得进展。因此,只有当我们了解不同的思维方式,我们才能更清楚地了解彼此,并把文化休克的损害降到最低点。

当然,也有学者指出,并非所有到异国的人都会经历文化休克。有些人虽然到了崭新的环境中,却不与东道国的主流文化接触,一直隔离在本文化人组成的圈子中,也就很少遇到文化休克。比如移民到美国的中国人,一直待在唐人街,不与外界接触,自然不会受到文化改变带来的不适。所以说,与东道主国家主流文化的接触是产生文化休克的必要条件,大多数人在这一接触中要经历或多或少的不适,而且要面对一个长期的调适过程。①

不过笔者认为,这样的情况仅停留在理论层面,在实际生活当中,一

---

① 参见陈雪飞《跨文化交流论》,时事出版社 2010 年版。

个中国人如果到了美国，哪怕自己再闭塞，还是难免会与新环境有所接触，唐人街的文化和中国本土文化会有差别，唐人街里的华人也在不断和美国当地文化接触，有些观念自然也会有所改变。笔者曾在 2007 年时去英国伦敦的唐人街吃饭，发现餐馆要求加收 10% 的服务小费。这一现象虽然在英国是正常的，但中国人并没有这样的习俗，可见唐人街的餐馆也已经在一定程度上"西化"了，由此可见，当一个人到达异国，完全与东道国的文化隔离的情况应该是不存在的。另外，笔者曾在做文化身份转变（cultural identity change）研究时，采访过一家三口，他们是从中国移民到英国的，其中母女二人英语水平非常好，能够融入英国社会，并已加入英国国籍，而父亲一人英语水平较差，与外界接触最少，未加入英国国籍。母女二人与英国社会的接触显然比父亲多，她们当然也经历过文化休克，但远不如父亲多。因此，仅从是否与东道国文化接触来判断是否会有文化休克是不够全面的。

除了与东道文化是否有接触，在面对异国文化对自身心理、价值观的冲击时，以下几个方面都是影响文化休克程度及跨文化适应的因素。[①] 第一，"文化距离"：要知道文化休克的时间和程度是受母文化和异文化之间的差异度影响的，比如说，中国与西方国家文化之间的差距肯定要比中国与东南亚国家之间的差距更大，相比之下，短期内更难让人适应。第二，东道国语言能力：旅居者应该以积极的态度学习东道国的语言和文化，并努力创造条件参与社会交流。调查结果表明：并非语言能力本身，更多的是人们对使用东道国语言进行交流的信心或语言效能感，决定了人们在东道国的沟通能力。第三，出国动机、预期和准备：态度积极、准备充分，包括语言学习、文化知识了解和参加跨文化能力培训等。第四，人格和个体差异：研究和调查表明，外向、宜人、情绪稳定能够更好适应社会文化，而神经质的性格则会影响社会文化适应。第五，出国经验和跨文化接触：包括与当地人的互动、社会支持度、可知觉到的偏见、对当地大众媒体的使用等。除此之外，每个人的心理特点、交际能力、对跨文化交际的

---

① 参见潘一禾《超越文化差异：跨文化交流的案例与探讨》，浙江大学出版社 2011 年版。

期望、是否有家庭或配偶或朋友的陪伴等方面的原因，都会影响文化休克程度及跨文化的适应。

二　文化休克的症状

对于不同的人而言，文化休克表现出来的症状是不同的，程度也不一样。有些人会因为文化休克而无法在国外正常生活下去，而有些人在经历了严重的文化休克后，会适应得很好而继续在国外生活。王维波和车丽娟（2008）[1] 提到，文化休克最常见的表现为以下几个方面：

（1）过分担心饮用水、食物、餐具、寝具等的卫生；

（2）害怕与他人的接触和交往；

（3）感到孤独无助；

（4）很容易因为小事而感到沮丧甚至是愤怒；

（5）拒绝学习东道国的语言；

（6）极度害怕被骗、抢劫或受到伤害；

（7）过于紧张自己的小伤病；

（8）渴望回家，回到自己熟悉的文化环境中，见自己熟悉的人。

陈国明（2009）[2] 也提出文化休克症状因人而异，种类繁多。因此他也只列举了一些他认为比较常见的症状，他将其称为"文化休克症候群"（syndrome），有一些与上面王维波和车丽娟（2008）的研究有所重复，但也有一些新的症状，它们包括：

（1）过度关心饮水与食物品质；

（2）过度依赖来自同文化的人；

（3）动不动就洗手；

（4）惧怕与地主国人接触；

（5）心不在焉（absent-minded）；

（6）无故失神；

---

① 王维波、车丽娟编著：《跨文化商务交际》，外语教学与研究出版社 2008 年版。
② 陈国明：《跨文化交际学》，华东师范大学出版社 2009 年版。

（7）无助感（feeling of helplessness）；

（8）容易为小事动怒；

（9）拒绝学习地主国的语言；

（10）敌视当地人（hostility）；

（11）过度强调自己的文化认同（cultural identity）；

（12）时常想家（homesickness）；

（13）常感到寂寞与闷闷不乐；

（14）萎靡与沮丧（withdrawal and depression）；

（15）失去信心（lack of confidence）；

（16）失去耐心（impatience）；

（17）偏执狂（paranoid）；

（18）精神分裂（schizophrenia）。

从这两组文化休克的表述可以看出，出现王维波与车丽娟（2008）所列举的症状的人会比较多，陈国明（2009）列举的症状相对较为全面，但有些比较极端，不是每个人都会体验到的文化休克。当然，综合两组症状来看，文化休克症状可以简单分为两个方面：一方面，是生理上的文化休克症状；另一方面，是心理上的文化休克症状。生理上的文化休克主要是针对身体来说的，包括过度饮食或没有食欲、过多睡眠或睡眠不足、不时生一些小毛病、胃痛、头痛、感到不舒服等；而心理上的文化休克症状则是指精神上的一些感受，如孤独感、无助感、想家、易怒、敌对心理、对于健康和安全的担忧、感到对生活无法控制、感到自己不重要、对东道国的文化定式（stereotyping）等。

根据 Oberg（1960）[①] 的研究，这些症状可以进一步归纳为文化休克的 6 个方面。

第一，当面对新的环境，心理调适的需求会带来很大的压力（strain），让人感到整个人紧绷着。文化差异越大，随之而来的心理压力也会越大。

---

① Oberg, K., Culture Shock: Adjustment to New Cultural Environments, *Practical Anthropology*, 1960（7）: 167—221.

当然，因为人的性格、经历、遭遇各不相同，因此这种文化休克造成心理压力的大小、时间长短也会因人而异。有些人可能在很短的时间内就适应了异国的文化风俗，也能够结识到新的朋友，衣食无忧，视他乡如己乡。有些人则没有那么幸运，或者说适应力没有那么强，身处新环境，语言、饮食、自然气候、生活方式等各种方面都不适应，久而久之，可能信心全失，甚至出现忧郁症、精神分裂症、偏执狂等症状。

当然，这两类人其实都是属于比较极端的，一般情况下不太会出现，即使出现也不会有太高的比率。大多数人都介于二者之间，有些略偏前者，有些略偏后者，虽然免不了会有"露从今夜白，月是故乡明""羁旅常堪醉，相留畏晓钟"或"春去也，飞红万点愁如海"等荡气回肠的激情时刻（陈国明，2009），但经过一段时间的适应期之后，大致上就能克服文化休克，逐步恢复到正常生活当中。

第二，失落感（sense of loss）。到了异国，亲朋好友都不在身边，没有好朋友一起疯狂地玩乐，也不能在一起谈心事，而且，在自己国家辛苦建立起来的社会关系、社会地位，到了异国也是一无所有。另外，平常的兴趣爱好可能在国外无法得到满足，比如，在西方很多国家，周末很多商店是关门的，想逛街没有太多的地方可去，再比如，中国的晚上有好多便宜又好吃的夜宵，有 KTV，有棋牌室，但西方很多国家却只有酒吧（bar或者 club），这些生活方式的差异，失去了之前"拥有"的种种的，感觉是被掠夺了一般（feeling of deprivation），促成了人的心理变化，文化休克的失落感、沮丧，甚至抑郁感由此而生。

第三，排斥感（rejection）。这种排斥感包括两个方面：一方面，是自己无缘无故有排斥当地人的冲动；另一方面，是受到当地人的排斥。首先，排斥当地人的心态通常是由于民族中心主义（ethnocentrism）或者说文化优越感（cultural superiority）而产生的一种自我膨胀，导致瞧不起当地人。拿到了美国的中国人来说，很多人会认为：中国有五千年历史，而美国历史短浅，没有文化根基，幼稚可欺；中国菜不仅色香味俱全，而且非常讲究有利于人的健康，而美国的食物不仅不够好吃，而且饮食习惯非常不利于健康；中国人重人际关系，互相尊重，互相帮助，而美国人重科技不重人性，人际关系淡薄，不重情义，人气不足。显然这些看法是片面的。这种民族中心主义或者说文化优越感通常会带来不同文化背景的人之间的偏见（prejudice），甚至是歧视（discrimination）。

另外，受到当地人的排斥，有时候可能是由于对别人的偏见，在不肯与他人来往时，也容易感到对方不屑与我们来往。当然，有自我优越感的存在，就可能会有自卑感的存在。有些出国的人，由于语言不是很好；或者被异国一些表面现象所迷惑，认为当地人都很有钱，自己很穷，或者当地人都很有文化，自己似乎不够有修养等，都会造成我们心理上认为别人看不起我们，或者不愿与我们来往。

第四，错乱感（confusion）。这是指在跨文化交际过程中，对信仰、价值观、该扮演的角色等感到迷惑或错乱的感觉。比如，中国人强调"言多必失""沉默是金"，比较注重说话的语境（context）；另外，中国人比较注重人际关系（relationship），强调"以和为贵"。而这些文化价值观到西方国家是不适用的，比如在美国，沉默会被认为是一种无能的表现，凡事都得自己去争取，要说出来让人家了解，或者说出来去争取自己应得的利益；西方人虽然也会有自己的人际关系，但在对待某一件事情的时候，更多的是就事论事，不会因为两个人之间的关系而左右事情的发展。再比如，根据 Hofstede 的理论，中国人属于高权力距离（high power distance）文化，也就是说，地位有尊卑，非常强调尊老爱幼，"百善孝为先"，而西方社会是低权力距离（low power distance）文化，虽然同样也是要尊敬父母，但并不意味着父母有权力决定孩子的一切。

第五，异常的情感反应。在异国真正体会到彼此文化之间的差异后，连带而来的可能就是一连串的焦虑感（anxiety）、恶心感（disgusting）与惊慌失措等心理与生理消化不良的激荡。比如在国内的课堂，老师是知识和权力的象征，老师说的话似乎就是真理，必须绝对服从；而在西方的课堂内，可能看见学生在课堂不断打断老师的讲话，挑战老师的观点。这些事情可能都会使出国者产生心理与生理上受惊的反应，若无法在一定的时间内调适过来，可能会严重到出现第六种症状。

第六，丧失了面对新环境的能力。这种能力包括心理上的无能感与生理上的无能（incompetence）。这个面向表现在更具体的生活层次上，会产生如下的症状：满腹乡愁无人诉说、活得枯燥乏味、举止畏缩而孤独难耐、渴望多睡点觉、吃喝失去节制、烦躁易怒、家庭生活失去和谐、突发洁癖、觉得地主国处处碍眼、无缘无故地落泪、老觉得身体不舒服、工作或读起书来心有余力不足。失能的现象发生在学生的身上，会导致无法完成学业；发生在工作上，会导致效率低落，无法完成公司的期待。个人的前途、家庭的生活与事业的发展，会同时受到挫折，影响非同小可。（陈国明，2009）

三　文化休克的各个阶段

早期对文化休克和跨文化适应的研究，是把文化适应当作一种阶段性的过程，其中以最早的"U－曲线模式"（U-Curve Model）（Lysgaard，1955）[①] 最具代表性，这个模式已经是文化休克或跨文化适应研究的一个经典之作。之后延续"U－曲线模式"研究方向的重要著作，有 Adler（1975）[②] 的转换震荡五阶段论，Mansell（1981）[③] 的跨文化适应的感情四阶段论，Taylor（1994）[④] 的转化学习模式及 Lewis 和 Jungman（1986）[⑤] 的跨文化适应的六阶段论。本章节只阐述最著名最具代表性的"U－曲线模式"。其余理论将在国内外研究综述中再作详细阐述。

Lysgaard 于 1955 年研究了由 Fullbright 基金会赞助的两百位来自挪威的学者，发现这些学者适应美国文化的过程可划分为 3 个阶段：初始阶段（initial stage）、寂寞阶段（loneliness stage）及复原阶段（recovery

---

①　Lysgaard，S.，Adjustment in Foreign Society：Norwegian Fullbright Grantees Visiting the United States，*International Social Science Bulletin*，1955（7）：45—51.

②　Alder，P. S.，The Transitional Experience：An Alternative View of Culture Shock，*Journal of Humanistic Psychology*，1975（15）：13—23.

③　Mansell，M.：Transcultural Experience and Expressive Response，*Communication Education*，1981（30）：93—108.

④　Taylor，E. W.，A Learning Model for Becoming Interculturally Competent，*International Journal of Intercultural Relations*，1994（18）：389—408.

⑤　Lewis，T. & Jungman，R.（Eds.），*On Being Foreign：Culture Shock in Short Fiction*，Yarmouth，ME：Intercultural Press，1986.

stage)。这 3 个阶段可以用"U—曲线模式"来表示，从开始的新鲜感，到满意度下降，再到情绪复原阶段。

这 3 个文化适应阶段，后来在 Deutsch 和 Won（1963）[①]、Morris（1960）[②]、Oberg（1960），以及 Smalley（1963）[③] 的研究中大致上获得支持，几位学者对其做了一些改良。把这些学者的研究综合起来，一个比较完整的"U—曲线跨文化适应模式"，应该包括 4 个阶段：蜜月阶段（honeymoon phase）、文化休克阶段（culture shock phase）、恢复调整阶段（regression and adjustment phase）和适应阶段（acceptance and adaptation phase）；或者有些学者将这 4 个阶段称为：蜜月期（honeymoon stage）、危机期（crisis stage）、复原期（recovery stage）、双文化适应期（biculturalism）。

1. 蜜月阶段

文化休克或者说跨文化适应的最初阶段就是蜜月阶段，少量学者称其为初期陶醉期（initial euphoria）或神魂颠倒期（fascination stage）。这一阶段主要是指出国人员进入新的文化环境而产生的心理上的兴奋和乐观。处于这阶段的出国人员对于异国文化中的一切充满好奇和新鲜感，这一阶段一般会持续几个星期到几个月不等的时间。在到其他国家以前，人们常常对异国生活或工作充满了美好的憧憬和期望，来到异国文化环境中，对刚开始的所见所闻都感到很新鲜，由于所看到的人、景色、事物也与国内大不相同，往往会感到很新奇很满意。因此人们心中满是新奇和刺激，异常兴奋，对异国生活充满了很高的预期，每天都在脑中规划自己的蓝图。这个阶段好似新婚度蜜月的时刻，心情很是轻松愉快，感觉甜蜜蜜的，总是用一种很积极乐观的心态来看待自己的伴侣和婚姻生活。这就是让出国

---

① Deutsch，S. E. & Won，G. Y. M.，Some Factors in the Adjustment of Foreign Nationals in the United States，*Journal of Social Issues*，1963（19）：115—122.

② Morris，R. T.，*The Two-way Mirror*，Minneapolis，Minn：The University of Minnesota Press，1960.

③ Smalley，W. A.，Culture Shock，Langue Shock，and the Shock of Self-discovery，*Practical Anthropology*，1963（10）：49—56.

人员一直乐观兴奋的蜜月阶段。例如，"初次看到美国的购物中心是那么大，东西是那么多；尼加拉瓜瀑布是那么磅礴飞逸；大峡谷的鬼斧神工；北京紫禁城的秀雅瑰丽；八达岭长城的雄伟壮观；长江与黄河万里不息的奔流；太行山的蕴藉秀致等，真是心旷神怡，对新环境感到陶醉与神魂颠倒。这种甜蜜的感觉，主要来自人类对新事物具有好奇心的天性"。（陈国明，2009）当然，非常遗憾的是，这些美好的预期大多最后都会归于破灭，于是出国人员便开始进入第二阶段。

2. 文化休克阶段/危机期

危机期又可以称为挫折期（frustration stage）或敌对期（hostility stage），有些学者也将其称为沮丧阶段。这一阶段主要是指当蜜月阶段过去之后，马上就得面对现实。对于学生来说，学期开始，注册、吃住、与导师见面、选课等事情接踵而至；对于工作人员来说，与上司下属见面、文件处理、家属的安排等必须面对的问题，既烦人，又得处处小心，以免一步出错全盘皆输，因此压力也会变得格外大。由于语言、生活方式、思维方式、习俗等方面与母文化的差异，特别是价值观的矛盾和冲突，让出国人员开始对周围环境感到不舒服，各种各样的迷惑与挫折让原本"蜜月"般的好奇心，原先感到的在国外生活的兴奋感渐渐被失望、失落、烦恼和焦虑所代替，而且这种灰心和紧张不良的情绪可能会日益增多。原来认为是规范的良好的生活方式在异国他乡却频频碰壁，有时出国人员可能会觉得自己与当地文化格格不入，可能会经历一种失落和身份危机。因为身份是靠文化背景塑造和维系的，现在在新的文化背景下，很容易产生身份问题。举例来说，一个人原本在自己的文化中是一个非常优秀的学生，成绩很不错，人缘也好，又受老师的器重。但到了新的文化中，由于语言及学习方式的差异，学习不如以前轻松，同学不再崇拜自己，老师也不像以前那样器重自己，那么他一定会对自己"优秀学生"这一身份产生怀疑。最终结果就是，导致他消极地看待问题，甚至对当地人及学习方式产生偏见甚至是敌意。

学者们对这一阶段的持续时间似乎也没有一个定论，这与出国人员个性的不同、文化的差异及旅居的性质有关。当然，一般来说，这个阶段至少也会持续几个星期到几个月的时间，比较难适应的情形可能会持续几年。在这个阶段处于异国文化中的出国人员由于文化的不同，对于人和环境的不适应，常常感到孤独少援，生活种种不便，原来被认为是规范良好的生活方式在异文化中频频碰壁，由于不了解当地文化和习惯被当地人嘲弄，此时很容易感到迷失和挫败。

严格来说，这一阶段就是文化休克的代表期。文化休克的各种症状（包括生理上和心理上），在这个阶段都会陆续有所显现。Smalley（1963）[①] 曾指出，在这个阶段，出国人员承受着不断涌至的差异感和疏离感，对新环境非常不适应，随之会强化民族中心主义（ethnocentrism）观念，这样，自我的文化认同或者说文化身份开始出现问题，如果无法解决这样的问题，就很难在新环境中很好地适应和生活下去。

3. 恢复调整阶段/复原期

这一阶段也可以称为改善期（gradual improvement）、逐渐适应期（gradual adjustment）或调适阶段。在经历了一段时间的紧张、沮丧和迷惑之后，出国人员会逐渐适应新的生活，逐渐找到适应新环境和对付新文化的方法。对异国文化的适应所做的努力与付出的时间和精力所产生的成果在这个阶段慢慢开始显现。出国人员开始与当地人有了更多的接触，与一些人建立了友谊，了解新的风俗习惯，对于一些文化疑惑，他们也开始慢慢解开，熟悉了当地人的语言、非语言、饮食、娱乐、事物、习俗和价值观，理解了异国文化中不仅有缺点，也有优点，能够用比较客观、平和的心态来看待周围的环境。这样，他们与当地人的接触也会逐渐增多，心理上的迷失也会慢慢转淡，开始适应异国文化的环境。

研究发现，在这个阶段，出国人员开始发现异国文化的可贵，同时也能感激与尊重新文化和自己文化之间的差异，并且慢慢开始具备文化敏觉

---

① Smalley, W. A., Culture Shock, Langue Shock, and the Shock of Self-discovery, *Practical Anthropology*，1963（10）：49—56.

（cultural sensitivity）的能力（Thomas，Althen，1989）。[1] 这样，他们心理上的沮丧、混乱、孤独感和失落感会渐渐减少，慢慢适应异国文化的环境。这一阶段一般需要较长的时间。

适应过程一步一步地改善后，到了一定的程度，出国人员会重拾信心，心情逐渐开朗轻松起来，幽默感重新出现，对异国文化的优缺点都能平静客观地面对。很明显地，这是为人处世的一种个人弹性（personal flexibility）能力的发展，不再需要依赖自己文化线索的协助便能在新环境下存活（Alder，1975）。[2]

4. 适应阶段/双文化适应期

这一阶段有些学者还将其称为完全适应期（full adjustment stage）或熟练期（mastery period）。经过一段时间的恢复调整及失败后的多次尝试，出国人员的沮丧、烦恼和焦虑消失了，心中的孤单、疏离的愁云基本一扫而光，适应技巧也越来越娴熟，觉得国外的生活习惯虽然和国内不同，但似乎也没有当初感觉上差异那么大，他们基本能够适应当地人的生活、工作环境、风俗习惯，能够与当地人和平相处并融入新的环境中，随着他们开始熟悉当地的文化和风俗并结交了很多当地的朋友，甚至形成了自己的圈子。这也就说明他们能够习惯两种不同文化（母文化及异国文化）的生活方式，能够较好地控制和处理与自身文化和当地文化有关的问题，能够在自身文化及当地文化中生活得比较舒服，哪怕遇到一些困难或烦心事，也能够像在国内一样妥善处理和应付这种焦虑和挫折感。

根据 Adler（1975）和 Mensell（1981）[3] 及陈国明等人的研究，这个阶段的主要特点就是出国人员在态度和行为上已经摆脱了原来文化的纠缠，发展了独立自主（autonomy）的功力，展现了双重认同（dual identity）的能

---

① Thomas，K. & Althen，G.，Counseling Foreign Students，In P. B. Pedersen，J. G.，Draguns，W. J. Lonner & Trimble，J. E.（Eds.），*Counseling Across Cultures*，Honolulu：University of Hawaii Press，1989：205—241.

② Alder，P. S.，The Transitional Experience：An Alternative View of Culture Shock，*Journal of Humanistic Psychology*，1975（15）：13—23.

③ Mansell，M.，Transcultural Experience and Expressive Response，*Communication Education*，1981（30）：93—108.

力，比较文化差异的美感欣赏力，建立满意人际关系的能力与对文化产生高度的承诺力（commitment）。

这个阶段到底能不能达到呢？或者，这个阶段有多实在呢？这是一个不容易回答的问题。如果从小就移居到另一个文化，因孩子的学习与模仿的能力强，完全适应新环境是没问题的。可是，这个孩子适应自己母文化的能力会变成怎样呢？是不是在适应了异国文化后，自己的母文化反而变成一个异国文化呢？例如，陈国明在《跨文化交际学》中提到自己的经历：在美国已经待了超过 20 年，具有传播学博士学位，在美国大学任教，住在一般美国人社区，选举投票，社区服务，社交活动皆和本地人无异。照理说，应该是适应阶段或完全适应期的佼佼者了，但他表示这也很难说，在台湾受完大学教育，军中服役两年，加上工作两年，出国时已经二十几岁，算是一个成熟的成年人，全身每一个细胞都是中华文化建立起来的。因此，即便是在美国生活多年，还是非常想念台北的夜市与夜生活。虽然去的是美国的超级市场，买回来的食物蔬菜，却喜欢依照中式方法烹饪，吃起来才觉得对口。另外，连吃一两天汉堡或热狗，感觉尚可，若天天吃，那是绝对受不了的。像这种情况，算是完全适应了么？至少目前还没有满意的答案。

值得一提的是，有些学者将双文化适应期单独列出来，作为第五个阶段，称之为"双文化阶段"（biculturalism）（Adler，1975①；Pedersen，1995②）。这种对文化适应的分法就是将适应期和双文化期加以区分，认为适应期只是适应了异国文化，而双文化阶段则是更高层次，指的是人们可以非常自如地实现在母文化与新文化之间的观念转换。学者们认为，对于大多数人而言，这一阶段只是理想状态，特别是当母文化与新文化差异较大时，此时观念的转换可能包含价值观、社会规范等方面的转换，这是很难实现的。比如从小在美国长大的华人回国后很多方面被人笑称为"ba-

---

① Alder, P. S., The Transitional Experience: An Alternative View of Culture Shock, *Journal of Humanistic Psychology*, 1975 (15): 13—23.

② Pedersen, P., *The Five Stages of Culture Shock: Critical Incidents Around the World*, Westport, CT: Greenwood, 1995.

nana（香蕉人，即外表是黄种人，内心价值观则是白人）"，这一称谓正体现了这一道理。笔者有一朋友是香港人，在英国生活了几十年并在英国成家，他坦言有时对自己的文化身份很难界定，在英国时觉得自己和当地人有一定区别，而他每年回香港时，又觉得自己似乎已不是香港人，生活方式与英国人更接近，这有时使他非常困惑。这个案例表明非常自如地转换而且觉得非常舒服是很难做到的。

文化休克的"U－曲线模式"还可以通过图示来表示，这样可以更直观、更清楚地了解出国人员在出国后经历的整个文化休克过程中的情绪。如图 3-1 所示"U－曲线模式"的文化休克的各个阶段。

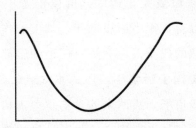

图 3-1　"U－曲线模式"的文化休克的各个阶段

资料来源：庄怡川：《国外有关归国人员文化再适应研究综述》，《华侨华人历史研究》2005 年第 4 期，第 51—55 页。

图 3-1 中纵向坐标指的是情绪，自下而上分别是差、中、好；横向坐标指的是时间，由左到右分别是短期、中期、长期，曲线表明：出国人员在最初进入陌生文化时，带着新奇和期盼，情绪高涨，处于蜜月阶段；之后随着处处碰壁而感到失落、沮丧，情绪也随之跌入低谷，进入沮丧阶段；然后渐渐对新文化进行调试，情绪也开始好转，进入调适阶段；最后适应新文化之后，又开始热情四溢，进入适应阶段。

Marx（1999）是认为文化休克可分为 5 个阶段的学者之一，在他1999 年的研究中，将文化休克的"U－曲线模式"升级为 5 个阶段：蜜月期、敌对期（文化休克）、恢复期、适应期，以及最后的双重文化阶段。

可以看出，图3-2与"U－曲线模式"乍一看似乎差别很大，但仔细研究发现，它的基本走势与"U"形并不违背。都是由最开始情绪高涨的蜜月期跌入低谷，经历文化休克，然后经过调适最终完全适应，进入双文化阶段。但与"U－曲线模式"不同的是在低谷处出现"文化休克""文化适应"的不断反复，而不是像"U－曲线模式"那样经历文化休克后马上调整恢复然后顺利进入适应期。

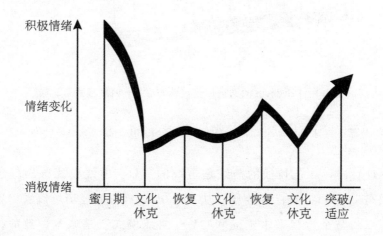

图 3-2 文化休克的几个阶段

与 Marx 的研究相似的还有 Perley-Ann Friedman, Lorraine S. Dyke 和 Steven A. Murphy (2009)[①] 的研究。Friedman 在对比自己经历文化休克的经验及"U－曲线模式"后，发现了它们之间的细微差异。用图 3-3 来表示如下。

---

① Friedman, P., Dyke, L. S. & Murphy, S. A., Expatriate Adjustment From the Inside Out: An Auto-ethnographic Account, *The International Journal of Human Resource Management*, 2009, 20 (2): 252—268.

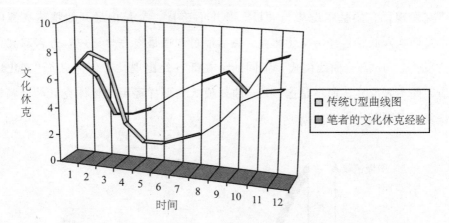

图 3-3　Friedman 的文化休克经验与"U－曲线模式"比较

资料来源：参见 Friedman，P.，Dyke，L. S. 和 Murphy，S. A.（2009）。

　　不难看出，颜色较浅的曲线是传统的"U－曲线模式"而颜色较深的曲线是 Friedman 自己的经历。从 Friedman 自身的经历可以看出，经历文化休克的整个过程基本走向和"U－曲线模式"是基本一致的。都由最初情绪高涨的蜜月期开始，逐渐走低经历文化休克，然后适应后又继续走高。而与 Marx 的研究相似的是，文化适应的过程不像"U－曲线模式"那样简单，中间也有波折，也就是先经历文化休克然后逐渐适应，后来又经历文化休克，然后基本适应，情绪一路走高。当然，与 Marx 研究的不同之处有两点：第一，他自身并没有经历多个文化休克，只经历了两次；第二，他表示第二次经历文化休克的时间比第一次短，而且适应得比第一次要快。从横向的曲线来看，第一次文化休克的情绪更低落，而第二次文化休克的情绪比第一次要好一些。

　　通过以上 3 种图示，我们不难发现，人们对于传统的"U－曲线模式"是认可的，但最新的研究在传统的"U－曲线模式"的基础上又有所更新。基本走势符合 U 的形状，但结合这三个人的理论，笔者认为文化休克期与适应期是不断反复的，用图来表示就是低谷处不断反复的曲线，而且这些不断反复曲折的曲线的走势在反复中呈上升趋势。至于中间要波折多少次，由于不同的个体的适应能力不同，跨文化交际能力不同，因此很难有一个明确的数字。

四 文化休克的种类与影响

基于陈国明（2009）的研究基础，文化休克大致可以分成 5 种类型：语言休克、角色休克、教育休克、文化距离及转换休克。虽然从分类上将其细化为 5 个方面，但其实这 5 种文化休克之间还存在着诸多相互重叠的部分。

（一）语言休克（Language Shock）

语言休克主要是因为对对方国家语言的不够熟悉。语言是人类沟通最主要的工具，而语言本身隐含一个文化的价值观、信仰、社交关系等方面的内容，不懂对方国家语言便失去了适应对方文化的能力（Smalley，1963）。结合文献及作者自身出国所经历的语言休克问题，语言休克应有两个层次，一个层次是口音问题，更深的层次是由于文化差异导致的对某一个词或者某一句甚至某一段话的理解偏差。

语言休克应该是跨文化适应过程中最先碰上并带来心理压力的主因之一。即使是在国内学习过对方的语言，到了当地仍会觉得当地人说的完全不是平时学习的语言，主要是因为当地人说话一般都会带有一定口音，会让人听不懂对方在说什么。

【案例 3-4】出国前，在我就读的首医研究生班，我们的口语老师是位字正腔圆的澳大利亚女郎，听力老师是位英文专业的美女海归。当年，我和她们用英文交谈时，我觉得自己挺行的啊。在北京读研的那几年，我还去过紫竹院的英语角（1988—1989），也听过北大学子在北外举办的英文演讲比赛（1987 年秋）。我发现，在和国人用英文聊天儿或者听他们的英文演讲时，我都没什么问题。这怎么一出国，大脑中的英文部件就突然失灵了呢？

究其原因，理由各异。在美国校园里，有来自世界各地的教授，各种各样的英文口音夹杂在一起，初来乍到，真让人觉得晕乎乎的。比如，我刚来美国时，印度人讲的英语我就经常听不懂。再比如说我导师吧，他是位来自圭亚那的黑人教授。他人虽然特别 nice，性格又朝气蓬勃，但遗憾的是，他的英文带有他家乡的口音。因故，我刚进他实验室时，并不能完全理解他的所有意图，对他答非所问自然是免不了的事。

记得 1993 年 5 月 21 日那天，在我的硕士学位论文答辩会结束时，我导师不无善意地和我开玩笑："那谁呀，你说咱俩多不易。你来我实验室一年之后，咱俩才彻底地明白彼此，不再发生交流误会。"听后，我开怀大笑。是啊，我也不愿意答非所问呀，谁让咱听不懂那圭亚那口音的英语呢。无独有偶，有一次，在我泡了两年多的实验室里，一位刚来美国的中国学生在和我老板谈课题时，他也大大方方地对我导师来了好几个答非所问。我猜测，这中国哥们肯定也是让我老板的口音给转晕了。①

【案例 3-5】笔者第一次去英国时，去的是英格兰西北部，口音相对来说要比英格兰南部重。笔者也经历过语言休克期，当与其中一位口音非常重的室友聊天时，简单的单词比如 money 都听不懂。因为在中国国内学习的是国际音标，money 应该是发音为 ['mʌni]，而这位室友的发音为 ['munai]，笔者当时完全不知其所云。大约是一个月之后才渐渐熟悉了她的口音，之后两人的交流才开始变得顺畅。

另一种语言休克的情况是由于文化差异所导致的。在日常的言语行为中，不同文化背景因文化差异而导致的文化误解和冲突并不鲜见，例如中西方在大家都很熟悉的亲属称谓上就存在很大的差异：汉语中清晰地区分"兄"和"弟"，而英语中没有与之完全对等的词；英语中简单的一个 uncle 就概括了汉语中的姑父、姨父、舅舅、叔叔、伯伯 5 种意思。在部分词语的内涵意义上中西也大不相同，例如"龙"在我国文化中是神圣的，是帝王和权力的象征，古时候只有皇帝才能穿龙袍。我们也称自己为"龙的传

---

① 水影儿：《我刚到美国如何熬过语言休克期》（http：//blog. sina. com. cn/s/blog _ 53404ecc01009ma4. html）。

人"。在十二生肖中，龙往往也备受青睐，龙年往往会迎来生育的高峰期。而在西方，"Dragon"首先从形象上就有别于中国的龙，西方的龙往往有翅膀和尖爪，会喷火，看起来比较邪恶。Dragon在西方是罪恶、邪恶的代名词，很早就被用来作为战争的旗帜。由此可见，不同语言和文化中的言语行为有很大的不同，如果交际双方不了解这些差异，就会产生误解和文化休克，影响他们在异国他乡的学习和生活。

【案例3-6】二十余年前第一次踏入美国，我先从西雅图飞到安吉利斯港拜访老朋友。第二天，我们到奥林匹克国家公园踏青。在路旁喂鸟时，一个可爱的美国女孩突然向我走来，问道："Do you have time?"我愣了一下，不知如何作答。朋友看到我窘迫地站在那里，赶紧向那女孩说道，现在是十二点十分。这句十分简单的句子，把我弄傻了，因为我把它直译成"你有时间吗"。在中国台湾，如果一个女孩子问我是否有时间，可能意味着她要跟我一起约会喝咖啡，要不然可能是流莺在招揽客人。哪知道在英文的意思是"请问现在是几点"。听朋友的解释后，我吓得一身冷汗，还好没有会错情、表错意，以为美国人真的那么开放。

【案例3-7】一个中国台湾的朋友告诉我，他第一次走在校园时，有几个美国学生经过时，突然对他冒出"What's up"？他一听就仰头环视天空，奇怪到底天上发生了什么事，为什么人家老是问他上面是什么。他每次抬头看天空的时候，也把问的人弄得一愣一愣的，迷惑不已。哪知道"What's up"就是"How are you"的意思呢。（陈国明，2009）

在这两个案例中，作者跟他的朋友不是因为听不懂口音，而是因为不理解西方人的表达方式而对其说的话产生了误会，导致跨文化交流的失败。这在跨文化交流中较为常见，因此学习一门外语不应只是学习简单的词汇语法，学习其文化也非常重要。

（二）角色休克（Role Shock）

角色休克指个人因环境的更换，原来的个人地位突然消失了的失落感（Higbee，1969）。前面也提到过，造成文化休克的一个原因就是在异地他乡，自己在原环境中的社会角色发生了改变，造成情绪不稳定。

【案例3-8】笔者有一个朋友，原先在国内是大学教师，因为妻子多年在英国学习工作获英国永久居留权，之后为了女儿的教育，举家移居英国。到英国后，他本人由于语言能力有限，所学专业限制，只能在餐馆打工，几年之后开了一家小型便利超市，虽然比起餐馆打工好很多，但地位和国内的大学教师显然还是有区别的。也因为如此，他的妻子和女儿早就已经加入英国国籍，而他却迟迟不肯加入英国国籍。

从以上案例可以看出，有些人为了调整角色以适应新的文化，所付出的时间和精力是无法估计的，很多人甚至经历多年还未调整好。笔者之前做过关于文化身份改变（cultural identity）的研究，研究发现角色调整与年龄和外语能力有一定的关系，年纪越大，角色的调整越不容易，外语能力越差，角色调整也越不容易。正如案例中的笔者朋友，出国时年纪已经四十多岁了，语言能力又差，加上在中国社会与在英国社会中所从事的工作差别太大，这种角色转换带来的心理冲突也许是一般人所难以理解的。

（三）教育休克（Education Shock）

教育休克专指国际学生在学习时，对教育系统与学院生活的适应过程（Hoff，1979）。因为科技的发达，交通的便利，信息的互通，到国外留学深造的学生越来越多。据统计，到2003年，每年都有十几万的国外留学生涌入美国大学校园学习。就中国而言，自从1978年改革开放后，出国留学的学生越来越多，成为美国每年入学的外籍学生数量最多的国家之一。

在这样的背景下，教育休克成为文化休克研究很重要的一部分。出国留学的学生除了适应新环境的日常生活及与当地人交流之外，还有好多精力要花在学业上。但由于语言能力有限，加上学制、学习方法、师生关系等方面的差异造成适应不良，导致的结果是"转学者有之，退学者有之，辍学者有之，遭感情打击者有之，患上精神分裂者有之，枪杀指导教授者有之；更有不少无法完成学业，又无颜回乡见江东父老而变成非法移民，地下打工度日的留学生"[1]。当然，精神分裂、枪杀导师、非法打工的人不是留学生的大多数，但就笔者自身留学海外的经历来说，学制、学习方式及教学模式的不同确实会给人带来很大的压力，对于当地学生而言，他们可以花一两晚就完成的作业，对留学生来说可能要花上一周甚至更长的时间才能得到导师的认可，甚至可能还得不到认可，这对留学生来说是一种很大的压力和打击。笔者记得自己的一位成绩不错的中国同学，花了大量的时间精心完成一篇作业，得到了任课教师的认可，本可以得到相当高的分数，但当送审给外校老师评阅时，外校老师因为她的引用标注不当，断言她剽窃他人作品，给了不及格，最终她需要重修此课程。笔者还记得当时她经历了一段时间的抑郁期，不怎么与人交流，感觉在同学间没面子，却又觉得自己相当冤枉，因为她并非刻意剽窃他人作品。这是由于中国和英国引用他人文章的格式差异造成的，中国人的版权保护意识相对外国人来说较弱，盗版情况较多，在学术上，学生写论文时标注参考文献的意识也不如国外强。因此，教育休克给人带来的伤害也是很大的，有时会给人理想破灭的感觉，叫人无奈又伤感。

（四）文化距离（Cultural Distance）

不难理解，文化距离是指旅居人的文化与当地文化之间的差距。[2]文化差别越大，相似度越低，文化距离也就越大；文化差别越小，相似度越高，文化距离也就越小。用图3-4来表示就很容易明白。

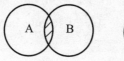

图3-4 文化距离示意

① 陈国明：《跨文化交际学》，华东师范大学出版社 2009 年版。

② Babiker, I., Cox, J. & Miller, P., The Measurement of Culture Distance and its Relationship to Medical Consultations, Symptomatology and Examination Performance of Overseas Students at Edinburgh University, *Social PSychology*, 1980 (15): 109—116.

图 3-4 中，A 文化与 B 文化重叠的部分较少，文化差别相对较大，相似度较低；A 文化与 C 文化重叠部分较多，文化差别相对较小；因此 A 文化与 B 文化的文化差距大于 A 文化与 C 文化的文化差距。

文化距离可以作为旅居人在异乡的疏离感（alienation/estrangement）与心理痛苦（psychological distress）的指标。文化距离越大，旅居人的疏离感就越强，心理也就越痛苦；相反，文化距离越小，旅居人的疏离感就越小，心理的痛苦相对轻一些。举例来说，中国和美国的文化距离比英国和美国的文化距离要大，因此，中国学生去美国留学感受到的疏离感会更大一些，心理痛苦程度也越高，适应起来会更困难一些；而英国学生去美国留学感受到的疏离感会小很多，心理痛苦程度相对会低一些，适应起来也会相对容易。这也是笔者留学期间发现欧洲同学之间沟通起来没什么障碍，生活方式也没什么差别，互相之间成为朋友也比较容易的原因；而中国同学虽然与欧洲同学关系也不错，大家都以礼相待，但关系总感觉要疏远一些。但中国同学与日本同学、印度同学相处起来就更轻松也更容易一些。

【案例 3-9】一对美国夫妇到韩国旅游时，与一个热心招待的家庭住在一起。虽然这对美国夫妇对韩国话一窍不通，但一个星期下来，与招待的家庭相处得非常不错。离开前，这对美国夫妇决定买个礼物送给主人，以示感谢。他们买了一个非常漂亮的小瓷器，并用白色的纸张把它包得尽善尽美。当他们把礼物送到主人面前时，主人像受到羞辱一般，不愿意收下礼物。问题：为什么韩国主人不愿意收下礼物呢？（Nicole Estaphan，University of Rhode Island）

在案例 3-9 中，由于美国人与韩国人对于颜色的含义理解不同而发生如此尴尬的事情。虽然白色在韩国没有特别不好的意思，韩国人还以"白衣民族"自称，但包礼物一般还是不要用白色为好。这就好比中国人对白色也没有特别忌讳，婚礼中新娘也开始像西方学习穿白色的婚纱，但红包、请帖都必须是红色的。笔者在英国留学时，恰好遇到有朋友结婚，收到的请帖是白色的。这种情况在中国是不可能发生的。

（五）转换休克（Transition Shock）

转换休克是为了配合新环境做出了巨大改变时所承受的压力与痛苦，这种感觉就像是家人过世或离婚一样难过（Bennet，1977）。其实这和Guthrie（1975）提出的文化疲乏（cultural fatigue）与Smith（1955）的适应压力（adjustment press）一样。文化疲乏侧重旅居者适应新的文化的过程及生理与心理上的不适；适应压力则注重准备接受新文化挑战时生理紧绷的反应连带引起心理的压力。

【案例3-10】尽管我是学社会学的，在去美国之前已经有了充分的准备，尤其在社会文化与生活方式方面，自以为已经对美国有了相对的了解，但到美国以后还是有一种强烈的不适应感。原因不仅是因为中国与美国之间存在着巨大的文化差异，而且整个社会环境都有较大的反差。经与当地许多华人交流，才知道他们都有这种转换休克现象，有的来美国10多年甚至很长时间了，仍然难以在文化上做到自我调适。[①]

其实这个转换休克的意义比较广泛，虽然与"文化休克"用语不同，但其实内容差别不大，可以作为文化休克本身的定义。

五　文化休克的"积极"与"消极"影响

一般谈及文化休克，从字面来看，"休克"这个词让人觉得文化休克非常严重，更多赋予它负面的含义。而且，根据之前本书提到的文化休克的定义："通俗地说，一个人从一地迁移到另一地，原来自己熟悉的一套符号、习俗、行为模式、社会关系、价值观念等被另一套新的自己所不熟悉的符号、习俗、行为模式、社会关系、价值观念所替代，从而在心理上

---

① 文军：《文化休克》（http://www.cunews.edu.cn/html/xbwc/20040714/174001.html 2004-7-14）。

产生焦虑，在情绪上不安定，甚至沮丧。严重的情况下，会产生各种心理和生理方面的疾病。"似乎也基本在谈文化休克的消极影响。但是，文化休克到底给留学生或旅居者带来积极的正面影响还是消极的负面影响，不同学者持不同的意见。

华东师范大学的严文华（2008）[①] 教授在《跨文化沟通心理学》一书中分析说：如果从消极的方面来看文化休克，人们易将自己的跨文化不适应经历看成自己生了一场病，以为只能等待周期性病症逐渐消失后才能全力以赴投入其他工作；而如果从积极的角度来看，就会发现遭遇文化差异的过程本身就是有意义的，在这个过程中人们本身就在学习和体验，它本身是一份正餐的组成部分，而不是要等文化休克之后才上正餐。

1. 积极影响

持正面看法的学者认为文化休克对于个人的成长有帮助。Adler（1987）[②] 列举了 7 个理由来支持他的论点。

第一，学习本身总是具有某种程度的改变的，不同的情况通常提供不同的机会以求得解决问题的方法。而文化休克提供给留学生或旅居者这样一个改变的环境，因而他们可以寻求解决问题的学习机会。

第二，文化休克是一种个人化的现象（individualized phenomenon）。既然每个人都喜欢有一种独立与特殊的感觉，文化休克能够提供个人追求那种特有感觉的动因，促使个人从怕生到自我实现（self-actualization）的境界。

第三，文化休克带来一种挑战的刺激感（provocative）。这种兴奋刺激的感觉可以激发留学生或旅居者的动力，使得他们可以接受挑战，尽力去克服适应过程中的障碍，从而在克服困难后获得成就感和满足感。

第四，学习的作用与效果通常是要在一个人的压力和焦虑达到一定的程度时才会真正凸显出来。除了极端的例子之外，文化休克给当事人带来的高压，正好是比较适合学习的程度。

---

① 严文华：《跨文化沟通心理学》，上海社会科学院出版社 2008 年版。

② Alder，P. S.，Culture Shock and The Cross-Cultural Learning Experience，In L. F. Luce & E. C. Smith（Eds.），*Toward Internationalism：A Reader*，Cambridge，MA：Newbury，1987：389—405.

第五，随着全球化的进程加速，与不同国家的人接触已经是无法避免的事实，不光无法避免，而且注定越来越频繁。这就意味着文化休克是现如今人们生活和学习中不可缺少的一部分，对人们生活和学习有着不可磨灭的贡献。

第六，文化休克提供给留学生和旅居者一个寻求适应新方法的机会。如果发现方法不合适，会继续寻找其他方法，直到结果令人满意为止。这种"尝试与错误"（try and error）的学习方法，对留学生和旅居者的个人成长很有帮助。

第七，以不同行为实证各种新方法的过程，通常是经由比较（comparison）或对照（contrast）的方式进行。这种过程强化了留学生和旅居者的学习能力，更进一步把新方法运用到不同的文化适应。

2. 消极影响

上述正面的观点，其实是把经历文化休克的过程当作学习的过程。由于人类的成长必须经历学习的过程，也难免出现这样那样的波折，文化休克就正好提供给人们这样一个学习和自我成长的好机会。

然而，文化休克既然是一种生理和心理上的"休克"，它一定会有消极影响，这点从文化休克的定义中就可以看到，这也是持反面意见的人的主要依据。

Oberg 及随后的学者都曾将"文化休克"的一些反应看作"职业病"的一种。Oberg1954 年在巴西的一次演讲中就直接把"文化休克"定性为一种失调或疾病（a malady），并宣称"文化休克"和任何其他疾病一样，有其独特的病源、症状和治疗方式。他列举了一些典型的病象：大都是些病态性的身心反常，无比焦虑，思绪飘忽，时常目光呆滞，陷入一种无助、失魂落魄的心理状态。

Draguns（1977）[①] 也提出 4 点文化休克可能带来的负面影响。

---

① Draguns，J. G.，Problems of Dealing and Comparing Abnormal Behavior Across Cultures，In L. L. Adler（Eds.），*Issus in Cross-cultural Research*，New York：New York Academy of Science，1977：664—675.

第一，文化休克给人带来的是跌宕起伏的情感经验（affective experience）或不良情绪，而且这种不良情绪不确定也不稳定。可能这几天是很狂躁、很亢奋的强烈情绪，而过几天也许就变得情绪低落，比如闷闷不乐、抑郁、慵懒无力等这类的消沉的情绪。这两种情绪都有点极端，对人的心理健康不利。笔者当时就遇到过这样一个朋友，有时情绪非常激动，兴奋得让人受不了，但有时又闷声不响默默开始哭泣，也让人感到又压抑又莫名其妙。这不仅对她本人心理健康不利，对周围人也存在一定的影响。

第二，文化休克对当事人知觉与认知评估（perceptual-cognitive appraisal）能力的发展，会带来负面的影响。由于文化的差异，留学生和旅居者很可能将当地人的正常行为举止看成怪异的、可笑的，甚至是不可理喻的。这种不正确的判断需要很长时间的学习才能改过来，有些人甚至可能永远也无法转变观念。这种不正确的知觉与认知评估是跨文化交流的主要障碍之一。

第三，除了在情绪和认知评估的影响之外，文化休克给留学生和旅居者带来的一方面是紧张焦虑的情绪，另一方面是松弛宽松的感觉，对整个机体性表达（organismic expression）的健全发展不利。

第四，从社会行为方面来看，文化休克可能给留学生和旅居者带来行为不稳定的现象。比如，不够诚实、不可信任、缺乏教养等。

六　返乡文化休克概念的提出

近年来，"海归"这个人群在中国受到越来越多的关注。他们是架起东西方文化桥梁的一个特殊群体，他们对中国与世界其他各地之间在商业、科学和技术方面的双边交流发挥了重要的作用。经历返乡文化休克在这个人群中是很常见的。许多人没有意识到他们在海外生活期间在思维及行为方面有了很大的变化，而与此同时中国的各个方面也变了很多，结果"海归"族不得不重新适应中国的文化和社会。因为他在海外生活了几年并在思维及行为方面改变了几年，那些在国内的人也在思维及行为方面改变了几年。这就意味着，当他回国后，他将面临更多的变化。"这是一种奇怪的感觉：当你同国内的人说话时，或观看国内的电视频道时，有时我自己都很难相信，因为我发现将对话在脑海里翻译成英语后更容易跟上内容及情节。正因如此，我需要更多的时间来明白他们在说什么。我的朋友们一定以为我在海外留学期间脑子变笨了。我在与别人交谈时总是中英文夹杂，甚至与我父母交谈时也不例外。我的洋腔怪调时常让我的父母感到很困惑。"

【案例 3-11】湖北的一名"85 后"海归女孩登上某电视招聘节目。但节目中她被主持人及现场考官贴上了"笑容狂浪""站姿做作""言语具有攻击性""眼神写满蔑视和恨"等标签，最后失败离场。

事后，这名海归女孩却得到了绝大多数网友的支持，认为她"机智、大方"，只是受到国外文化熏陶而表现得个性鲜明、举止独特。

这一事件甚至引发了社会对于海归"逆向文化冲击"的广泛讨论。[①]

【案例 3-12】一位从小离开日本去往美国的日本人第一次去日本的时候，在出租车上，司机从他讲的日语判断："虽然我不知道你从哪里来，但我可以肯定，你已经离开日本很多年了。"这位日本人的家人是在 19 世纪迁往美国的，而从那时到现在，日本的许多语言都发生了改变，不过那位生长于美国的日本人还在使用那些比较古老的词语和语法结构。因此，对于这位日本人来说，本以为要回到自己小时候熟悉的母文化中去寻找童年的回忆和童年的欢乐，但现在看来，他对于美国的了解比对日本要多，而日本对他来说则是相当陌生了。[②]

---

① 林忆夏：《新海归遭遇"逆向文化冲突"值得全社会重视》（http：//blog. sina. com. cn/s/blog_8f071c7d01010qln. html）。

② Martin, J. & Nakayama, T. , *Intercultural Communication in Contexts*, The McGraw-Hill Companies, Inc. , 2004：282—283，294.

【案例 3-13】Marcia Miller（1988）是一位美国教师，她到中国任教一年后回到美国纽约，她描述自己回国后的感受：我回到家后感到不适应。一切都显得那样陌生与不同。当我在中国的大街上走着，所有的人都盯着我看，感到很新奇。但我回国后，我盯着一切看，有一种深深的疏离感和压抑感。

【案例 3-14】一位在日本工作的华人在最近去久违的上海出了一趟差后，描述道：我切切实实地感受了一番"逆向文化冲突"。

第一个冲突来自中国空姐。现在的中国航空公司大多会在机上配置一至数名日本空姐。中国空姐和日本空姐一样容貌姣好，难分孰优孰劣，但仍很容易就可将中国空姐和日本空姐分辨出来。暂且不论日本空姐典型的日本式微笑和鞠躬。仅从空姐们为乘客分派飞机餐时的身体语言就可将中国空姐和日本空姐区分得一清二楚。当坐在空姐身后的乘客向空姐要求撤掉餐具托盘时，退后一步，退到乘客身前面对乘客，殷勤有礼地弯下身去再次确认好乘客的需要后，将餐具托盘拿走的是日本空姐。同样情况之下，一语不发或简单地答应一声就略略转过身、伸出手、穿过乘客脑袋的侧面将餐具托盘收回的是中国空姐。分发饮料时也是如此。看着中国空姐手中的热咖啡通过乘客脑袋的侧面放向小桌板时，忍不住替乘客捏了一把冷汗。要是乘客没注意到身后中国空姐的举动，突然转头或是飞机发生剧烈颠簸怎么办？虽然仅是退后一步的一个小举动而已，但不仅关系礼仪问题也关系乘客的安全。可是，为乘客服务时的行为是否可能对乘客产生不利的顾虑，似乎不在中国空姐的服务范围之内。

在上海的数日，因为工作关系，除了写字楼以外去得最多的地方是外资超市、大型百货公司和餐厅，所以逼不得已必须利用这些地方的洗手间。中国的洗手间是最受外国批判的焦点，但是近年屡屡在网上看到中国政府重视洗手间改革的报道，心想应该已有巨大改善。可事与愿违的是，虽然洗手间的装潢水平可算达到小康水平。曾经最受抨击的——卫生间的门都装上了，而且洗手池边上还附有洗手液，但种种人为困扰仍然存在。卫生间有门可是将近一半的门插销坏了关不上，只好虚掩着门使用。明明插销好好的却不插上插销便开始使用的也大有人在。等候的人搞不清到底哪一间真的有人，便每个门都推一推以探虚实。里面的人只好边方便边提高警觉做好防备外部突然袭击的准备。大多数的厕所里仍然没有卫生纸。大家都很自觉地自备面巾纸，可是面巾纸的面积小难以铺在马桶座上作垫纸，所以"讲卫生的人"便干脆将脚踩在马桶座上，可是这样后来的人即使想坐也坐不下去，马桶反而成了一个别扭到极点的蹲式厕所。方便后不冲水的人仍然存在，不过遭遇得不多，仅两次而已。也许是我运气较好，也许是在外面等的人多，怕不冲水会被后来的人白眼吧。

以备战状态上了几天中国的公用洗手间后，不禁深深怀念起东京的好处来。即使是电车站内的简易洗手间，也不必担心遇上不冲水的人，更不用说不关门或者将脚踩在马桶座上的事。为了不给下一个人带来困扰，许多人在方便时就不断冲水，既掩盖声音又可以减少气味，出来前还细心地将马桶盖盖上，让气味的散发减少到最小程度。

再说购物。上海的外资超市和大型百货公司的构造、商品的种类、陈列等已相当完善。而且因为占地面积大，所以比东京电车站旁的一般小超市要气派得多。商品种类之丰富让我惊叹也让我眼花缭乱。可是走了数家商场都没看见日本超市里放在收银台前的那种让顾客付款后整理所购物品的台子。我不得不站在放购物篮的地方单手提着塑料袋，单手将所购物品从购物篮移放到塑料袋。幸亏买的东西不多，要是买几个袋子以上的东西的话，就只好在地上整理了。

乘坐手扶电梯，没有人想到靠左或靠右站成一排，空出一边以便赶路的人从空道上下。赶路的人只好像泥鳅似的在手扶电梯拥挤的人群中穿梭。①

---

① 刘心苗：《逆向文化冲突》(http：//article. hongxiu. com/a/2005-5-30/714632. shtml)。

七 返乡文化休克产生的原因

根据陈雪飞（2010）[①] 的研究，形成返乡文化休克的原因主要有下述 4 点。

（1）自己在本文化环境中原有的社会角色丧失了。

（2）怀旧的伤感。返回本文化后，时过境迁，自己那些青春的美好记忆已无处可寻，原来的人际关系网也发生了变化，原本如鱼得水的故土，现在却举步维艰。

（3）价值观的矛盾和冲突。在异国文化中形成的一些价值观和故乡的文化价值观相互抵触。

（4）在异国他乡养成的生活方式和生活习惯令自己在故土屡屡碰钉子。

北京哈佛校友会副会长、北京大学新闻与传播学院教授关世杰总结了 4 点原因，这 4 点与陈雪飞书中所提到的 4 点不谋而合，那就是：

第一，海归在本土文化环境中原有社会角色的丧失；

第二，归国后时过境迁、亲友谢世等因素造成心境黯然，同时，原有的人际关系网发生了较大变化，给生活和工作带来不少困难；

第三，价值观的矛盾与冲突，在异文化中形成的一些价值观和本土的传统观念相抵触；

第四，生活方式、生活习惯等方面产生了不必要的矛盾和误解。

而黄远卿（2010）[②] 的研究中提到，返乡文化休克产生的原因有很多方面，主要有两个：个人因素和环境因素。

（1）个人因素。影响返乡文化休克的个人因素包括出国者的年龄、性别、婚姻状况、受教育水平等。一般来说，年龄大的出国者能更好地应对返乡文化休克，这是因为他们对母文化模式有了较深的理解，当他们面对新文化时，不会完全放弃母文化而全盘接受新文化。但年龄小的出国者，往往会逐渐淡忘自己的母文化而完全融入于异国文化中。因此，当他们回

---

① 陈雪飞：《跨文化交流论》，时事出版社 2010 年版。
② 黄远卿：《跨文化交际中反向文化冲击原因及策略探究》，《长江大学学报》（社会科学版）2010 年第 4 期，第 431—432 页。

国时，返乡文化休克也会更强烈。笔者曾经做过一个关于文化身份（cultural identity）改变的研究，研究结果显示在国外时间越长，文化身份的改变越大；出国者年龄越小，文化身份的改变越大；外语程度越高，文化身份的改变越大。文化身份的改变越大，说明接受异国文化的程度就越高。

另外，性别因素对女性的影响比对男性更大。例如，一个生活在男权社会里的女性，当她到了一个提倡男女平等的社会时，她会逐步培养起自信心和独立感。然而，当她再回到自己的母文化时，不但难以适应，反而得花更多的时间来重新适应她在母文化中的角色。再者，一般而言，受教育程度越高的人，出国后能够越快地克服文化冲击，回国后也比较容易重新融入母文化。①

（2）环境因素。影响返乡文化休克的环境因素主要有母文化的改变，家庭与社会关系的改变及社会对归国者提供的支持网络。社会在不断变化，母文化在出国者出国期间也在经历着或多或少的变化。同样地，在出国期间，出国者的家人朋友也因社会变化或自身的变化而不断改变，他们可能结婚、升职、搬迁，建立了新的社会关系，总之，他们不再是出国人员心中所记忆和期待的原来的样子。

另外，出国人员已经在潜移默化中熟悉的国外文化，改变了他们的生活方式、对待事物的看法和态度、饮食习惯、交通、作息等各个方面，回国后，虽然明了国内的生活习惯和价值观，但当这些与他已经习惯的国外的文化有所不同时，还是会感到有些不适应。比如笔者出国后，经常想念国内的朋友、食物、娱乐方式等，但当真的回国后，发现天空没有那么蓝，人们没有有序排队、垃圾没有很好地回收和分类，还是会难以适应。

还有，当出国人员回到母文化发现很多不同及不适应后，经常抱怨或批判国内的种种，而亲人和朋友会觉得归国人员所抱怨的都是他们习以为常的事情，甚至是一些小事，他们会非常不以为然，不愿倾听，甚至听到

---

① 参见金芳颖、蔡荣寿《文化身份的冲突和改变：在英国生活的中国移民个案研究》，《教育前言》2008 第 6 期。

这些抱怨感到反感。如果亲人朋友能够了解这些现象属于返乡文化休克，从而能够给归国者更多的理解和鼓励，那他们也能更加顺利地克服返乡文化休克，从而能尽快地重新融入新的生活和工作中去。

李先知（2011）[①] 的研究总结和黄远卿的总结有一定的重合，但他总结得更为全面。他认为，目前跨文化学者普遍认为导致出国人员文化休克和返乡文化休克或者说影响跨文化适应的因素主要分为外部因素和内部因素。[②]

外部因素主要有：

（1）生活变化：中西方饮食习惯不同、生活节奏快慢、气候变化、交通工具、居住条件包括城市级别的变化，如一直生活在中国大城市的学生来到国外的小城镇或乡村所经历的巨大差异等。

（2）时间因素：是指出国人员同异文化接触的时间长短对文化适应的影响。

（3）文化距离：是指出国人员母文化与当地文化之间的距离。通常学者认为中西方的文化距离大于中国与一些亚洲国家之间的文化距离。如到日本韩国留学的中国留学生受到的文化冲击可能要小于到欧美留学的学生，他们的文化适应过程相对比较容易一些。

（4）歧视与偏见：当地社会文化与当地居民对某个族群的旅居者或者移民的态度趋向于友善还是敌对，接受或是排斥。由于各个国家在各个时期的经济政治文化特点不同，会影响到本国居民对外来者的态度。

内部因素主要有：

（1）认知方式：对跨文化交流本身的认知方式，对生活方式的期望及对跨文化接触对象的想象。

（2）人格因素：如情绪控制点和控制能力、内向型性格和外向型性格、个性的灵活性、对模糊不肯定的陌生环境的容忍性、坚韧性、自我控制等。

---

① 李先知：《试析中国留美高校学生的跨文化适应和对策——以美国俄克拉荷马州立大学为例》，硕士学位论文，重庆大学，2011 年。

② 参见陈慧、车宏生、朱敏《跨文化适应影响因素研究述评》，《心理科学进展》2003 年第6 期，第 704—780 页。

（3）知识与技能：与跨文化有关的知识和技能。

（4）应对策略：采用对待跨文化适应压力的不同方式。

（5）人口统计学：如跨文化交流者的性别、年龄、婚姻状况、受教育程度等。

八　返乡文化休克的症状

返乡文化休克的具体症状可能包括以下几个方面：

（1）感觉自己不属于所在环境；

（2）坐立不安；

（3）逆向思乡，怀念国外所认识的人和住过的地方；

（4）无聊，缺乏安全感，不确定感，困惑，挫折；

（5）睡眠过多；

（6）改变人生的目标和重点；

（7）与周围环境格格不入的感觉；

（8）对中国式的行为抱有负面的看法；

（9）对家人和朋友有一种抵触感。

九　返乡文化休克的各个阶段

返乡文化休克的各个阶段和文化休克的各个阶段非常类似，也是要经历蜜月阶段，也就是当一个人出国一段时间后，重新回到阔别已久的家乡故土时，见到家乡熟悉的人熟悉的场景会有一种"蜜月"式的感受，非常兴奋和开心。蜜月阶段后就进入沮丧阶段，即出国人员回国后，经过一段时间的生活及与人接触后，发现国内已发生改变，自己的亲朋好友可能也或多或少发生了一些改变，不再是自己印象中的样子。另外，逐渐适应国外生活后，回国后感受到的差异让自己很不习惯，因此回国人员心里逐渐产生消极的感受，这种消极还可能发展为沮丧和消沉。之后是调适阶段，也就是渐渐接受国内生活模式，不断调整自己的生活方式，以适应国内的生活。最后是适应阶段，也就是通过不断调整自己后，最后重新适应了国内的生活方式，能够像以前一样生活自如了。

这个过程等于在 U 型曲线的基础上，又重复一次，相当于两个"U"连在一起，通常被称为"W 曲线"①。图 3-5 中显示了出国人员在出国后，在新的文化中经历了一次"文化休克"，慢慢适应后，再回到母文化中，又要经历一次"返乡文化休克"，然后再经过一段时间的适应期。

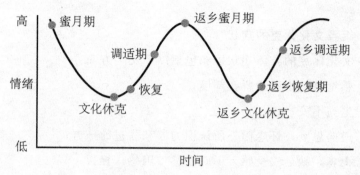

基于Oberg（1960）及Gallahorn & Gallahorn（1963）的研究

图 3-5　W 曲线

十　返乡文化休克的种类

关于返乡文化休克的种类，目前并没有很多文献对此问题进行研究和分类，结合笔者的个人经历及文献整理，笔者认为返乡文化休克可以分为以下几种。

（一）语言休克（Language Shock）

文化休克中的语言休克主要来自对于对方国家语言的不够熟悉。而返乡文化休克中的语言休克来自说国语时，会很自然地夹杂外语，这也许让国人听着不是很舒服，觉得似乎在炫耀，但其实并非如此。因为文化差异，中英文词汇并非一一对应，在有些事物的表达上会出现词汇空缺现象，在国外说惯了外语，在讲中文时会发现很多用英文表达的词无法用非常对应的中文来表达，因此哪怕是中国人之间的交流，也经常会夹带一些英语，因为那样更能精确表达自己的想法。

---

① Gullahorn，J. T. & Gullahorn，J. E.，An Extension of the U-curve Hypothesis，*Journal of Social Issues*，1963，19（3）：33—47.

【案例3-15】回国已有两个多月。女孩子到了婚嫁的年龄，就被家人催着去相亲。对方是妈妈同事邻居的儿子，本科毕业于北京师范大学，人民大学的工商管理硕士，在北京一家民营的证券公司工作，比我大一岁，仪表堂堂，符合爸妈的审美，因此爸妈颇为满意。记得第一次见面，因为交谈中无意识夹带了一些英文单词，交谈不久，对方冷不丁问我说话中夹杂的英文单词是什么意思时，我被问得愣住了。原来我交谈中不自觉带的很多英文单词他并没有听懂，开始不好意思问，后来听我说得实在多，才问了我。

在国外生活了那么久，已经习惯了讲中文的时候夹杂着一些英文单词，不是因为故意要凸显自己的英文水平有多好，而是因为有时不一定能找到非常对应的中文，于是说中文时就夹杂着一些英文，也从没想过要刻意把英文单词翻译成中文。

以前读钱锺书的《围城》，记得书中钱先生把海归夹在中文里的英文词儿比喻成"夹在牙缝里的肉屑"。当时为钱先生的刻薄叫好，对海归的这种行为也表示不理解甚至鄙视，觉得是在向人炫耀自己的出国经历。没想到十年之后自己讲话竟也变成了"夹在牙缝里的肉屑"。

真想对钱先生说冤枉啊，我真的没有一点炫耀的意思，实在是在国外说习惯了，有时说话的思路也受英文的影响，有些英文单词也不一定能找到非常合适的中文词来翻译。这是我第一次意识到回国人员想要与从未出国的人好好相处，首先要克服语言休克。

（二）生活文化休克

语言休克非常容易发现，也相对容易克服。而生活中各个方面的文化差异存在于生活的点点滴滴中。在国外生活久了，难免各方面都会趋同（converge）于国外的生活方式，比如习惯了国外的饮食方式、国外的作息规律、交流模式等，这些不是一朝一夕就能改变的，而且很多也是潜移默化的，自己也许都没有意识到。

【案例 3-16】记得一次和从未出国的朋友聊天，谈到聪明和智能的区别，他问我说：你觉得自己是聪明型还是智能型的？我当时不假思索，脱口而出，"我觉得自己是既聪明又智能型的"。朋友惊讶地看了我一眼，说道：你倒是一点儿也不谦虚啊！我当时一愣，突然意识到在东方文化里，即使别人夸奖你的时候，也应该谦虚，应该否认，哪有像我这样自夸的。

在美国待久了，习惯了心里想什么就说什么，忘记了谦虚。西方文化直来直去，觉得自己是十分好，一定要说十分，有时甚至说十二分。美国文化是一种"自夸"文化（self-enhancement），学会推销自己是在美国谋生的前提条件。而东方文化则比较含蓄，说话不能太直接，嘴里说的不一定是心里想的，要学会对别人的话进行深度理解，也要会察言观色。觉得自己是十分好也会只说八分，留二分让对方去猜，因为东方文化属于"自贬"文化（self-effacement）。

我曾经在上海做项目的时候，交了一个上海男朋友，也算是海归，之前他留学日本。只是日本文化从某种意义上讲，比中国文化还更谦虚更"自贬"，所以虽然两个都是中国人，但我们在一起时经常感受到"中西文化的差异"。一个周末，我最好的朋友苗从北京来上海玩，住在我酒店的房间里。苗的朋友非常多，在上海也有朋友，所以我想周末苗要见她的朋友就去见。我给了她一张房卡，这样我们俩互不影响，行动自由。跟男朋友说了此事，本想着是聊天时顺带提起此事，没想到他非常生气，说我对朋友招待不周，中国人讲"有朋自远方来，不亦乐乎"，应该陪好朋友玩。

我觉得很委屈，在美国，即使是好朋友，相互之间也是很独立的，有空约时间见面，如果各有各的事，就各行自便，没什么好客气的。在我看来很自然的事，在男朋友眼里竟是不讲朋友情谊，解释了半天也解释不清，本来苗想找她的朋友玩，我和男朋友去外地玩，结果在男朋友的坚持下，我们俩陪苗去了我刚刚出差去过的杭州。因为我和男朋友的一些分歧，我们三个人没有玩尽兴，都扫兴而归。

案例 3-16 中的"我"是中国人，但由于在国外生活多年，虽然了解中国的文化，也清楚中西文化差异，但在为人处世时，她还是难免按照在美国的习惯来，即使心里明白差异所在，和男友相处还是会有矛盾冲突。这就是返乡文化休克中的生活文化休克，它有时也让归国者一时无法适应国内的生活。

（三）工作文化休克

生活中的文化差异有时即使发生也不一定是坏事，毕竟更多都是跟自己的亲人和朋友之间的摩擦，很快可以消除，甚至有时会给平静的生活平添一些乐趣。而工作文化休克则会让人沮丧，也会让人产生巨大的心理压力，小则导致同事之间不和，大则导致工作失误造成经济上的损失。

【案例 3-17】在麦肯锡北京公司工作，感觉肩上的责任比美国大，更有挑战性。比如说给微软这样的财富五百强跨国公司或中国电信、联想这样的国企、民企领头羊做企业总部发展战略，最大的感觉就是累，几个月下来身体透支得很厉害。回斯坦福商学院参加我们 2001 届 MBA 的一周年聚会，和在美国麦肯锡的同学一聊天，发现同是给麦肯锡打工，我在中国的工作时间是我同学在美国工作时间的两倍。

在中国其他外企工作的校友也有同样的感觉，在中国的工作时间和工作强度都加倍。究其原因可能有两个：其一，经济差异。中国仍在飞速发展阶段，而美国经济已相对成熟，好比马拉松赛跑，如果你想追上比自己早起跑两小时的对手，自然会跑得累很多。其二，文化差异。美国文化强调个体的重要性，属于个人主义文化（individualism），个人利益第一，企业利益第二，如果问 100 个美国人，工作和家庭哪一个更重要？99 个会回答说，这还用问，当然是家庭重要。剩下一个会被大家认为是 workaholic（工作狂）。晚七点以后和周末是法定的个人时间，偶尔老板让加班，还要很抱歉地对你说，不好意思让你加班了，做完赶紧回家吧，而且加班工资也比较高。而亚洲的文化强调集体的重要性，属于集体主义文化（collectivism），企业利益第一，个人利益第二，个人服从集体，老板觉得你的时间都是他的，加班理所当然。

除此之外，中国文化权力距离比较大，老板的话就是圣旨，老板让你加班你不得不加班。除了权力距离，中国文化还崇尚坚忍，在单位每天工作十六个小时，非常辛苦，大家虽觉得累，却也习以为常，没有人反抗，也很少有人辞职。在国外生活那么多年，早已习惯追求个人利益和家庭，突然进入这样高强度的工作中，在忘我地工作了大半年之后，突然有一种失去自我的莫名的失落。

（四）归国人员的国外情结

在国外生活了很久，回到祖国后，经历的语言、生活、工作上的返乡文化休克应该说是客观存在的文化差异造成的，除了客观存在造成的返乡文化休克之外，心理上的国外情结也容易造成或者加重返乡文化休克。就笔者自身的感受而言，虽然在国外的时候心心念念想着回家，觉得祖国的一切都比国外好。但真的回国后，感受到环境的差异、人民环保意识的差异、人民素质的差异等，于是开始非常怀念国外的时光，觉得那样的生活离自己远去，非常不舍，时时有想回去的冲动。

【案例3-18】记得刚到美国的时候，想家想得发疯，第一次给家里打电话就哭了。出国前从国内带了盘校园民谣之二（1994年最流行的），有一句歌词是这样的，"带着点流浪的喜悦我就这样一去不回，没有人告诉我想家的苦涩滋味"，每次听到这句词儿，都会忍不住流泪。在美国辛苦奋斗了七年，总算回国了，以为可以摆脱缠绕我多年的乡愁了，没想到回国不久，乡愁换了个名字，又重新回到了我的身边。走在北京喧嚣的、尘土飞扬的大街上，开始想念硅谷碧蓝如洗、一尘不染的天空。

上班堵在三环路上，自行车比出租还快的时候，开始想念在280高速公路上时速130千米开车飞驰的自由的感觉。还有我最喜欢看的好莱坞大片。每次回美国度假，都要一个人跑到电影院里，连看好几个电影，享受在超大屏幕前看《指环王》《哈利·波特》的感觉。

想想海归好惨，国外生活几载，辛辛苦苦适应了美国，回国后又要克服返乡文化休克，重新适应中国。在美国的时候想中国，在中国的时候又想美国。鱼和熊掌不可兼得，最后总要有一个选择，无论选择鱼还是熊掌，总免不了一分割舍的痛。

记得在国内的时候，有一位本土派朋友，在国内事业有成，家庭美满，有车有房有存款，可是出国梦仍未圆。琢磨着去美国读书吧，舍不得在高薪投资银行工作和舒服的生活；不出吧，眼看公司里海归同事越来越多，总觉得自己缺了点儿什么。举棋不定，向我讨教。我对他说，出国一定要慎重，如果你想长期在国内发展，一定要找到合适的机会再出国，而且出去时间不要太长，在国外待一两年镀个金就好了，出去时间太长，国内机会成本太大，回国又要面对返乡文化休克，有可能得不偿失。如果你想长期在美国发展，对出国的机会倒不需要那么挑剔。不过得做好有得有失的思想准备。

回到美国后，我悲哀地意识到，我和父母永远隔着一个一望无际的太平洋。父母不适应美国，我不适应中国，这个现实我永远无法改变，这是每个第一代移民都要付出的代价。

第四章　文化休克和返乡文化休克的对比

为了对文化休克和返乡文化休克进行对比，本研究采用问卷调查法对100人进行问卷调查，这100人都是有过海外留学、工作经历的人或是有海外生活经验的人，其中在国外留学一年以下的30人，一至五年的40人，五年以上的30人。另外，在这三类人中又分别抽取一些对象进行半结构式访谈，以便得到更深入的调查结果。

一　研究方法和研究对象

（一）问卷调查

问卷采用随机抽样的方法，通过问卷发放及回收获得资料。对数据进行描述和相关分析。为了保证样本的代表性，对于一年以下、一至五年及五年以上的留学者尽量平均分配，但在发放问卷的过程中发现，出国一至五年的人比较多，因此在100份样卷的发放过程中，这一人群的发放略多于其他人群，同时兼顾调查对象的性别、年龄层次、出国留学的国家分布（主要是看东西方国家的差异），故本次的抽样方法看似随机抽样，但其实又有一些系统抽样，是两种的结合。

（二）半结构式访谈

本次研究采用了半结构式访谈的方法来收集数据资料。半结构式访谈是指提问者设计好这次访谈的基本问题和基本方向，被采访的对象可以根据这些问题引申和展开谈话（Drever，1997）[①]。半结构式访谈是一个过程，是以访谈或对话为主要手段，附以其他方式，使研究者和被研究者双方深入互动，在准备好话题的基础上，展开相关问题的探讨，从而获得相对丰富、全面又较为详尽的资料的过程。半结构式访谈的实质是深入实践本身和真实世界的一种质性的研究方法。

半结构式访谈是本次研究的重要方法，它能够弥补问卷调查的不足，进一步了解所列指标无法测量的东西。通过这样的访谈方式，能够收集他们的观点，并且了解他们更深层的经历、动机和原因，从而了解归国人员出国时经历的文化休克与回国后经历的文化休克的差异。

（三）抽样过程

本次的问卷调查采用的是简单随机抽样与系统抽样结合的方式。由于笔者是高校教师，因此研究对象基本都是高校的教师及学生。由于笔者从事英语教学工作，因此同事及朋友中不乏出国留学人员，也有些是在国外工作过再回国工作的。另外，笔者学校的学生有出国留学的交换生项目，还有一些是3＋1类的项目（也就是本科期间在国内学习三年，出国学习一年），因此学生中不乏出国者。当然，也有一些是其他高校的教师和学生，以及一些笔者的朋友。

本次调查问卷的发放工作从2013年1月开始，到8月结束，主要通过电子问卷的形式进行，同时配合电话联系、网络联系及少量的纸质问卷。

为了方便统计数据，本次问卷采取网上问卷的形式，但考虑网络的特点，也许会有不相关的人可能登录网站答题，这样会影响数据的客观性，为了避免此类情况发生，我们基本是对问卷调查对象采取了电子稿发放及网上答题同时进行的形式。也就是调查对象既要填写一份电子版的问卷，同时要将问卷在网上解答一次，或者是有些调查对象只填写电子版问卷，然后发回我们，由我们将答案提交到网上。我们每天都会将收到的电子版问卷及网上答题人数进行统计，两者基本保持一致。为了防止网络数据突

---

① Drever，E.，*Using Semi-Structured Interviews in Small-Scale Research*：*A Teacher's Guide*，Glasgow：The Scottish Council for Research in Education，1997.

然变得不准确，我们每天将电子版问卷答题人数及网上答题人数统计核对后，都及时将网上数据保存留底，可以说我们得到的数据是客观有效的。

（四）样本构成

经过一段时间的问卷发放及统计，截至 2013 年 8 月，此次问卷调查回收的有效问卷共 94 份，其中男性 29 名，女性 65 名。调查对象以笔者所在的高校中的学生居多，其次是笔者所在高校的教师，然后是其他高校的教师或学生及笔者的朋友，但占据少数。

考虑数据的信度和效度，笔者对所有的调查对象采用了相同的问卷；同时，在半结构访谈中，对所有的被访问者采用了相同的问题。并且，都是单独进行采访，因此，他们的回答不会受到外界因素的干扰。以下便是本次问卷的样本，所有参加本次调查的人采用的都是这份问卷。

二　结果分析

本次调查研究主要是从归国人员的个人基本概况、出国前的准备、文化休克及返乡文化休克等几个方面来进行研究，问题涉及归国人员个人因素的调查、社会文化适应层面的调查即人际交流的调查，还有通过半结构式访谈进一步对心理适应层面进行调查。

（一）个人基本概况

本次文化休克与返乡文化休克对比调查收集到的有效样本中，男女比例为 29∶65，年龄分布为：20—29 岁的 64 人，30—39 岁的 20 人，40—49 岁的 6 人，50 岁及以上的 4 人。如图 4-1 所示。

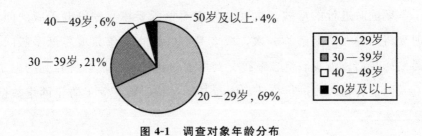

图 4-1　调查对象年龄分布

其中 20—29 岁的年轻人占据大多数，占 69%，其次是 30—39 岁的人，占 21%，这两个数据加起来已经占了 90%。这是因为，调查对象中有很多是出国留学回国不久的学生。近几年，出国留学的学生趋于年轻化，往往是大学本科毕业就出国留学，有些是高中毕业甚至初中毕业就出国留学了。

调查对象的学历分布为：本科在读 2 人，本科 37 人，硕士 50 人，博士及博士在读 5 人；留学的国家大部分为欧美的一些英语国家，也有少数亚洲或非洲国家。调查对象的出国年份大多集中在 2006 年以后，以 2008 年、2010 年、2011 年和 2012 年为最多。调查对象出国时的年龄分布为：20 岁以下 11 人，20—29 岁 72 人，30—39 岁 5 人，40 岁以上 5 人。如图 4-2 所示。

图 4-2　调查对象出国时的年龄分布

调查对象出国时间的长度为：1 年以内的 35 人，1—5 年的 52 人，5—10 年的 7 人，10 年以上的为零。如图 4-3 所示。

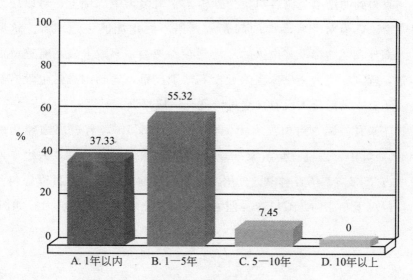

图 4-3　调查对象出国时间长度的分析

由此可以看出，调查对象大多数为 20 岁到 30 岁的年轻人，他们的出国年份集中在 2008 年以后，通常在国外留学 1—5 年，大部分人获得硕士学历之后回国。

（二）出国前及回国前的准备

1. 出国前的准备

调查对象出国前的准备主要从外语水平、出国经历、心理准备及跨文化适应培训四个方面考察。如果外语水平高，与当地人沟通存在的问题少，经历的文化休克就会少一些；出国经历多，见识广博，对国外了解得越充分，对中外差异感受得越透彻，经历文化休克的可能性就会降低。另外，出国前的心理准备也很重要，如果把出国想象得过于美好，在国外遭遇困难时就会无比沮丧。如果将出国想象得困难重重，也许出国前就开始闷闷不乐，遇到困难时也许会更加哀怨。对出国后将遭遇的困难有正确的认识，才会在遇到困难时欣然接受，自然不会过于苦闷；如果出国前接受过跨文化适应的培训，自然在心理上会有一个很好的准备，知识储备上也比较丰富，在国外适应起来也会比较容易。

调查得到的结果是调查对象的外语水平大多为中等偏上，可以应对一些日常交流，但对非常专业的问题或俚语不一定能够完全理解。这些人中，大部分人之前都没有出国的经历。在心理上，多数人表示有充分的心理准备，所以经历的文化休克感觉没有特别严重，遇到困难时也没有特别沮丧。还有，大部分人没有接受过跨文化适应培训。

具体来看，调查对象没有出国经历的占 58.5%，有过出国经历的占 41.49%，其中，去过一些国家（3 个及以上）的占 14.89%，去过一两个国家的占 26.6%。调查对象的外语水平在出国前大多属于"可以应付日常生活，但对于专业问题或口音、俚语还不能完全理解"这一层面。如图4-4所示。

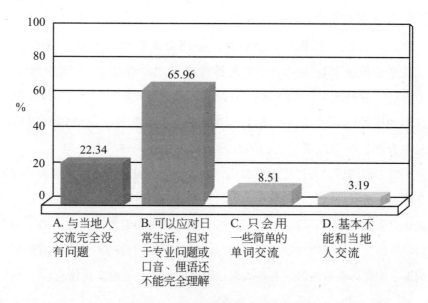

图 4-4 调查对象的外语水平分析

出国前对于困难的预见（包括可能遇到的客观上的困难，比如语言的障碍、生活方式的差异、价值观的差异等，也包括主观心理上的困难，比如远离家乡可能会想家，或者可能会因为语言不好而自卑等），有 56.38％的人表示"有充分准备，所以遇到困难时我没有很沮丧"，有 35.11％的人表示"有所准备，但没想到有这么多困难"，只有 8.51％的人表示"没有准备"。虽然完全没有准备的人占少数，但很多人即使做了准备，还是会遇到一些无法预料的困难，或者说，即使他们预料到这样的困难，当困难出现在面前时，个人还是难以控制自己的情绪，还是会感到情绪低落沮丧，只能说这样的心理准备可能减轻文化休克的程度，但未必能够避免文化休克的产生。

出国前接受过跨文化适应培训的人仅占 22.34％，大部分人都没有接受过跨文化适应的培训。这也是大部分人经历过文化休克的一个很重要的原因。因为，即使出国前有所准备，但与接受专业的跨文化适应培训还是有差别的。对于接受过专业跨文化适应培训的人来说，出国后感到不适或者遇到困难时，经历文化休克的程度会大大降低。

2. 回国前的准备

回国前的准备主要就是看是否在心理上预料到回国也会经历文化休克。从这个数据来看，97.3％的人都选择了"没有准备"。笔者对于一些认为自己"有所准备"的人进行了访谈，他们认为，主要是想到自然环境肯定不如国外，对于其他方面，心理准备也不够充分，总觉得回国后应该感觉各方面比在国外要舒适，因此回国后多少还是体会到一些不适。

另外，回国后是否经历返乡文化休克，还与出国时间的长短有关。即使是同样有心理准备，出国时间越长，回国后不适应相对较明显，经历的返乡文化休克相对来说较严重。访谈中，有一些人表示经历的返乡文化休克要比当初出国时经历的文化休克明显很多。出国时间越短，回国后的不适应相对较弱，经历的返乡文化休克就越轻，有些人表示没有经历什么返乡文化休克。

3. 出国/回国前的准备与文化休克/返乡文化休克

对于出国人员在出国或者回国时可能会遇到文化休克或各种各样困难的心理准备，在上述数据中已提到过。出国人员在出国前对于可能遇到文化休克有心理准备的占有 56.38％的人表示"有充分准备，所以遇到困难时我没有很沮丧"，有 35.11％的人表示"有所准备，但没想到有这么多困难"，只有 8.51％的人表示"没有准备"。而回国前有 97.3％的人表示自己没有任何准备，只有 2.7％的人对回国后可能会遇到文化休克或其他困难有一定的心理准备。在所有的研究对象中，有 41.49％的人表示自己曾经有过出国经历。

由以上数据可以推断出以下几点：

第一，即便是一些从未出过国的人，对出国后可能会遇到的困难也会有相当的准备。在后来的访谈中，我们发现，有出国经历的人知道在国外会经历怎样的困难，所以准备会较为充分。但有些有出国经历的人只是出国旅游，而旅游不一定能够真实了解国外生活全貌，反而容易忽视出国时会遇到的困难，出国后发现与之前出国旅游时经历不同，反而容易产生文化休克。

第二，对于"出国可能经历文化休克"有所准备的人比对于"回国可能经历返乡文化休克"有所准备的人要多得多，这说明大家普遍认为出国是去一个与自己文化有差异的地方，因此会比较谨慎，会做充分的准备；而回到自己土生土长的祖国的感觉应该就像在外地工作或求学的人每年或每学期要回家乡过年或探亲一样，不应该有什么不适。我们在访谈中也了解到，有些人在回国前确实有这样的想法。但现实的经历使他们发现，从外地回到家乡，虽然有一些差异，但毕竟都是在中国，有些甚至是一个省内的不同城市，整体环境和大的文化根基都是相同的，因此"文化距离"较小，而且一个人一年会至少有一次或两次回家乡的机会，因此往返于两种文化间的频率较高，对于两种文化也较为熟悉，经历的返乡文化休克会较轻。而国外与祖国的"文化距离"则比外地与家乡的"文化距离"要大很多，距离也要远很多（因研究对象大部分都在欧美或澳洲工作或留学，在亚洲的较少），因此往返于国外与国内的频率也较低，在国外生活一两年甚至更长时间后再回国，对于已经逐渐适应国外生活的出国人员来说，经历的返乡文化休克会比较严重一些。

（三）出国时经历的文化休克

总体来说，出国时经历的文化休克是存在的，但程度并非很严重。调查对象中，感受到文化休克的有81.94%，对文化休克的程度，大多数人选择了"一般"或者"轻微"，主要是在"人际交流方式""生活方式""文化价值观"方面感受到了不适，症状大多表现为"特别想家""情绪低落，不稳定""对未来前途迷茫"。不过，也有不少人表示"无任何不适症状"，但通过访谈，他们提到，虽然经历过一些轻微的文化休克，但还没有到出现病症的程度。如图4-5和图4-6所示。

笔者分析，主要有两个原因：第一，参与调查的被调查人员中，有不少是外国语言文学专业的学习者，对于外国语言文学专业的学习，使得他们面对异国文化时并不感到陌生。而且他们既然选择了外国语言文学作为专业，一定对于外国文化本身也比较热爱，同时也比较开明，容易接受新的事物，接受外来文化。因此，当他们面对即使在课堂里没有学习到的异国文化时，也能够用比较包容的态度来接受。第二，参加本次调查的出国人员基本上都是本科学习完成后再出国深造的，文化程度相对来说较高。

也许他们对国外文化的了解不如外国语言文学专业的人深，但由于文化程度相对较高，见识相对比较广，加之现在是信息化社会，各种信息都可以通过电视、网络等媒介得知，世界已经是一个地球村，世界上的好多新闻在国内都能知晓。这些都能够在一定程度上减轻出国时经历的文化休克。

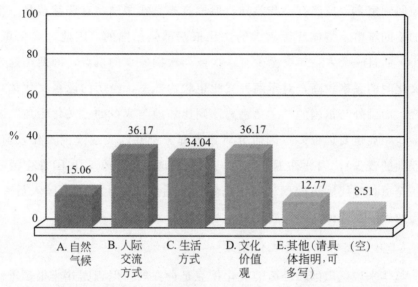

图 4-5 调查对象"对哪些方面感到不适"的回答结果分析

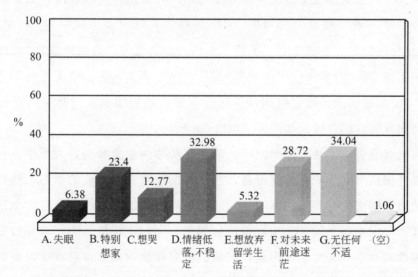

图 4-6 调查对象对"除了孤独失落外，还有哪些文化休克的症状"的回答结果分析

在经历文化休克时表现的症状，主要是"特别想家""情绪低落、不稳定""对未来前途迷茫"。这些症状主要是由人际交流方式的差异、生活方式的差异和文化价值观的差异引起的。这与回国后经历的返乡文化休克有所不同。在返乡文化休克中，好多人对"自然气候"都有不适，而出国时却没有。虽然自然气候差异也存在，但笔者认为，由于笔者的调查是在浙江进行，这其中虽有不少人的籍贯并非在浙江，但由于在浙江求学或工作多年，也适应了浙江的气候环境，比如浙江的夏天不如北方凉快，冬天又不如南方温暖，且没有暖气，而像欧洲、日本这样的地区或国家，夏天比较凉快，冬天又有暖气，相对来说更容易让人适应。

（四）回国后经历的返乡文化休克

回国后的返乡文化休克也是存在的，有58.51％的人表示自己感受到了明显的不适。不适程度因人而异，总体来说不严重，但也有几个人表示自己经历的返乡文化休克比出国时经历的文化休克严重多了。对于表示返乡文化休克比文化休克严重得多的人，我们也进行了访谈。通过访谈，笔者分析，主要是由于他们都是外国语言文学专业的学习者，前文已经提到过，外国语言文学学习者对国外的语言、文化等了解比较多，加上他们对于异国文化的兴趣及热爱，因此经历的文化休克会相对较轻，出国后很容易就适应了国外的生活。而其他被调查人员在国外还大多保留着国内的生活方式，而这几个人由于语言程度好，对异国文化又非常热爱，朋友大多是当地人或国外的留学生，生活方式也倾向于当地文化，因此回国后一时之间反而不太适应国内的生活方式了，也保留了外语中与人交流的表达方式，因此各方面都很不适应。而且这种不适不断反复，一旦遇到困难，就会感受到返乡文化休克。通过问卷及访谈，我们了解到，归国人员主要对城市生活表层和文化差异两个方面感到不适。

1. 对城市生活表层的不适

离开中国一段时间，归国人员回国初期首先对于城市生活最表层的一些东西产生了不适。对于自然气候和自然环境，有45.74％的人都认为自己有所不适。这个我们在文化休克中也有所提及，国外的自然气候和我们有差异，但由于出国人员大多去的是欧美国家，如英国是温带海洋性气候，美国是大陆性气候，而浙江属于中国东南部亚热带季风气候或温带季风气候，[①] 自然气候差异是明显的。

而自然环境方面，不得不承认中国的空气质量、水质等与欧美发达国家还是有差距的。空气质量直接就能感受得到，参与调查的出国人员好多都提到，国外的天很蓝，空气很清新，下雨天地面也不会很脏，而回国时，还没有下飞机，就感受到窗外的天有一些灰蒙蒙的，显然没有国外好。欧洲好多国家的自来水都是直饮水，英国就是。而笔者在英国留学时，来自丹麦的同学对笔者说，丹麦的水喝起来比英国的水要好很多，因此即便英国的水是可以直接饮用的，但她还是选择买依云矿泉水，她说丹麦的水喝起来和依云矿泉水是一个味道。

除此之外，交通状况，城市公共建设与国外都有差距。不少参与访谈的调查者提到，国外的驾驶员比较遵守交通规则，有人提到自己亲身经历过，有救护车经过，所有车辆在短时间内（一两分钟）迅速让行的事，有人提到，自己看到车子开到路中间停下，让一只小鸽子缓缓过马路的事，有人提到，国外的每一幢楼及公共交通设施、厕所等，都能够让残疾人非常方便进出，等等。国内近几年在这些方面都有所进步和提高，在杭州已经提倡车让人、垃圾分类等非常人性化或非常环保的行为，但我们实施的程度与欧美发达国家还有一定的差距。都说"由俭入奢易，由奢入俭难"，虽然这与奢俭不太一样，但不难理解，在较好的环境里生活过，回国后会有一定的不适应。

2. 对文化差异感到不适

对城市生活表层的不适，被调查人员回国后就能直观地感受到，而对文化差异的不适通常需要与人交流之后才能感受到。除了对自然环境的不适，有不少被调查人员表示，自己在人际交流方式（38.3％）、生活方式（31.91％）、文化价值观（26.6％）方面都产生了不适。在访谈中，有被

---

① 参见李晶《逆向文化冲击中的文化适应——对上海市归国留学人员的实证研究》，硕士学位论文，复旦大学，2008年。

调查人员提到，回国后，首先感到的不适是国人不是特别遵守秩序。在普通机场下飞机后，要坐火车回家。排队买火车票时，由于在国外习惯了排队，与别人保持一定距离，于是，不断有人到自己的前面插队，排了好久还是排在队伍的最后。其实这是由于中西文化对于人与人之间的距离（proxemics）差异引起的。Hall 曾经提出，人与人之间的距离分为 intimate space，personal space，social space 和 public space 4 种。而每种文化对于这 4 种 space 的距离界定是有差异的。曾经有一个例子提到，一个只能容纳 20 人左右美国人的房间，却可以容纳四五十个非洲人。这个例子足以说明，美国人对于人与人之间保持的距离要长于非洲人。对于访谈中提到的回国后买票排队这种情况，应该是属于 social space，西方人的 social space 距离比中国人要长，这就是为什么被调查人员刚回国感到不适的原因。

另外，访谈中还有被调查人员提到国人不守时。每次约好的时间，要么轻易更改，要么总是迟到。孙波（2011）[①] 指出，"准时"似乎是一个普遍适用的概念，然而在不同的国家和不同的文化中，对这一概念的理解也不尽相同，且这一概念也因活动内容的不而有所变化。在之前的章节中也有提到，作为跨文化交际学的奠基人之一，美国著名的人类学家爱德华·霍尔提出，人类的时间观念有两种文化模式，即"时间的单一性"（Monochronic-time 或 M-time）和"时间的多样化"（Polychronic-time 或 P-time）（Hall，1990）。单一性时间要求做任何事之前都要提前做好计划，并严格遵守计划上的安排，不会轻易做出改变，如果真的不得已改变，也会有不安；持多样化时间观念的人却没有安排日程的习惯，该干什么的时候没有按时去干，或者可能同时做很多事情。前者注重守时，并且不能失约；而后者不注意遵守时间，迟到 15 分钟之内都不能被视作迟到，是很正常的，而且在这种文化中，人们不重视预约。霍尔还认为，单一性时间是欧美等西方国家的时间模式，多样化时间是亚非拉地区的模式（Hall，1990）。在

---

① 孙波：《中西饮食文化差异对比分析》，《海外英语》2011 年第 11 期，第 279—282 页。

他看来，时间犹如商品，可以买卖、节省、花费、浪费、丢失、弥补和测算。① 因此，在参加宴会时，由于文化差异，中西方的来宾在赴宴时间上存在较大差异。在中国，时间的多样化模式使人更倾向于"迟到"，如果主人邀请客人来家里做客，有些客人可能会在规定的时间半小时之后才到，有些甚至更晚，迟到也经常以交通堵塞等作为理由。对此，主人似乎也早有思想准备，"往往会在这段'等待'时间里安排一些其他节目，如打牌、喝茶、聊天等，让一些'先到'的客人们消磨时间。对于这种'迟到'现象，主客双方都习以为常，并不将之视为对主人邀请的一种轻慢或是不礼貌的行为。有些主人甚至故意将宴会时间定得'早'一些，以便为客人们的'迟到'提供更加充裕的时间"②。比如在中国，有些婚礼的仪式举办时间定在 18 点 18 分，但是在请帖上往往会写 17 点 30 分，以便留足时间给客人"迟到"，好让他们不要错过仪式。而在西方国家中，正式的宴会要求准时甚至是略微提前到达，即便是迟到，也不能超过 10 分钟，否则将被视为不合礼仪，是对主人及其他客人的不尊重。

（五）人际交流方式与文化休克及返乡文化休克

1. 人际交流方式与文化休克

大部分参与调查的归国人员表示，出国后语言水平有所提高。尽管如此，他们的朋友大多数还是中国留学生，而且参加当地人的活动也不主动、不频繁。与人的交流方式也更喜欢国内的交流方式，不过也有不少人能够在国内与国外的交流方式间灵活转换，他们的饮食习惯及生活起居都更倾向于中国模式。在与当地人交流时，参与调查的出国人员的感受主要是自在、亲近；但也有不少人表示有隔阂感而小心翼翼。如果曾经与当地人有过矛盾，产生矛盾的主要原因是因为文化差异、价值观差异及生活习惯差异。

具体来看，参与调查的人员出国后语言水平都有提高。原来基本不能交流的，出国一段时间后能够与当地人进行简单的交流；当初只能简单进

---

① 卞浩宇、高永晨：《论中西饮食文化的差异》，《南京林业大学学报》（人文社会科学版）2004 年第 2 期，第 50—51 页。

② 同上。

行交流的，一般也变成能够应付日常生活，一般的交流都没有问题。出国前有 22.3％的人表示他们"与当地人交流完全没有问题"，而出国后这个比例上升到了 44.68％。之前我们已经提到过，语言水平对于与当地人交流非常重要。通过访谈我们了解到，语言水平差直接阻碍了出国人员与当地人交流，从而使得他们无法深入地了解对方的文化，更无法理解文化差异背后的原因，在经历不同的文化现象时，感受到的文化休克会更明显。不过，即使语言水平有所提高，但大部分的人还是更习惯于国内的交流模式。

在中国，人际交流模式与西方国家确实存在较大差别。跨文化交际学的概念中有一个叫作内部群体（in-groups）和外部群体（out-groups）。中国虽然属于集体主义文化，然而在"集体"这个概念上比西方更看重的是自己属于哪一个集体。在西方，如美国这样的文化中，对于群体内成员和群体外成员的区分不是特别明显，也许是因为个人主义的文化使他们不是特别依赖或者感觉归属于某一个特定群体，一个人可以流动于不同的群体中；而在中国文化中，人们对于自己某一个或几个集体的归属感很强，要求人对于自己所属集体的忠诚度非常高，讲究人情味。另外，西方的文化中，人与人之间的交流讲究人人平等与独立，讲究公私分明，强调结果；而中国人讲究人与人之间的互惠互利及和谐共处，讲究公私叠加，强调交流的过程。

在与人交流方面，74.47％的人表示，即使是身在国外，朋友主要还是中国留学生，这应该是占相当大的一个比例了；34.04％的人在国外主要的朋友是当地学生；31.91％的人选择了当地居民；还有 40.43％的人选择了"其他国家留学生"。也许是因为大家大多与中国留学生交流的缘故，对于当地人的活动的参与度不是很高，基本上都选择"偶尔参加"。当然，"从不参加"的人也非常少，只有 4 人，占 4.26％。在访谈过程中，大家表示，虽然朋友大多是中国留学生，有时也感觉不能完全融入当地人的圈子，但外国人总体来说还是非常友好，也很好客，而且出于对他们如何进行娱乐活动的好奇，也会偶尔去参加一些他们的活动，没必要完全杜绝。对于"主动且非常积极参加"的选项，只有 3 个人选择，占 3.19％；"经常参加"的有 29 人，占 30.85％。但即使是参加当地人的活动，在访谈中，参与调查人员表示，他们更倾向于带自己的中国朋友一起去参加，这样不会感到孤独和陌生。虽然参加的是当地人的活动，而且参加时也感到非常开心，但如果只身前往，还是觉得无法完全融入他们的群体，更习惯几个中国人一起去，这样可以选择几个人一起看别人玩，也可以选择和别人一起玩。这也可以看出之前提到的中国人对于内部群体（in-groups）和外部群体（out-groups）的区分比西方人要明显。中国人喜欢跟中国人玩，相对来说西方人的这种需求则弱一些，只要在一起谈得来，有共同兴趣爱好，或者在聚会上能够玩到一块儿，都可以成为好朋友。中国与西方人际交流模式的区别可能是造成出国人员在出国初期感到文化休克的一个原因。

2. 人际交流方式与返乡文化休克

大部分被调查对象在回到祖国之后交际圈没有太大的变化，还是亲戚、朋友、同学等。在人际交往方式的选择上，大多数人在国外时就选择更适应国内的交流方式，也表示生活方式与国内更为接近。也有一部分被调查对象表示，他们可以对于不同群体采用不同的交流方式，这是因为：一方面，他们个性较为开朗，交往对象比较多；另一方面，说明他们的交际能力较强，跨文化适应能力也不错，对中西方不同人际沟通方式和交流策略都掌握得不错，可以结合起来灵活采用。

不过，虽然交际圈没有太大变化，大多数人的人际交流方式也适合国内，但回国后，在人际交流方面的返乡文化休克还是存在的。除了与上文提到的出国时体会到内部群体（in-groups）和外部群体（out-groups）的差异之外，有不少被调查人员还提到，西方人讲话比较直接，而国内人讲话比较含蓄，喜欢绕圈子。Hall 理论中提到的中西方分别属于高语境文化（high-context culture）和低语境文化（low-context culture）。Lustig 和 Koester 曾经归纳过高语境文化和低语境文化的特点。高语境文化：内隐，含蓄，较多的非言语交际，反应较少外露，内部群体和外部群体区别对待，人际关系紧密，高承诺，时间处理高度灵活（时间的多样性，Poly-chronic-Time）；低语境文化：外显，明了，较多的言语交际，反应外露，内部群体和外部群体区分不明显，人际关系不紧密，低承诺，时间高度组织化（时间的单一性，Monochronic-Time）。由此可以看出，高语境文化和低语境文化差异较大。高语境文化"依赖于人们思想预先设定的、先入为主的程序来传达信息，如许多不成文的传统习惯、不言而喻的价值观和社会普遍公认的行为模式。而低语境文化则相反，它强调的是理性和逻辑，也就是在理性的基础上用逻辑的方法推导出结论，通过语言将信息清晰明了地传递，把拐弯抹角当成思路不清或缺乏诚意"[①]。出国后由于习惯了与人直来直往，说话不需要小心谨慎、察言观色，回国后与人交流时可能有时会常常显得说话过于直接，容易让别人多心或者误会，常常是言者无意听者有心。也可能自身不太适应别人说话时绕圈子，会感觉别人不够爽快，或者觉得别人有意隐瞒什么。

还有一小部分被调查人员提到，回国后，语言表达习惯一时也改不过来。比如去买东西，中国人习惯说"我要……"，而西方人习惯说"我可以要……吗？（May I have…）"，诸如此类。他们表示，语言表达习惯的不同，让他们在与人交流时经历了一些尴尬。有时讲话还喜欢时不时夹杂一些英文，这样也让有些人听起来不舒服，甚至觉得他们是在显摆。而事实是，习惯了说英文，由于词汇空缺现象，可能一时之间头脑里找不到合适的中文词来表达他们想说的，就直接蹦出英文了，这种表达方式在出国留学或工作的人员中也十分常见。

（六）价值观差异与文化休克及返乡文化休克

在研究中发现，被调查对象对于中西方价值观及文化的差异有深刻的体会，针对"国内外价值观很不同""我感受到两种价值观的冲突""国内外文化存在很大不同""我感受到两种文化的冲撞"等选项，均有约90％的人选择。这证明中西文化和价值观的差异是比较明显的，也是轻易能够体会到的。结合问卷调查结果来看，虽然中外价值观差异非常显著，但是这些价值观的差异对被调查人员回国后的工作和生活影响不是特别严重。不过这些差异确实对被调查对象回国后的工作和生活产生了一定的影响，使他们回国后感受到一些不适。

---

① 赵胤伶、曾绪：《高语境文化与低语境文化中的交际差异比较》，《西南科技大学学报》（哲学社会科学版）2009 年第 2 期，第 45—49 页。

被调查人员大多表示，出国使他们的思想观念更开放，使他们更注重个性体现，也使他们更注重个人价值的实现。这与原先在国内还是有所差别的，在思想的开放程度方面，回国后可能会在对于一些事物的观点上与家人尤其是父母或其他长辈产生一些矛盾。而更注重个性、更有主见也容易造成与长辈尤其是父母的矛盾。根据 Hofstede 的理论，权力距离是一种文化与另一种文化相区别的维度之一，它指的是社会承认和接受的权力在组织中的分配不平等的程度，接受程度越高，说明是高权力距离（high power distance）文化；相反，接受程度越低，则是低权力距离（low power distance）文化。在高权力距离文化里面，权力是分等级的。某些群体，比如贵族或者执政党，比一般的平民拥有更多的权力。生活在这种文化背景下的人，从小就被告知，有些人生来高贵一些，因此他们拥有更多的权力，而尊重权力比尊重平等更有意义。而对于低权力距离文化来说，人们拥有平等的观念，即人人生而平等，没有任何团体或者个人能够拥有特权。或者说，哪怕人与人之间存在一些权力或者等级的差异，但这些差异并不显著，人也不能因为这些差异而享受什么特权。不过这并不代表生活在这种社会中的人们一定会受到平等的待遇，他们只是比别人更加拥有平等的观念。中国文化显然属于高权力距离文化，父母自然属于高权力的一方，子女则是低权力的一方，权力距离比较大，说明低权力一方要听从高权力的一方。而西方国家大多为低权力距离文化，高权力一方与低权力一方之间的权力差距不是太大，没有什么特权。在国内时，子女比较听从父母，而出国后，有些价值观的改变，更注重自己的个性，加上平时在学校师生之间的交流，以及在生活中与比自己年纪大的长辈的交流，会渐渐习惯不对长辈唯命是从，做事有自己的主见。回国后也不会什么都听父母的，加上在国外见识不同，思想观念更开放，对于一些事物的看法会有一些改变，由此可能会产生与父母的矛盾。

（七）文化休克及返乡文化休克的反复

关于文化休克的反复，在理论部分已经提到：最初，学者并没有关注到文化休克的反复，将文化休克的曲线定义为 U 型曲线，后来，Marx 在他 1999 年的研究中，将文化休克的"U－曲线模式"升级为 5 个阶段：蜜月期、敌对期（文化休克）、恢复期、适应期及最后的双重文化阶段。其基本走势与"U"形并不冲突。都是由最开始情绪高涨的蜜月期跌入低谷，经历文化休克，然后经过调适最终完全适应，进入双文化阶段。但与"U－曲线模式"不同的是，在低谷处出现"文化休克""文化适应"的不断反复，而不是像"U－曲线模式"那样单纯地经历文化休克后马上调整恢复，然后顺利进入适应期。

与 Marx 的研究相似的还有 Perley-Ann Friedman，Lorraine S. Dyke 和 Steven A. Murphy（2009）的研究。

结合传统的 U 型曲线模式理论、Marx（1999）的研究及 Friedman（2009）等人的研究，笔者之前提到，假设文化休克期与适应期不断反复，用图来表示就是新增低谷处不断反复的曲线，而且这些不断反复曲折的曲线的走势应该在反复中呈上升趋势。但至于中间要波折多少次，这个由于不同的个体的适应能力不同，因此很难有一个明确的数字，因人而异。而且返乡文化休克应该也有一个休克期与适应期不断反复的过程，因此"W"型曲线的第二个"V"的底部，应该也有一定的波折。

对于此理论，我们在研究中也给予了求证。在本次的调查中，被调查人员只有 23.4％ 的人选择了有反复。经过访谈，这 23.4％ 的人应属于经历文化休克相对较为严重的人。另外 74.47％ 的人表示，他们经历的不适应一般或比较轻微，因此没有刻意在意这个事，感觉没有反复。但在访谈中，他们提到，刚出国的时候经历不适是存在的，而之后的不适就更微弱了，因此并没有让他们感觉到"休克"的程度。不过，笔者认为，很多被调查人员没有学习过"跨文化交际"的课程，他们对"文化休克"定义的理解略有偏差。他们认为，"文化休克"应该属于非常严重的一种对异国文化不适应的状态，或者说病态才能成为文化休克。他们认为自己感受到的不适非常轻微，不能称为"文化休克"。而我们在之前就提到文化休克是人们在另一种不熟悉的文化环境中所产生的心理反应。通俗地说，一个人离开自己熟悉的文化而去一个较为陌生的文化中，自己熟悉的一套符号、习俗、行为模式、社会关系、价值观念等被另一套自己所不熟悉的符号、习俗、行为模式、社会关系、价值观念所替代，从而在心理上产生焦虑，在情绪上不安定，甚至沮丧。只有在严重的情况下，文化休克才会导致各种生理和心理方面的疾病。[1]那些认为自己没有经历"文化休克"的被调查人员，可能因为自己"文化休克"的情况比较轻微，并没有对自己的生活造成严重影响，便说自己未曾经历。但他们说"没有"，不一定就真的"没有"。因此，这部分问卷的调查结果可能存在一定偏差。通过访谈，我们了解到，文化休克的反复还是存在的，但次数因人而异且两极分化，一部分人表示没有什么反复，最多也就一两次，程度越来越轻，通常通过某个由于文化差异导致的令人沮丧的事件而带出文化休克。而也有不少人觉得自己有 5 次以上甚至更多，有些人是在国外住了非常长的时间，甚至到了申请移民的地步，但因为在申请移民的过程中遭遇比较多的问题，工作和生活压力又很大，因此反复不断经历文化休克。也有人表示多到数不清，只要受到各种挫折、刺激都会有。

返乡文化休克的情况也一样，通过访谈，我们发现，不少被调查人员误解了"返乡文化休克"的意思，认为只有到达病态的状态才能称为"返乡文化休克"，心理上的不适或者不愉快不能称为"休克"，因此问卷调查结果可能会有些许偏差。但他们表示，返乡文化休克不如文化休克反应大，毕竟回国还是高兴的事，不停见朋友和亲人，不停出去聚会，总体心情还是愉悦的，因此有些文化休克可能在程度上通过各种聚会有所减轻。另外，大多数参与调查的出国人员在国外待的时间并不是特别长，往往只有一两年的时间，对于国内文化的认同感高于国外，所以没有经历特别严重的"返乡文化休克"。当然，"返乡文化休克"的反复是存在的，次数同样因人而异，但大多数人表示经历过 1—3 次，只有极个别的人表示经常有，只要受到刺激就会有返乡文化休克。

---

① 参见李建军、李贵苍《跨文化交际》，武汉大学出版社 2011 年版。

第五章　文化差异纵横谈

一　中美文化差异

（一）生活方式

中国人在美国生活，与在国内有很多不同的地方，从而引发各种不适应和冲突。由于环境的改变和文化差异带来的文化休克现象普遍存在。

1. 生活节奏快

美利坚民族是个年轻、天真、自信、富有生气的民族，像血气方刚的青年人。美国人生性好动，不甘寂寞，像精力充沛的年轻人，不停地干这忙那，似乎有永远用不完的精力。中国留学生在美国生活，要适应这种快节奏的生活方式，除了他们好动不好静的秉性之外，很大程度上与社会的激烈竞争息息相关。美国是个市场经济高度发达的国家，"物竞天择，适者生存"的法则是它的运转规律，不进则退，不胜则败。为了生存和成功，他们必须拼搏和奋斗，而拼搏与奋斗的一个重要方面是与他人抢时间、争速度，使自己始终处于稳定地位。因此，美国人的快节奏生活方式是被他们紧张激烈的社会竞争"逼迫"出来的。因为这种"逼迫"无时不在、无处不有，他们对快节奏的生活方式也就习惯成自然了。

2. 有事先预约

在美国生活过的人都知道，要去朋友家访问，必须提前预约。有一位中国留学生在美国学习期间，一共住过 3 户人家，记得搬到第二家后的一天，他收到家里寄来的儿子的照片，欣喜之余，他想把这张可爱的照片也给第一家房东看看。有一天，他的英语老师开车送他回家时正好路过第一个房东家，他请老师把车停一下，让他顺便把照片给他们看看，老师问他是否和他们预约了，他说没有，于是他就劝他最好别去，而他却执意要去，因为他和第一家房东夫妇相处得很好，估计没问题。然而，果不其然，当他敲开房东家大门时，他还未来得及开口，房东老大爷就板着脸说："I hate this."（我讨厌这样）门也未打开，房东老太太接着说："你改日再来吧！我们正准备出去呢。"他只好灰溜溜地回到了老师的车上，心里很不是滋味，房东这是怎么啦？英语老师大笑着问他"怎么样"，然后告诉他，在美国，登门拜访人家一定要提前两三天预约，不可以随便串门，因为各自都有安排。后来他细心观察了一下，美国人办事确实都有预约的习惯，从而使生活有条不紊。

3. 衣着分场合

美国人的穿着打扮无拘无束，十分随意，除了参加正式的社交活动外，很少衣冠楚楚。大街小巷，城乡市镇，人们的服装千姿百态。有些人甚至上电影院、去餐馆也不换掉泳衣，即使这样，人们也不会对他侧目而视。但是，他们又有一套社交礼仪，一般而言，他们不会穿着背心出入公共场合，更不能穿着睡衣出门，如果晚上有客人来，就必须在睡衣外面套上睡袍才能开门见客。

美国人在参加普通集会或宴会时，着装较为随意，但如果请柬上注明服装要求，就必须按照要求着装，否则显得与众不同，难免尴尬。如果自己一时没有衣服，大街上有出租礼服的商店可以救一时之急。一般美国人都比较客气，如果你穿错了衣服也不会嘲笑你，最多只是说一句"Your dress is very interesting"。听不懂的人还以为是在说一句表扬的话呢！其实这句话的意思是"你这样的穿着是我前所未闻的"。

案例 5-1 是一个留学生的经历。

【案例 5-1】开学后一个月，我收到了校长的请柬，邀请我到他家参加一个新教师晚宴，面对制作考究的请柬，地点又是校长家里，因此，我穿上了在上海购置的"出国西服"，皮鞋擦得亮亮的，来到了校长的家里，一进门，迎面刚好遇到我的一位英语老师，他笑着说："Oh，you look like a businessman today."（您今天看起来像个商人。）起初我不知道他说这话的意思，进了大厅，环顾四周，恍然大悟，问题出在我的衣着上，因为来客中没有一个人像我这样西装革履的，还系着领带，他们的衣着很随便，有的穿着毛衣，有的穿着运动服，还有的穿着牛仔服，我便显得鹤立鸡群了，大家一齐把目光集中到我身上来，我顿时觉得十分不自在，我问一位来自哈工大的留学生，我是否需要把西服脱下来，他说："算了吧！穿的衣服正规，说明你对校长尊敬哟。"我当然知道他话中有话，整个晚宴，我十分不自在。又过了一个月，我收到了学院非洲裔美国人学生会的邀请，他们请我参加在学院四号餐厅举办的"非洲文化艺术晚宴"，为了汲取上次的教训，又考虑本次晚宴的档次要低一些，所以，我便穿着夹克衫和旅游鞋去赴宴了，一到餐厅门口，工作人员就给我佩戴了一朵鲜艳的胸花，走进餐厅，我发现男士们个个西装革履，女士们身着长裙，大家边举着酒杯边聊天，等候晚宴的开始，我一看气氛不对，就悄悄地溜出来了。当我返回房东家时，房东纳闷地问我："你这么快就结束晚宴啦？"我只好实话实说，房东听了捧腹大笑，她说今后赴宴前一定要看看请柬上是否说明了穿衣的规格。一般来说，请柬一角会注明"正规""半正规"或"休闲"的字样，"正规"意味着男士必须西装革履打领带，女士要穿过膝的长裙，而且要略施粉黛；"半正规"意味着男士穿西服但不需要打领带，女士穿长裙但不需化妆；"休闲"意味着男女都可以穿便装。如果请柬上没有注明，最好要打电话问清楚。看来，美国人衣着并非我先前想象的那么随意。①

① 《"文化休克"的故事》，网易博客（http://foundationcheng.blog.163.com/blog/static/200740111201252135041265/ 2012-5-21）。

4. 有病不开药

【案例5-2】到美国的第一个秋天，笔者得了感冒，笔者上网查附近家庭医生的资料，打了电话预约时间。家庭医生的诊所很安静，先要填写登记表，然后出示医疗保险卡和驾驶执照。笔者的家庭医生叫大为，咨询病情后讲，多喝水多休息。笔者问不需要开药吗？大为说身体就是最好的药品，过多服药会降低身体的抵抗能力，但是你可以买一种植物冲剂，是你们中国产的，叫板蓝根。

美国有很多华人诊所，笔者这次变得很聪明，电话里先问问清楚。接线员是个女孩，声音很亲切，笔者将自己的状况说明，并狠狠地投诉了大为一通，不想女孩却讲道，这种感冒，他们诊所也是这种处理方式。笔者就不信买不到感冒药，开车直奔华人药房，点名要头孢胶囊，店员并不着急，详细咨询病情，然后推荐了两种药品：一是板蓝根冲剂；二是日本产的草本润喉糖。经过一个星期的煎熬，病情有所好转。笔者的同事说，"你这点小病算什么，我儿子高烧40℃，就干挺着"。

在美国，60%的医生拥有自己的私人诊所，这些私人门诊规模较小，但数量却很多，且分布非常广，覆盖了每个社区，因此病人就医非常方便，统计起来，私人诊所的门诊量非常大，大约占总门诊量的70%。美国的医生对客人服务非常热情，如果病人的病情严重，私人诊所无法处理，医生会介绍病人到医院去进行住院治疗，出院后仍回到原诊所看病，保证了病人治疗的连续性和医疗质量的提高。值得一提的是，医生和医院关系松散，大多数医生并非医院的医护人员。他们在自己的私人诊所工作，可能也会在一所或多所医院工作。由于美国医疗费用支付体系明确设立了医生的收费项目，因此医生与医院的收入各自分开，医生并不需要通过开高昂的药物等方式来获取更多的利益。例如，一个住院病人的医疗费用分两部分：一部分直接支付给医生本人，作为其技术劳动的报酬；另一部分则支付给医院，作为医院提供医疗设施的补偿金。

在美国，不能对患者隐瞒病情，只要患者还有意识，还有作出判断的能力，就实话实说，还要拿出几套治疗方案，请病人选择。做手术的时候，必须他本人签字才有效——这就是病人的知情选择权。如果是紧急情况，病人无意识了，亲属又不在，只有很短的抢救时间，这时，就由医生作决断，不管最终结果如何，医生的决断都受法律的保护。

5. 饮食类型多样

美国食物的主要结构是一二三四制，如同三角形状，最主要的一是牛肉，二是鸡、鱼，三是猪、羊、虾，四是面包、马铃薯、玉米、蔬菜。

美国是一个多民族的移民国家，融合了来自世界各地不同种族、不同民族的文化，自然使得美国的食物也融入了各种饮食文化、特色。美国的饮食文化虽然带有各种特色，但美国人自己在后来也创造了属于他们自己的饮食风格。其主要特征就是油腻、奶酪多且烹饪方式几乎都是油炸。Turducken 是最具创意的美国本土食物。先是拿一只火鸡，然后塞只鸭子在它肚子里，再往鸭子肚子里塞只鸡，最后往鸡里塞些香肠和熏肉，经过2—3小时的油炸，这道非常美国化的美食，就这样完成了。有些美国人根据自己的口味还会加入一些融化的奶酪制品。这道菜通常是在美国的一些盛大节日里才吃得到，像美国的国庆日（每年7月4日）、感恩节、圣诞节。

随着美国人生活节奏的日益加快，快餐食品开始流行起来。美国的很多快餐连锁店都遍及世界各地，其中，影响比较大的有麦当劳、肯德基快餐连锁店。供应的快餐食品有汉堡包、烤牛肉、牛排、火腿、三明治、肯德基、薯条、冰激凌及各种碳酸饮料等。目前最受美国人欢迎的十大食物分别是：酸奶、瓶装水、比萨、禽肉沙拉、墨西哥玉米卷、新鲜水果、各种热量型巧克力（如士力架）、速冻三明治、薯片和薄饼。

6. 出行方便

美国是交通现代化程度最高的国家之一，有一个庞大而高效的空中、地面、地下交通网络。拥有8大航空公司和几十家地方小航空公司，1300多个城市有机场。各公司票价不尽相同，随旅游淡旺季浮动，票价便宜，如从芝加哥到洛杉矶才300多美元，仅为中等月收入的1/10。在美国住久了，感到美国很小，其实它跟中国大小差不多，只因其发达的航空事业而显得小罢了。铁路交通曾起过重大作用，但随着小车的普及而逐渐被冷落，更短途则乐意乘地铁。美国 5 万以上人口的城市 92％有高速公路。高速公路的发展使人们更钟情于小车，全国共有 1.2 亿辆小车，平均两人一部。人们上班、购物、旅游都用小车，有的干脆全家住在汽车里（俗称流动房），所以人们又说美国是"车轮上的国家"。按照规定，美国汽车驾照持有者的最低年龄为 16 岁，汽车驾驶是高中学生的必修课。高中毕业时，有的家长买辆崭新的小轿车，作为毕业礼物送给孩子。在美国，开车人的年龄仅有下限，没有上限，只要体检合格，白发苍苍的老人照开不误。

（二）社会环境

1. 经济、教育共同领先

正如周有光所言，南北战争之后，美国的工业化发展迅速。1876 年，贝尔（Bell）发明电话；1886 年，爱迪生（Edison）发明电灯；1892 年，杜里雅（Duryea）兄弟发明汽车（有争议）；1903 年，莱特（Wright）兄弟发明飞机。1880 年，美国工业超过农业；1896 年，美国工业跃居世界首位。

美国不仅物质发明多，非物质发明也多。例如，电脑硬件是物质，软件是非物质，软件已经成为美国的重要财富。一瓶可口可乐行销全世界，一家麦当劳开遍全世界，这是物质，还是非物质？与其说是物质，不如说是非物质。他们推销的实际不是一瓶水和一个汉堡包，而是一种服务技术，一种无中生有的非物质的发明创造。使美国成为超级大国的不是军事力量，而是发明创造。

发明创造需要人才。人才不是从天上掉下来的，而是教育培养出来的。美国的小学和中学（高等学校）教育早已普及。美国有四年制大学1400 所，两年制学院 900 所（《纽约时报》，《2002 世界年鉴》）。新闻时常报道，亚洲国家的青年都争着到美国去留学，欧洲国家的青年也争着到美国去留学。美国成了一所"世界大学"。

美国教育突出发展是到 20 世纪后期才明显起来。教育促进科学，科学促进教育。日本学者提出"科学中心转移说"。科学成果超过全世界 25％

的国家就是科学中心。文艺复兴以来，科学中心不断转移。16 世纪在意大利（1540—1610），17 世纪在英国（1660—1730），18 世纪在法国（1779—1830），19 世纪在德国（1870—1920），20 世纪在美国（1920 至今）。在世界知识竞技场的竞赛中，美国后来居上。

美国通过"世界大学"对世界施加影响。新科技改变了外国留学生的生活，新理论改变了外国留学生的思想。留学生回国以后又去影响他们的同胞。电视深入世界各个角落。电脑把全世界知识分子联系起来。除吸收留学生外，美国还到外国去办学。如美国以庚子赔款的一部分在中国设立留美预备学堂，后来成为清华大学。"世界大学"是美国潜移默化改造世界的远大政策。①

美国教育有其独特的优势，首先是教育质量，美国是世界上教育质量最高的国家之一，在世界排名前 100 名的大学中，50％—70％在美国；其次，学生更多样，美国大学提倡多样化，在同一所校园内包容不同肤色的教授、不同文化背景的学生；再次，升学更容易，同样申请美国大学研究生，相对于在美国以外地区读本科的人，在美国读本科的人更有竞争力。学习更自由灵活有效的学分累计方式，自由开放的专业选择体系，使学生有更多时间考虑自己的未来竞争力，能够顺利在美国大学本科毕业的学生都是经过了一番洗礼并且在所学领域有造诣的学生，极具竞争力，市场认可度也非常高。但是很多中国留学生在这样优越的学习环境下，并不能很好地把握自己，出现严重的文化休克现象。

曾听到这样一个案例，一个经济条件中等的家庭为了孩子能光耀门楣，经过一番努力，终于把孩子送到美国一所知名大学。然而，平时一切都听从父母安排的孩子，一到美国，完全不适应，课程跟不上，成天跟美国同龄的坏学生混在一起。渐渐地，被引诱接触毒品，无法自拔，被学校开除。原本为家里有留学生而骄傲的父母，得知这一消息后，痛不欲生。所以，送孩子出国读书并不完全是一件好事，最主要的在于，作为家长，

---

① 周有光：《美国社会的发展背景》，共识网（http://www.21ccom.net/articles/sdbb/2013/1009/93214.html，2013-10-8）。

一定要把握好让孩子留学的最佳时机，否则，草率的决定不仅会毁了孩子的一生，还会成为整个家庭无法摆脱的噩梦。

到底该如何把握最佳的留学时机？美国的幼儿教育阶段，教师及家长注重培养幼儿的独立性和自尊、自信的良好心理素质，让孩子从玩中找到自己的兴趣所在。

小学期间，老师会在课堂上努力发现孩子的长处，不断激励他们的自信，还提供各种教学工具，培养孩子的动手能力和自由创造能力。课余时间，孩子会根据自己的兴趣爱好，去医院照顾病人，或者去公园或河边进行清扫等，增强爱心感和责任意识。

初中生选修自己感兴趣的课程，期末时接受测试，但学校并不公布成绩。此外，初中生有充足的时间进行丰富多彩的课外活动，如举办足球比赛、去图书馆阅读、参加各种兴趣小组，或者是打零工赚钱，帮助家长做家务。

美国高中因材施教，为不同才能的同学开设不同的课程，而且课堂形式多样，气氛宽松、愉快，充满活力。由于美国高考看重的不是考试分数，而是多年积累的综合能力，因此，高中生除了具备一定的学术才能，还要参加有个性的课余活动，为社会作出贡献，培养自己的领导才能，增强人格魅力。

大学是缔造成功的重要时期，学校注重研究性学习，因此课堂授课时间有限，老师鼓励学生外出实践、考察，并对感兴趣的内容做专题研究，从而对该主题有更深的了解和认识。难能可贵的是，美国的大学教育能够让学生意识到，学习是终身的，一旦发现自己的不足，要及时加以"充电"。[①]

2. 融不入的熔炉

今天的留学生面临不同的调整和适应问题。让这些新一代留学生沮丧的是，他们被视为"异类"，与所处学术环境和社会环境格格不入。老一代留学生人数少、较为孤立，所以努力融入的动力更加强大。而今天的留

---

① 参见雨山《美国教育的利与弊》，《新京报》2012 年 11 月 17 日。

学生可以随时找到一个庞大的老乡团作为后援，所以反而较难跨出心理的"舒适地带"，去更主动地融入校园文化，熟悉美国课堂。《大西洋月刊》一篇名为《我们不是异类》的文章（作者劳伦·戴维森，2013 年 11 月 1 日）引述了《南华早报》的报道称，进入常青藤学校就读的中国留学生，有四分之一退学，不过对于这个惊人的数据，也有人指出研究者是从校方处拿到的退学数据，但这些退学者也有可能并未放弃学业，而是转到其他学校，因此可能有夸大之处。但无论如何，中国留学生在学业上出现种种障碍已经成为越来越明显的问题，造成这种问题的成因很多，多半可归结为学校和学生双方的互不适应。

这种不适应问题，学校有责任，比如一味对中国"扩招"，而不去让校园的资源和课程更为国际化。多年来，许多中国学生告诉我，很多学校的"使命宣言"中虽有"多元化"的使命，却大部分口惠而实不至。到了美国后，很多留学生在新的环境里接受"放羊"式教育。适应被视作这些留学生的私事。大部分教授忘了班上还有国外学生，虽然美国众多高等院校的留学生比例普遍出现增长。一些作业和要求带着某些针对本土学生的假设，留学生听了一头雾水。比如，有的教授以为学生都知道学科所用的美国心理学会（APA）或现代语言学会（MLA）的学术文献规范。很多留学生因引用不当，被视为剽窃。美国学生司空见惯的一些课堂教学和测试方法，其他国家的学生也可能知之甚少。有美国教授想当然地认为中国学生倾向于"集体式思考"，因而能适应学校的团队作业。而大部分中国留学生过去作业多为单打独斗，很少有协作式的作业。

更为关键的适应办法，是学生应该自己做足功课，去适应新环境。有一些中国留学生在这方面做得非常出色。四年下来，英语能说得没有口音，学业上有所成，且结交了很多本地或其他国家的学生。这些学生通常都刻意接触、深入本地的学术和生活环境。而且他们情商颇高，不因一点点困难就轻言放弃。这种优秀的留学生每一届都有，所以不可笼统地放大留学生面临的"融入"问题。

另外，留学生的扎堆，也使得留学生社区和当地社区绝缘。网络使得这一问题更为严重。现在大家在美国一样可以用微信这类社交工具。这些工具让国内、国外沟通无障碍，但耗时过多，容易让人"玩物丧志"。到了一个自由的环境里，照理说大家应该可以去找质量最好的信息来源，但是实际情况，是大家用这种自由，去消费更为垃圾的信息。就好比一个孩子离家之后，脱离了父母管束，却开始放开了吃垃圾食物一样。很多青年人出国前，设法"翻墙"看"墙外"的消息。但是出国之后，却把大量时间花在一些国外中文八卦网站上。大家有空就看《文学城》，而不是去看《大西洋月刊》《时代周刊》《赫芬顿邮报》。这固然跟大家背井离乡后渴望获得与故土有关的信息有关，但跟很多人故步自封不无关联。这些习惯在留学生毕业后工作了也改不了。对此问题，《纽约时报》的一篇短文所说颇有代表性：

> 过去我送孩子去一家大学的教学楼上中文学校时候发现，《纽约时报》在教学楼里可免费取阅，但是很少有中国家长去拿。我却听到有家长在讨论通过卫星电视之类的方法收看过的湖南卫视节目。
>
> 十几年前，当我遇到各种困难的时候，我也曾想逃避。不过我认识到，人总要不断打破自己的舒适区，才能进步，所以最终坚持了下来。我自己带着家人和孩子，力争参与当地社区的各项活动，并从中找到了各种乐趣。当然，直到如今，我没法过没有豆腐和老干妈豆瓣酱的日子，不过在此同时，我们也喜欢上了"真牛"汉堡（Wholly Cow）和施洛茨基比萨（Schlotzsky's Pizza）。我依旧用中文写稿，但是我爱上了美国方便的数据库。更重要的是，我们结识了很多友善的美国人，他们的热心和友爱，让人常常忘记我们存在筷子和叉子的分歧。[①]

当然，中国留学生要融入美国社会，有很多实际存在的问题，比如语言，作为中国人，可能因为说话风趣幽默而很受欢迎，有一大群朋友，可是到了国外，不要说用当地语言讲出一个有笑点的笑话了，连听懂别人说

---

① 《中国留学生在美国 融不入的熔炉》，《纽约时报》（http://edu.sina.com.cn/a/2014-11-07/1403251810.shtml 2014-11-7）。

的冷笑话都很困难，怎么展现自己的人格魅力？如果只能进行学术或者工作上的对话，那么很可能与人的关系就只限于学术交流或者同事，难有进一步发展。娱乐方式也不一样，不同地区主流年轻人有不同的娱乐方式，比如 clubbing 算是非常主流的美国大学生娱乐活动，和几个外国朋友出去玩过几次，人家都是晚上八九点问你出不出去，喝酒喝到零点还觉得太早，还要再续摊的。人家叫几次你不去，以后就不会再约了，难融入很正常。还有就是兴趣爱好不同，美国大部分年轻人对于棒球和橄榄球都有异乎寻常的热情，如果你了解或者有兴趣了解其中一样，就会和大部分美国人有话聊，不失为一种融入当地社交圈的好方法。可惜是大部分留学生都没兴趣，也不怎么想培养兴趣。另外，擅长一项体育运动也是融入的捷径。

3. 进入美国主流社会道阻且长

首先，我们可以试着探讨一下"美国主流社会"。这是一个见仁见智的概念。主流社会与一个人所在的时空和地点有密切关系。以笔者蜗居的芝加哥北边的埃文斯敦小城为例。在这个小城北部，"主流社会"基本可以总结为中产白人，八成是医生或者律师，吃价格昂贵的有机食品，视膨化食品为洪水猛兽。他们各家都有独立庭院，住在像简易的德国古堡的大房子里。乃至每年不去海边租一个小屋住上一周，不参加私人会所（country club），或者没有考虑买个游艇，似乎就"被边缘"了。

但是，如果缓缓步行 10 分钟，走到小城南边的街上，就会发现肤色语言各不相同的新移民。街边的店铺经常写着"se habla espanol"（会说西班牙语），服务一些来自拉美国家的、英文还讲不利索的新美国人。住在城市南边的人可能是白领，更多的是体力劳动者。每逢周五，经常看见简易银行门口排起长队。身处异乡的打工人便要把这周所赚的工资寄给远在拉美的亲人，以资家用。总之，埃文斯敦在行政上是一个城市，实际上却像是两个城市。

到底哪个埃文斯敦是美国主流社会呢？美国是个移民国家，而那些来到美国，希望通过劳动改善生活的人似乎更好地诠释了"美国梦"。近些年，经济下行，很少有人再像第二次世界大战后那样奢望成为贫民窟里走出来的百万富翁，但是很多人还是相信自己会成为贫民窟里走出的新中产阶级。

但是，从人数来说，有一个体面的白领工作，住在中西部小城里的安格鲁·撒克逊人似乎才是美国的主流社会。以至于《纽约时报》中的社论曾经在 2008 年大选的时候建议总统候选人写演讲词时，可以把听众想象成中西部小城的中产白人。如此写出来的演讲词，必深入人心，对投票结果大有裨益。

那么，何谓"融入"？在网上常能找到留学生创作的"融入美国主流社会"的攻略，突然明白了该穿什么，说什么，手放在哪里，如何优雅地去咖啡馆和酒吧，微笑的时候应该露出几颗大白牙。这些文章所针对的融入对象大约是美国大学校园里最常见的品种：美国中产白人。这些攻略确实可以做社交润滑剂，不至于首次见面就尴尬不已，从此没了下文。

但是，更加深层的"融入"并不是这么简单的"面子工程"。想要深层融入白人社会是非常困难的，因为这其实是一个"有来有往"的过程，不是说一方面俯首帖耳就可以解决问题。我认识一些华人二代移民，从小在几乎全白人的社区里长大，和白人小孩玩一样的游戏，看一样的电影，上一样的私立学校。到了高中，也不仅仅做"明星学生"，也是积极参与橄榄球等美国运动，有些还进了校队。他们大学上了常青藤，和美国白人精英的孩子是室友，每天睡着上下铺。理论上讲，他们应该没有任何文化鸿沟。但工作几年后，他们在华尔街很难爬上去，以至于副总裁一级别以上，几乎没有亚洲脸孔。

在美国，由于没有白人精英的（比如益格鲁—撒克逊人或犹太人的）关系网，想要做大生意只能是心有余而力不足。而"主流社会"往往一看到亚洲脸孔，就会联系到没有领导力，没有男子气概，压不住白人，不善于推销自己的想法，只擅长技术工作等刻板印象。这种强烈的刻板印象让参加工作没几年的"亚裔精英"只能坐在墙角，做一些费力不讨好但又繁重的技术性工作。

有些社会学家认为，"融入"的标志是通婚，那么这些"亚裔精英"想要和中上阶层的白人女孩通婚，道阻且长。华人二代精英尚且如此，想融入美国主流社会，对于中国土生土长的留学生更是天方夜谭。

出生在东北、曾为美国著名脱口秀主持人的黄西说过："很多华人困扰融入美国主流社会的问题。这根本不是一个要考虑的问题，各自有各自的生活方式，自得其乐就行。"简言之，说英文也罢，不说英文也罢，融入也罢，不融入也罢，一颗平常心最难得。其实，很多美国人都没有融入所谓的美国主流文化。[①]

为了融入美国社会，有人为了摆脱中式英语，看美剧，学俚语，练声调，却不知完美的口音远不如语言中的思想更被人所看重。印度人的口音糟糕透了，可他们的英语说得有自信，照样被人接受。有人为了和美国人有料可说，开始关注美国的明星八卦，关注美国大选，医疗改革，关注一些和自己八竿子打不着的东西，却不知只有谈论自己感兴趣的东西，才能找到真正的共鸣。美国本身就是一个五颜六色的画布，每个人都有自己的颜色。我们要做的，就是尽量保持自己那独特的颜色，不轻易被别人影响，做最真实的自我。

（三）人际关系

美国社会的人际关系，主要是通过社会活动在获得情感和利益的同时保持个人的独立性并且避免担负责任。

1. 美国人对社会身份不太敏感

有些亚洲新贵们来到美国，发现他们身边少了一份熟悉的羡慕，使他们多了一份失落。于是，他们开始分发印有董事长头衔的名片，结果还是不管用。于是又一掷千金，买下豪宅名车。令他们想不到的是，即便是那些开着破车、住着破旧房子的人也对他们"视而不见"，绝不会向他们的豪车投去羡慕的目光。当然就更不会有人注意他们袖口或领口的名牌了。

在美国，高薪、豪宅、名车并不像在发展中国家那样稀罕。个人主义使他们只关注自己，没有什么物质比自己更值得令人关注。很多美国人身为工薪阶层，但人们仍然可以从他们眼中看到自信的目光，他们不会因为

---

① 参见马想斌、王楠《怎么融入美国主流社会？自得其乐就行》，《留学》2014 年第 8 期。

自己社会地位和收入较低而唉声叹气或自怨自艾，也不会因为别人社会地位和收入高而羡慕不已甚至自卑。当一个有钱人出入豪华宾馆时，为他叫车的男孩不卑不亢，礼貌周到，人们可以感受到他的自信。他未必羡慕其他人选择的道路。

【案例5-3】我原来在美国工作时，同一个办公室里有一个专门负责维护计算机系统的美国人，他大学毕业后工作了十多年，在一般人看来，他十多年工作未变，也没有升职，可以算是比较平凡的。我和他相处久了，两个人比较聊得来，有时碰到，也会一起聊聊天或者谈谈心。有一天，我问他："你为什么不去微软工作呢？那儿收入高，而且有股份，说不定过几年就发大财了。"他说："我不喜欢微软，还是这儿好。"

后来我发现他有一张照片，是他和他姐姐、姐夫还有比尔·盖茨的合影。才知道他姐姐是早年跟比尔·盖茨一起打下微软今天的功臣，现担任微软的副总裁，也是亿万身家了。一问，办公室里有人知道，却没人跟他套交情，大家都把他支来支去。他自己也非常乐意被大家支来支去，他不追求功名利禄，把这些都看得很淡，给人平易近人的感觉。

2. 人与人之间的友谊

对于美国人而言，友谊这个概念所指涉的仅仅是相同的活动或事件，以及相互负有社会和个人承诺的人。比如，滑雪的朋友，吃饭的朋友，打保龄球的朋友，彼此之间互不搭界。美国人不愿意和他人交往过深。一般来说，美国人在友情上面关心对方而又保持距离，你需要帮助，他会乐于帮你，但是他会保持距离，不会干涉你的想法和决定，更不会探听你的隐私。如果你寻求的帮助涉及利益，比如借钱，大概没戏，他会建议你找银行。

而中国人对朋友似乎太关心了，以至于有时干涉到对方的隐私和决定，还认为是为了对方好。另外，中国人太在乎面子，朋友借钱，不想借也得借，不然很可能朋友没得做。而美国人会给你推荐几个好的贷款机构。

中国人说话转弯抹角，委婉曲折，美国人相当直接，在友谊上也是这样。比如去对方家做客，主人问你喝茶还是喝饮料。想喝什么饮料，你就直接说喝什么饮料，不要说随便，中国人都习惯说随便，那么主人不明确你到底要喝什么。如果是吸烟的男士，那么请不要发香烟给对方，那样是不礼貌的。虽然中国人都习惯了友好的表示，会主动发香烟，但正确的做法是，放一包香烟在对方面前，要抽的话，他自己会拿的。他也没有发香烟给你的习惯，他会自顾自地抽，如果你没有香烟，可以拿他的抽，这个没有关系，因为发香烟给对方是不礼貌的。

美国人友好随和，世界上没有比结识美国人更容易的，但是与他们深交却最困难。从表面上看，美国人常常比其他国家都友好，这与其社会具有多种多样的文化和高度发达的经济有直接关系。作为一个基本上是陌生人组成的民族，美国缺乏悠久的传统，从小就学会与不同的人打交道。美国是一个流动的社会，据美国官方统计，一个美国人在一生中平均要搬21次家。美国人调换工作之勤，在世界上是独一无二的，整个社会和公司老板们把这看作值得称道的品德，是具有雄心壮志和冒险精神的象征。由于美国人经常调动工作和搬家，他们对陌生人友好。然而，这种流动性又限制人们建立深厚持久的友谊。①

3. 处处皆平等

"平等的概念贯穿于美国的各种社会关系。每个人生来具有不可低估的价值：'毕竟，大家一样都是人。'（We're all human，after all.）人际关系一般呈现横向形态，交流的双方处于平等的地位。当两个不同级别的人之间发生个人接触，建立一种平等的气氛便成为各自潜在的愿望。"②

美国人特别信奉《独立宣言》中所说的"人生来平等"的理念。虽然

---

① 参见陆欣、王小芳《中美友谊概念的对比研究》，《吉林广播电视大学学报》2006年第4期，第77页。

② ［美］爱德华·C. 斯图尔特（Edward C. Steward）、密尔顿·J. 贝内特（Milton J. Bennett）：《美国文化模式——跨文化视野中的分析》，卫景宜译，百花文艺出版社2000年版，第120页。

在日常生活中，他们有时并没有按这种理念行事，尤其在处理不同种族和不同社会阶层的关系时，但是美国人基本上都深信所有人（至少所有的美国人）都是平等的，谁也不是生来高人一等。他们说的"一人一票"的意思就是任何人的意见都是有效的，值得关注。美国人一般敬重那些平易近人、不摆架子的有地位的人，例如已经去世的大富豪、苹果公司的奠基人斯蒂夫·乔布斯。他在公众场合身着蓝色牛仔裤，看起来好像就是一个"普通人"。美国人如果受到明显的尊敬，通常会感到局促不安。他们不喜欢在公众场合受到顶礼膜拜——比如人民朝他们鞠躬，唯命是从，就好像他们从不出错，不会有无理要求。如果暗示说美国社会存在阶级差异，美国人会很生气，因为平等的理念已经深入人心。

美国人的平等观念还体现在婚姻关系上。与中国相比，美国的夫妻之爱更平等。从 20 世纪 60 年代开始，男女平等的观念就在美国深入人心了。在家庭生活中，夫妻共同承担义务、平等分担家务是基本的共识，根本没有大男子主义这一说法，妻子做饭了，那丈夫肯定洗碗。我的不少男性同事，一到下班时间就匆匆赶去接孩子了；在公园，左托右抱领着孩子的，多数都是爸爸；在餐厅，也常常可以看到丈夫为妻子挪开落座的凳子、挂好脱下的外套。

一谈到夫妻关系，热点话题往往是美国的高离婚率。曾经有一项统计，结果称美国初婚的夫妻有近 50％会最终离婚，而如果是再婚，离婚率甚至更高。离婚率高是不争的事实，但其中的原因，很大程度上与平等相爱有关。由于男女双方都比较独立，两个人的结合也不受经济、双方家庭及社会的影响和制约，因此男女双方在一起结合，要考虑的仅是两人是否相爱，是否有共同的人生观和价值观，而不需要考虑物质、双方父母、是否门当户对、是否需要传宗接代等因素。双方只因相爱而结婚，一旦失去了"爱"，双方都要"离"。

从 20 世纪 90 年代起，美国每年的民调都持续表明，有 90％左右的美国人认为婚外情是错误的，并有 3/4 的人认为这种行为不应该被容忍。换句话说，美国人对婚外情的容忍度很低，更别提正式的"二奶"和"小三"了。加上离婚程序相当简单，所以朝三暮四、见异思迁的行为一旦曝光，双方可能很快一拍两散。

因此，离婚率高并不能代表美国人的家庭观念淡薄。相反，经过深入观察，笔者发现，美国人的家庭观念会令以家庭至上自居的中国人汗颜。在这里，不仅妻子爱家顾家，丈夫甚至有过之而无不及。当家庭和事业发生冲突时，无论是因为晋升，还是求学，如果要抛妻离子、两地分居，多数男性会毫不犹豫地首选家庭。因果关系很清楚：家庭好了，工作才能好；工作好了，家庭却未必好。

事实上，整个美国社会都非常重视家庭。大大小小的美国选举，就很能说明这个问题。几乎每一个候选人，都要大打家庭牌。一个男人，如果不爱家，是绝对得不到选民支持的。背后的逻辑也很简单：一个不爱家的人，何以爱天下？此外，企业的许多制度规定也为保障家庭让路。例如，为了让员工能够兼顾家庭，多数公司的工作时间极有弹性，早上 7 点上班、下午 3 点下班很常见。

在毕业典礼上，美国人的家庭观念又一次把笔者深深打动。典礼仪式中，最重要的内容之一就是临别赠言，给毕业生未来的职业生涯充电。

上台演讲的都是最受尊敬的教授，当年给笔者演讲的是信息管理领域的知名学者 Michael Smith，他说他的祖父告诫他，不能把个人的职业成功置于家庭之上。他认为这是对的，所以在这个场合慎重转告给我们，希望我们能取得一种终生受用的、平衡的成功。

在这种场合听到这种话，笔者既感意外，又有一种醍醐灌顶的感觉，因为在中国，多年的教育其实告诉笔者，为了事业可以牺牲家庭。

现代美国人的主流家庭观念，是有一条主线的，那就是基于平等的爱。一个心智健全的人，应该懂得如何去尊重、如何去爱。①

（四）美国的价值观

在美国历史的不断演进过程中，以自由、宽容、民主、公平、个人主义等为核心的美国社会主流价值观，是不断融合时代内容发展演化而逐步形成的。

---

① 参见涂子沛《现代美国人的主流家庭观念：基于平等的爱》，中国新闻网（http://www.china-news.com/cul/2011/06-10/3103996.shtml 2011-6-10）。

自由：自由是追求的目标和最核心的社会价值取向，是美国在争取独立的过程中，为摆脱宗主国的控制自然形成的。

宽容：不同种族、不同民族的移民在美国社会的发展进程中共同构成了美国社会。这个国家只有两百多年的历史，人口构成又是世界各地的移民，因此要自然而然形成民族认同和文化认同非常困难，要将民族认同、国家认同和文化认同建立起来，包容各种文化的宽容精神就要成为美国社会价值观的一部分。

民主：1776 年 7 月 4 日，由杰弗逊、亚当斯和富兰克林撰写的《独立宣言》在大陆会议上得到颁布，宣告北美脱离英国，美利坚合众国成立。《独立宣言》和 1787 年的美国《宪法》确立了一种新型政治体制，这种政治体制既效仿于英国资产阶级革命后建立的君主立宪的资产阶级民主制度，又是改良过的与美国国家资本主义相适应的美国国家民主政治制度。

公平：在美国二百多年历史及一百多年美洲殖民地时代，民族与种族的冲突和斗争始终存在于本土民族和外来民族之间、不同种族之间、不同民族之间，其中包括白人对印第安人的屠杀、对黑人的奴役、对华人的剥削。在漫长的斗争过程中，虽然直到今天美国社会依然不同程度地存在着种族问题，但美国社会主流价值观中逐渐融入了公平与正义的价值理念。

个人主义：美国价值观的核心是个人主义。其源于清教徒的思想和他们所信仰的教义——清教主义的深刻影响。美国人尊崇个人主义、机会均等、乐观进取、勤俭致富、讲求实际、强调成功的价值观，这使他们在陌生而严酷的自然环境中能够生存下来并获得繁荣和富足。美国人深受清教徒倡导的"人生而平等"的思想的影响，推崇和倡导"虔诚、谦卑、严肃、诚实、勤勉和节俭"的价值观。[1]

在美国 200 多年的建国和强国的历史中，美国的社会主流价值观不断形成并建立。

---

[1]　参见王英《美国如何建立社会主流价值观》，《学习时报》电子版（http://www.gmw.cn 2012-3-19）。

1. 自由

纵观美国历史上的国会辩论、总统演说、法院判例、外交文件、各种社会运动和改革的主张，乃至当今反政府的白人民兵组织的网页，自由一词无处不在。即便在日常生活中，自由也与美国人形影不离。中小学生每日必宣誓效忠自由，体育比赛前观众必高唱国歌赞颂自由之疆，大、小美元硬币上均刻有自由（liberty），以自由为名的地名遍布全国。至少从表面上来看，美国人对自由的钟爱已经达到了一种近似于偏执的程度。然而，当自由一词无所不能、无所不为、无人不用的时候，它也就失去了公认的定义，变成了一个令人困惑的概念。在众多的自由语言中，到底什么是真正的美国自由，也因而成为一个极富挑战意味的问题。①

"美国人民渴望自由，歌颂自由，自由之所以重要，因为自由能发挥个人潜力，促进社会发展。杜威就说过：没有光线，人就会死亡。没有自由，光线就会暗淡无光，黑暗就会降临大地。没有自由，古老的真理就会腐朽不堪，以致再不能成为真理，而成为外界权威的单纯分令。没有自由，新真理的寻求和人类得以更安全、更舒适地阔步其中的新道路的开辟将会停止。使个人获得解放自由，是社会向更人道、更高尚的目标发展的根本保证。束缚别人的自由的人，实际上就是在制造条件使他自己及子孙的自由最后受到危害。"②

然而，美国的自由并不是无条件的。美国人一致主张"言论自由"，但是，媒体的言论自由有一定的局限性。孟庆涛在《美国的"言论自由门"》（国际论坛）一文中说过下面这样一些话：

> 有人说，美国媒体是权力的"第四部门"。媒体需要言论自由，但常常受到政府打压，冒出一个个"言论自由门"。在 20 世纪 70 年代，美国最高法院最终确立了处理两者之间关系的一个基本原则：政府是保密义务的主体，新闻媒体的天职是传播信息。

---

① 参见王希《自由：一个尚未结束的美国故事——读埃里克·方纳的〈美国自由的故事〉》，《美国研究》2002 年第 2 期，第 121 页。

② 罗志野：《美国文化和美国哲学》，广西师范大学出版社 1993 年版，第 61—62 页。

尽管如此，媒体向美国政府争夺"言论自由"的斗争却一直在持续。从"水门""伊朗门"到"棱镜门"，对于美国政府的"门道"，人们看得越来越清楚。

"棱镜计划"是由美国国家安全局自 2007 年小布什政府时期起开始实施的绝密电子监听计划，其中包括监听民众电话通话记录及监视民众网络活动两个秘密监视项目。"棱镜计划"侵犯人群之广、程度之深，为美国历史罕见。该项目被曝光后，美国总统奥巴马曾以阻止恐怖主义高于保护隐私权为由，为美国的监视行为进行辩护。

美国政府把监控触角伸遍全球，以保护"国门之内的人"来为自己张目，置"国门之外的人"的权利于不顾，这种做法连美国人自己都看不下去了。斯诺登在接受英国《卫报》专访中称，自己良心上无法允许美国政府侵犯全球民众隐私及互联网自由。

"一门未关，一门又启。""棱镜门"余温尚在，切尔西·曼宁的《我选择"泄密"伊战真相》一文在《纽约时报》发表，更是"门"上加"门"。"出于对祖国的热爱及对他人的责任感"，美国陆军前情报分析员曼宁披露了美国军队攻打伊拉克时的一些真相。不幸的是，他因为在未经授权的情况下泄露机密而被判刑 35 年。[①]

在美国，从大的方面讲，非常自由。做一个美国人，你乐意住哪儿就住哪儿，乐意去哪儿就去哪儿；50 个州，随便住，不用户口，不用限制。一张驾照走遍美国，一本护照走遍世界。可是有一个前提：得有钱。没钱去哪儿也不成。要吃饭要住店，要加油要机票，哪一样没有银子能搞得定？没钱寸步难行。得先创造生活，才能去享受生活。享受生活的时候，笔者相信笔者自由得很；而创造生活的时候，就得艰苦点，最起码要牺牲一下自由。因为赚银子的时间，首先就不属于笔者了。笔者要先把时间贡献出去，再把银子赚进口袋，口袋里充实了，才有资格谈自由。从这个角度讲，自由还真不是免费的。生活太贵了，自由的价格也不便宜。

---

① 孟庆涛：《美国的"言论自由门"》，《人民日报》2014 年 7 月 28 日第 21 版。

一个从广东来的姐妹，她在旧金山住了5年，却连著名的花街都没去过。那她这些年都干了什么呢？打工，挣钱，挣钱，打工。笔者来美国也有些年头了，却连纽约还没去过。干什么了呢？做工，挣钱。事实上，美国是个很现实的国家。自由不假，但是，如果只给你自由，不给你赚钱的机会，还会有成千上万的人奔赴而来，不惜偷渡吗？笔者不相信。自由，与民主一起，成为最被世人推崇的，具有普世价值的观念，也是美国的基本精神。人们奔赴自由，追求自由，不甘拘束，挣脱暴政。这种欲望，来自人类的天性。美国精神顺应了人类天性，因而受到拥戴与热爱。

住在这个自由的国度，笔者目睹了美国人民自由的生活，也见证了世界人民对自由的向往。但是，自由的结果可不一定都是好的。最鲜活的例子，来自笔者身边的朋友。20年前，来美留学，一下子失去了家长的看护，学校的监管。美国的习惯是，没人为你安排一切，也没人指点你该干什么，所有的事都要靠自己。年轻人在中国习惯了听话，听指挥，让干吗就干吗，忽然独立了，也孤立了。无所适从。好在很快适应了美国方式。不愧是高考得魁的聪明人，尤其感觉出美国自由的好处时，便全然放松了。玩吧，没人管；睡吧，没人管；疯吧，也没人管，只要别触犯法律。上学？多么枯燥！上了那么多年学，似乎都是被父母逼着，被老师撵着；这回好了，自由了，放弃了。国内父母翘首盼望，等待着子女学有所成的好消息；而他们，在拿到那张绿卡之后，索性弃学逃校，外出打工，探究新奇的花花世界去了。这样的年轻人，有整整一批。他们多半都是国内名校毕业，更有不少是各省高考状元。当年留洋，多少人羡慕啊！可他们，在自由诱惑之下，轻易放弃目标，20年倏忽而过，一无所成。快乐倒也快乐了，自由也很自由。但是今天，对父母，对自己的一生，都难免不好交代。

自由好吗？当然好。没人说它不好。追求自由的权利天赋予，"按自己的意志生活"是许多人在重重压迫之下的呐喊。自由是人类精神追求的最高境界。但是，世上从没有绝对的自由，没有无限的自由。自由也有坏的地方，就像一枚硬币的两面，任何好的事物都不可能没有副作用。你获得某一方面的自由，势必为另一方面付出代价。比如笔者的朋友盖博，他选择了单身的自由，就无法得到家庭的温暖。当然，他这种选择本身，也是一种自由。再比如留学生老陈，当年他沉溺赌场，一味挥霍，尽享自由。后来与家人断绝音信，父母曾委托中领馆打探他的下落。如今年近五旬，孤家寡人，回归无路。人在美国，他有宗教信仰的自由，有言论的自由，有生育的自由，有同性恋的自由，有追求幸福的自由。可最后，他偏偏选择了流浪的自由。

人有惰性。当自由遭遇惰性，再加上意志薄弱，难禁诱惑，结果就是两个字：失败。太过自由，就有这个麻烦。对情绪，对私欲，对懒惰，不控制、不克制、不限制，或者缺乏能力去管理，任由泛滥，后果恶劣。自由真是把双刃剑。对自由，笔者的理解是，法律之下，金钱之下，能力之下。还是以美国生活为例，笔者呼吸着自由的空气，开车到处乱跑。笔者有选择居住地的自由，可是，笔者没有超速驾车的自由，没有酒醉开车的自由，没有不系安全带的自由。笔者住在自己的房子里，笔者没有门外堆放杂物的自由，没有门口的野草长高了不剪的自由。因为每个社区都有管理规定，违反了规定，你就要付出代价——吃罚单吧！美国这么自由，你也自由，我也自由，他也自由，怎么没见过大街上打架骂人、横冲直撞、撒泼耍赖的？

总之，笔者看到的是，美国人在自由中享受，在自由中妥协，在自由中守法，在自由中包容，在自由中尊重。美国的自由给人们提供了展翅翱翔的机会，至于你能飞多高，飞多远，你个人怎么运用自由的权利，那就看你的个性和运气了。[①]

2. 宽容

房龙在《宽容》一书中，依照《大不列颠百科全书》，把宽容定义为："允许别人有判断和行动的自由，耐心、不带任何偏见地容忍那些有别于自己或被普遍接受的观点、行为的人。"房龙通过对基督教如何在最底层的劳苦大众中被信仰和流传；如何从屡遭迫害直到被官方承认，后又转变

---

① 参见海逸《闲谈美国的自由》，转引自 http://blog.ifeng.com/3087777.html，访问日期：2010 年 6 月 11 日。

为不宽容的宗教；如何发生宗教改革，乃至各教派之间连年的纷争和屠杀的描写，向我们展示了西方两千多年关于宗教宽容的血泪史。房龙认为"宽容就像自由一样。没人能光靠乞求，就得到它"，宽容是一部宗教史、一部人类史，是人类不断奋斗和抗争的历史过程。①

美国作为一个移民国家，它之所以成功，很重要的原因之一是它宽容。由于美国人的宽容性较强，所以美国人很少把自己的意志强加在其他人身上，它与中国孔夫子"己所不欲，勿施于人"的古训十分相似。譬如，丈夫是共和党人，但他绝不能逼迫拥护民主党的妻子改变政治立场。同理，母亲是个天主教徒，但她绝不能强迫已皈依穆斯林教的儿子改变宗教信仰。在日常生活习惯和平时事务处理中，这种宽容精神更是屡见不鲜。

美国文化的包容性主要是由其历史原因决定的。首先，美国历史相当短暂，不像其他历史悠久的国家，美国文化的发展从打印机的发明开始，各种文化都是由历史文献资料记载下来的，而无远古文物和传说。这样，就不会受到历史文化的影响，也不会有封建思想的残余，更不会出现阻碍新文化发展的旧文化。所以，美国文化从源头上是包容的。其次，美国文化是建立在文化移植基础之上的，其文化底蕴主要来源于西方文明的发展，所以美国文化亦是西方文化的重要组成部分。而西方文化从文艺复兴到启蒙运动就呈现开放与包容特性，美国独立后，扬弃移植西方文化，自然而然地移植了西方文化的包容性。再次，美国独立后，国体上采取联邦制，政体上采取三权分立制度，人种上几乎集合世界各色人种，经济和文化都来自世界各国和地区的既有成果，于是形成了这个纯天然的熔炉。所以，美国文化必须具有开放性和包容性，以维持整个国家的平衡与发展。最后，美国是年轻的国家，经济和文化都处于世界领先地位，要发展要进步就必须与世界联系，而在各国的交往中，难免会有文化的冲突，为了适应全球化的趋势，文化、思想也要跟上时代的步伐，吸收外来文化精华，源远才能流长。

---

① 参见王丹《关于美国哲学"宽容"理论的评析》，《理论观察》2008 年第 4 期，第 57 页。

在美国社会这个可以自由表达信仰的思想大熔炉里，宽容的理念深入人心。虽说这已不是新近发生的事，但它彰显的宽容理念却是鲜活的，并且永不过时。

2007 年 4 月 16 日，美国弗吉尼亚理工大学骤然奏起"悲怆交响曲"：23 岁的韩籍美国学生赵承熙持枪行凶，造成 32 人死亡，29 人受伤。整个世界为之震惊，为之悲痛。在 4 月 20 日中午举行的遇难者悼念仪式上，放飞的气球是 33 个，敲响的丧钟是 33 声。翌日，安放在校园中心广场草坪上的半圆形石灰岩纪念碑也是 33 块，其中一块纪念碑上写着"2007 年 4 月 16 日赵承熙"，旁边也安放着鲜花和蜡烛。凶手赵承熙"享受"了与 32 位遇难者同等的"待遇"。由美国开国元勋之一托马斯·杰弗逊总统创办的弗吉尼亚理工大学缘何将凶手也列为悼念对象？这是因为美国人对赵承熙作如是观：凶手 8 岁随父母从韩国移民到美国，由于文化冲突，未能融入美国社会，最终抑郁成疾。凶手生性孤僻、性格扭曲，却没有被关怀和治疗，最终导致悲剧的发生，社会是有责任的。凶手是另一种意义上的受害者。这一惨案警示人们应该更多地关心新移民的心理健康，而宽容则是医治心灵创伤的良药。赵承熙纪念碑旁留有一张署名"劳拉"的纸条，颇为典型地传递了美国人对凶手的宽容态度："希望你知道我并没有太生你的气，不憎恨你。你没有得到任何帮助和安慰，对此我感到非常心痛。所有的爱都包含在这里。"美国人将深受心理疾病所害的赵承熙当作一个"人"来看待，充分体现了人性关怀和人间至爱。

其实，深受心理疾病所害而肆意行凶的，赵承熙之前已有先例，美国人对此同样凸显一种涓滴皆纳的宽容态度和纤毫毕珍的至爱精神。那是 1991 年 11 月，一位名叫卢刚的中国留学生，在刚获得美国爱荷华大学太空物理学博士学位时，由于心理异常而开枪射杀三位教授和一位同胞。美国人并没有"声讨"卢刚的行凶行为，而是以宽容的态度"原谅"了他，并将这一事件改编成电影《暗物质》，捕捉了那种"身在异乡为异客"时所遭遇的文化混乱、精神恍惚的心境。更为感人的是，遇害的该校副校长安·柯莱瑞的三个兄弟后来捐出一笔资金，成立了"安·柯莱瑞博士国际学生心理学奖学金基金会"，用以安慰和促进留美学生的心智健康，旨在减少以至杜绝这类悲剧的发生。柯莱瑞的家人还以拳拳爱心和款款深情致函卢刚家人："安相信爱和宽恕。我们在你们悲痛时写这封信，为要分担你们的哀伤，也盼你们和我们一起祈祷彼此相爱。在这痛苦时刻，安是会希望我们大家的心都充满同情、宽容和爱的。我们知道，在这时会比我们更感悲痛的，只有你们一家。请你们理解，我们愿和你们共同承受这一悲伤。"字里行间洋溢着人间最可珍贵的情感：爱。

美国文化中的宽容精神，源于伟大的政治家林肯。这位美国史上以博爱著称的总统曾有一句名言："用爱化解仇恨，用宽容消除敌意，用积极的做法减少消极的因素。"

宽容的核心是爱。宽容不是虚与委蛇，更不是矫情敷衍，而是以心对心去包容，去化解，去让这个越发世故、物化和势利的粗糙世界变得滋润一些、温馨一些、人性化一些，而不是什么都要剑拔弩张、锱铢必较、勾心斗角。宽容是一种爱。用宽容付出的爱，在以后的日子里总会得到回报，也许来自你的朋友，也许来自你的对手，也许来自时间的检验，也许来自众人的"心碑"。笔者极为欣赏这么一段充满诗意的短语：宽容，是我们自己的一幅健康的心电图，是这个世界的一张美好的通行证。①

美国的宽容思想，主要发源于宗教仁慈和仁爱的学说。宽容就是尊重个人的选择。留美读书是为了提高学术能力，而更重要的是深入美国的社会，体会美国文化、美国精神的宽容精髓。这不是我们读几本美国人的书、听几门课可以体会到的。比如，在美国导师在实验室开会的时候，竟然会盘着腿坐在桌子上，这在中国是不可能发生的。比如，在美国大街上，某些行人穿着举止很是另类，对于这些"另类"，大多数路人不仅不会嗤之以鼻，还有人给他们录像。再比如，在美国电视上，父母和子女可以激烈地争吵，而子女绝不会被冠以不孝的罪名。开始时，这些景象将两个词深深地植入笔者的脑海里："野蛮"和"疯狂"。但凡事都有两方面，在美国待久了，就可以发现这种"野蛮""疯狂"的另一方面——那就是包容，全社会的包容。众人可以最大限度地包容这些异类。所以，在美

---

① 参见《美国人的宽容》，转引自 http://www.sina.com.cn，访问日期：2007 年 5 月 22 日。

国，不会有"唾沫淹死人"的俗谚。这种"包容"再扩大一点就是"自由"，集体的自由。正是这种集体的自由和对"疯狂"的包容，诞生了爱因斯坦伟大的理论及乔布斯式的巧妙营销。比如，30 年前有个少年很疯狂，他放弃名牌大学和热门专业，爱上了一种机器，他有一个疯狂的想法：要将这台机器放在每一个办公室的每一台办公桌上，放在每一个家庭的每一张写字台上。这个少年的名字叫比尔·盖茨。再比如，有一位年逾花甲的老人很疯狂，爱上了做炸鸡，他挨家挨户敲门，把想法告诉每家餐馆："我有一份上好的炸鸡秘方，希望你能采用。"据说，在经历了 1000 次失败后，在他 66 岁那年，在第 1001 次敲门时，终于得到了接纳，从此诞生了"肯德基"。

美国那种能包容世界各个民族文化的思想精神才是美国强大的根本。由于他们能容纳各种文化、各种思想的精英，去共同建设国家，才造就了今日的美国。

2008 年 11 月 5 日，奥巴马赢得美国总统选举，美国总统的"颜色革命"是美国包容精神的一大进步，也是美国黑人改变命运迈开的一大步。这会激励更多像奥巴马这样怀揣"美国梦"的社会底层选民，点燃争取更加平等的地位、迎接更开放的社会文化、更积极参政议政的"美国梦"。对奥巴马来说，他不单是赢得了四年的总统任期，更是赢得了社会对黑人群体的承认。奥巴马的当选，是美国黑人政治家 100 多年抗争奋斗的结果，也是美国少数族裔的一次胜利；而从全球范围来看，黑人当选美国总统，则再次树立了一座里程碑：从 15 世纪黑奴贸易开始，到 500 年后黑人当选美国总统，这是种族隔离与歧视消融的巨大胜利。

奥巴马的胜利，从根本上是社会文明加速演进的结果——尽管这种文明演化一直漫长而艰难。在美国，从 1863 年林肯总统发表《解放黑人奴隶宣言》开始，黑人历经 145 年的奋斗后，才终于迎来第一位黑人总统。1955 年，马丁·路德·金的《我有一个梦想》，其诉求不过是能与白人一起坐公车；而 53 年后，黑人阶层终于迎来维权的硕果；在全球范围内，种族隔离或歧视的"坚冰"，也在从政权层面上加速消融。2008 年 2 月，澳大利亚总理陆克文代表政府向澳土著居民正式道歉；2008 年 6 月，加拿大总理哈珀正式向土著人后代道歉。这一切都表明，任何因肤色、种族甚至社会地位而形成的偏见或歧视，都会遭到社会文明的唾弃，社会多元文化也日趋包容与开放。

3. 民主

民主对于美国来说是一个十分重要的概念，民主既是美国最鲜明的时代特征，也是对世界文化的一大贡献。正如托克维尔所言："民主制度唤起和培养了一种可能永远不会使他们完全满意的对平等的强烈情感。"民主代表的是时代的进步，越来越多的国家加入民主的行列，美国人似乎认为他们就是世界和平的缔造者，美国人理解民主的本质内涵，明白真正的民主应该如何运作，并用它的标准来衡量世界民主的发展水平。然而，欧洲老牌发达的资本主义国家有很多先进的经验，并且在很多方面走在美国的前面。美国的先民都来自欧洲，但是随着不同种族的大融合，文化、科学和技术突飞猛进，美国很快走到了世界的前列，美国的民主有了丰富的发展历史，欧洲国家却没有这样的经历，因此大西洋两岸的民主有着不同的特征，因此美国和欧洲的民主也存在一定的分歧。

"美国人从立国迄今一直认为自己的国家是'世界的山巅之城'，是'自由的灯塔、民主的堡垒'，把它看作一个独特的文明体，坚信自己的'天定命运'是向一切人传播自由和社会正义，把人类从罪恶之路引导向人间'新的耶路撒冷'，把自己当作'上帝的选民'，按照上帝的意旨变革和复兴文明，用自己的文化价值观统一西方，'重塑'世界。其逻辑结论必然是：美国式民主优于他国民主，因此世界的命运应交由美国来安排，其他国家应该'认同民主、自由市场、有限政府、政教分离、人权、个人主义、法治等西方价值观，并把这些价值观念纳入他们的体制'。由于美国人认为民主是一种普世的、可适用于任何国家的价值观和制度，美国所做的只是建立、促进和巩固其他国家，尤其是发展中国家的民主事业。"[①]

由于民主给美国带来了强大的竞争力，民主在 20 世纪对世界各地的民

---

① 刘建华：《美国跨国公司与"民主输出"研究》，博士学位论文，复旦大学，2007 年，第 21 页。

主政府造成破坏的各种独裁政治给予了强有力的回击。法西斯主义和共产主义完全不在美国人的考虑范围之内。它们在其他国家的流行似乎完全是难以置信的，是某种不可思议的、严重的文化失衡。美国个人自由的胜利，具有世界范围的吸引力。美国政府把全部精力集中在经济问题和军事政策上，把大多数的文化与种族问题留给地区性或地方性机构来处理。社会福利在欧洲正处于萎缩之中，在美国长期以来最受欢迎的所谓"靠市场来解决社会问题"的方法，正不断受到赞同和支持。个人的自由使一个单一的、固定的行为标准消失了。各种行为、道德、传统的桎梏被打破，人们可以用完全不同的方式毕生追求真正的自我，以及与其他人的关系。民主让人们感受到一种完全不同的精神满足。人们在努力实现一个人最完美的人性，那就是逃避某种工作，寻找生活真正的快乐。

民主的社会能够让人们一个接着一个地满足自己需要，在家庭、社会、群体和法理中，人们相互支持、互相得益于对方。新个人主义的一个有用的标志——化妆品，为我们提供了一个相关的例子。在19世纪的准则——坏女人在她们的脸上涂脂抹粉，而好女人则使她们的脸变得消瘦憔悴——与个人实践和表现的现代标准之间，地方阶层的家庭进行了大量的标准调整：它们将决定一个女孩什么时候可以第一次使用化妆品，一个良家妇女可以用多少化妆品，使用多少化妆品会使她成为一个荡妇。现代民主则为不同阶层的人们提供了自由生活方式的最好保证。

诺兰·麦卡蒂认为：在美国，由于政治权力是分散的、分立的、相互制衡的，因而政策变革需要强大的共识和全面的动员，这就使得政策变革难以出现的问题更加严重。我们这些在美国长大的人，应该在高中阶段就已经对美国的政治制度有清晰的认识了：权力被分割为行政权、立法权和司法权；国会和法院要对总统和行政分支的权力的行使进行监督和制衡；国家权力划分为联邦和州两个层次，分别由联邦和各州享有。

当然，使联邦政府的权力受到限制和约束，正是我们的同胞们希望实现的目标。两百多年来，我们的宪政体制一直运行得非常稳定而且有效。不过，它难以迅速作出反应的缺点也很明显，尤其是在瞬息万变的那些政策领域内，典型的如金融监管领域。

我们的政治制度和文化的第二个重要特征是，我们必须频繁地进行全同性的选举。众议院的全部议员每两年都要重选，参议院的 1/3 议员也是每两年就要重选。当然，更重要的是每四年举行一次的总统大选。因此，无论在什么时候，下一次选举似乎始终是指日可待的一件事情。除了美国之外的其他发达民主国家，绝没有一个是如此频繁地定期举行选举的。而且自从 1788 年举行第一次全国大选以来，美国从来没有取消过任何一次选举，甚至在美国内战期间（1861—1865），选举也照常举行。

美国以地理分区为基础的国会代表制度已经根深蒂固了，除此之外，还有一个非常重要的阻碍政策变革的因素，那就是国会参、众两院各自的地理基础存在巨大的差异。众议院的选区每 10 年就要根据人口增长的状况重新划分；相反，每个州都拥有 2 个参议员席位，而不管其人口如何稀少。这是一个奇异的宪法修订案造成的既成事实，现在已经不可能改变了。但是，正因为如此，国会参、众两院之间长期存在着一种制度性的紧张关系。阿拉斯加州拥有的参议员席位与加利福尼亚州一样多，这显然有不合理之处。在目前，美国人口最少的那 11 个州，只有 1 个或 2 个众议员；同时，这些州的参议员却有 2 个，因此，这 11 个州有 22 个参议员，而整个参议院也只有 100 个席位。来自某个"小地方"的参议员可以调动的资源非常有限。事实也是如此，代表小州的那些参议员很难成为公众关注的焦点。[①]

美国的民主由于是三权分立的民主，所以人民的权利仅靠法律保障是不够的，人民还需要更多的渠道来表达思想和意愿。于是产生了推动民主的利益集团，利益集团代表了更多民众的利益诉求，在美国政府和民众之间起到了很好的调和作用。利益集团为了更大限度地获得利益，可以不惜一切代价努力工作。美国的民主更多的是"金钱政治"，在总统竞选中，那些资金赞助者和筹款人才有参与权利分配的资格，总统竞选的资金每年都在成倍增长，用于公众服务的资金越来越少。在美国，有人曾说，一流的人才在企业，二流的人才在政府。在经济与政治高度结合的美国，民主

---

① 参见［美］诺兰·麦卡蒂、基思·普尔、霍华德·罗森塔尔《政治泡沫：金融危机与美国民主制度的挫折》，贾拥民译，华夏出版社 2014 年版，第 73、74、77 页。

未必是一种真正意义上的民主。

4. 公平

首次提出社会公平思想的是美国著名公共行政学家弗雷德里克森，1968年，他发表《论新公共行政学》一文，提出将公平作为公共行政不断追求的目标。弗雷德里克森直接从美国当代著名政治哲学家和伦理学家约翰·罗尔斯的公平正义思想体系中获取强有力的理论依据。弗雷德里克森认为，在一个技术复杂的背景下公平地回应公民的要求，是有原则性的思想和负责任的行动。

经济学者卢周来曾在《关于公平的两个故事》中讲到美国著名财经作家戈登在《美国传统》杂志上发表的一篇文章。戈登通过分面包的传说，回溯了西方保证公平分配规则的起源。据说，在古罗马军队中，士兵每天定量得到一块面包充当全天的口粮。一开始，切割面包与分配面包的任务由长官一人执行，于是长官往往切下最大的一块留给自己，然后按关系亲疏决定切下面包的大小并进行分配。由于分配不公平造成军队内部矛盾甚至内讧的事不少。为了防止因争夺食物而发生的争斗，罗马人很快找到了一个极好的规章：当两个士兵拿到一块面包后，规则要求一个士兵来分割，而另一个士兵首先选择属于他的一半。在这种规则下，分割面包的士兵出于自利，只能最大限度地追求平均分配。戈登认为，这种法律是从每个人的自利角度来制定的，以使其行为公平合理。自律法考虑了每个人的利益，而不是一人集团的利益，不是那些制定和执行这些法律的人的利益。这也构成了西方以制度保证公平分配的传统。

20世纪80年代进行了政府再造，主要方式是精简公共行政领域机构和引进市场机制、公共服务私营化，意在提高公共服务效率，降低行政成本，防止腐败。然而，政府再造提倡的公共事务外包中，腐败却极其严重，损害了公共利益。

根据美国许多高级公务员的腐败事例，弗雷德里克森分析了这些腐败的原因，并提出公共行政伦理建设的策略。近些年，最令人咂舌的丑闻的主角大多是政治任命的行政官员（高级公务员），如高级公务员中几十亿美元波音飞机加油机的丑闻，以及联邦国防采购部的丑闻、住房和发展部的丑闻、储蓄贷款的丑闻、房利美的丑闻。官员的腐败行为令民众失望。拥有在联邦政府和大型承包商之间的事物、金钱和信息通道的"旋转门"中"自由转动"的权力，是导致他们腐败行为的主要原因。同时，在联邦承包行业和说客中资历比较高、具有经验，使得这些高级公务员有条件和机会在公共事务承包合同中进行腐败。而且，联邦政府自1997年以来，对于高级公务员的行为进行监督的项目减少了很多，政府监督上的不足，也为腐败行为提供了机会。[1]

最后，防止腐败，需要公共行政人员具有高水平的公共伦理及勇气。公共行政人员应该公开表达，敢于说出事实真相，支持同事们反腐败的正义行为，赞同公开、透明的反腐败制度。公共行政人员应该彼此鼓励、支持并勇于揭发腐败，勇敢参与根除腐败的斗争。[2]

"禁止对恐怖犯罪嫌疑人使用酷刑，关闭关塔那摩监狱（Guantanamo BayDetention Camp）；消除工资性别歧视，签署《公平工资法》，确保工人平等地位；对年薪在10万美元以上的个人冻结加薪，并加强政府部门行为规范。在能源、环保、医疗和教育上也进行调整；并推行以巨额联邦开支、高财政赤字、增税的大政府政策。"奥巴马的这一政策被称为罗斯福新政以来政府权力的最大扩张，也是40多年来规模最大的劫富济贫政策：为年收入在25万美元以下的中下阶层减税，对高收入阶层增税。跨种族、跨文化、跨地缘的独特成长经历，培育了奥巴马的中庸思想，而他尊重他人、宽容、平等、帮助弱势群体的价值观，也由此被塑造。[3]

平等思想作为社会公平的具体表现形式，已经完全融入美国国民的意识之中，美国的平等被J. R. 波尔教授划分为六种类型：①政治平等。即每一个选民拥有一张选票以最终实现成年人的普选权。②法律面前的平

---

[1]　See Frederickson H. George：*Public Administration with an Attitude*，America Society for Public Administration，2005：173.

[2]　Ibid.，p.174.

[3]　参见朱国龙《基于"三圈理论"看医疗保障制度改革——以美国为例》，《开发研究》2011年第6期，第145—148页。

等。其含义包括两方面：一是不论人的阶级、种族和地位，在法庭享有相似的法律程序；二是法律的实质性内容应以同样的方式作用于每一个人，立法者也应受到他们所制定的法律的约束。③宗教平等。要求政府不偏不倚地对待不同的教派或教会，最终实现教徒与非教徒在个人心灵上的平等。④机会平等。政府通过干预的手段促进平等的经济、教育和社会权利的实现。⑤性别平等。即妇女和男子能够扮演可以互换的角色。⑥受尊重的平等。即每个人都被假定具有平等价值的权利。①

罗斯福说："没有经济上的公平、独立和安全，就不存在真正的个人自由。"为保障社会公平，必须确立政府主要职责，即建立对社会财富公平分配的税赋制度和社会福利的制度保障，这是国家干预经济最突出、最重要的标志，也是谋求社会公正不可或缺的核心内容。面对普遍贫穷、愚昧、失学、失业、老年和疾病等社会问题，绝不是任何私人或团体的慈善救济所能根本解决的，这意味着，唯有通过国家制度安排才能承担起保障穷人生活的责任。美国国会在 1935 年通过《财富税收法》和《社会保障法》，世界上最完备、数量最多的市场法律制度，由此开始在美国社会被相继建立起来。通过国家干预，缩小贫富差距，寻求社会公正与福利保障，通过法制，确立起政府对贫穷者，包括妇女儿童、老人、病患者和失业工人的救援责任。这意味着美国的自由市场经济成为"管理资本主义"。它揭示了对全社会贫穷弱势者的救助不仅是私人慈善行为，而且是国家义不容辞的责任。它也显示了新教伦理友爱互助、人本主义的自由正义与现代资本主义效率价值观高度结合统一，国民经济能够从危机中被解脱出来，靠的是新的公正分配方式，新的发展时期也由此开始，美国经济最辉煌的篇章由此诞生。②

在美国，公平的观念要求人们付出多少劳动就得到多少回报，但是有些人常常会自愿地付出劳动而不求回报，这就是做义工或志愿者。对于做义工，这也是从小就培养形成的习惯。比如，学校里会提供机会，让愿意

---

① 参见〔英〕J. R. 波尔《美国平等的历程》，张聚国译，商务印书馆 2007 年版，第 1 页。

② 参见张澜涛《论社会公平与社会经济安全——美国经济发展史的借鉴》，《国际关系学院学报》2008 年第 6 期，第 24—25 页。

做义工的学生在课余时间去老人院拜访孤寂的老人们，或者某个学生社团组织去公园或其他公共场所捡垃圾纸屑。基督教会也组织孩子们去老人院进行唱歌和乐器表演。有些人则自己找做义工的机会，比如到公共图书馆去帮忙整理书架。美国有很多体育运动俱乐部，比如游泳俱乐部、足球俱乐部等。这些俱乐部的绝大多数工作人员是义工，是不拿报酬的志愿者。孩子们受这些成年人的言传身教，耳濡目染，做义工也就成为很自然的事情。当然，做义工很出色的人会得到一定的称赞，中学生的义工参与或许可以写进自己的大学申请报告，从而在录取评议时有可能受到青睐。

哈佛大学的哲学大师、自由主义思想家约翰·罗尔斯（John Rawls）在当代纷纭的政治哲学思潮和理论构建中独树一帜。罗尔斯认为社会无法实现真正意义的机会均等，于是他从社会主义论的立场出发，提出"作为公平的正义"这一观点。每个人都有固定的天赋和社会起点，这种差异并不一定要消除，可以用其他方法来减小差异，即采用帮助最低起点的方式："社会必须给予那些天赋较低和出身较不利的社会地位的人们以帮助，以此平等地对待，为所有人提供真正的同等的机会。"这种观念实际上就是要在平等的基础上补偿由偶然因素造成的倾斜。在这一原则的指导下，至少在某一阶段上，相较智力高的人而言，智力较差的人身上将被投入较大的资源。[1]

5. 个人主义

第一，美国的个人主义文化源于清教文化。16—17世纪欧洲社会进行了大规模的宗教改革，在16世纪以前的一千多年时间里，欧洲处于罗马天主教的唯一神权的统治之下，社会僵化，教会腐化堕落，由此引发了大规模的宗教改革运动。新教主要由马丁·路德和约翰·加尔文的神学观点构成，他们的改革推动了世界各国的政治、宗教和教育等方面的社会变革，将欧洲带出了千年的"巴比伦之囚"的困境。宗教改革是欧洲资本主义发展的一个必然结果，也是基督教发展历史上的一个重要里程碑。

---

[1] 参见靳淑梅《教育公平视角下美国多元文化教育研究》，博士学位论文，山东大学，2009年，第18页。

　　马丁·路德在其同时代的漫画中被描绘成一个充满激情和勇气的"德意志大力士"。而曾经高高在上的教皇就被挂在他鼻子底下。而加尔文在其论敌卡斯特里奥的私人笔记中被比喻成一头大象，而卡斯特里奥则被喻为一只苍蝇，"苍蝇撼大象"就是对于他们之间那场论争的评注。对于加尔文，这是一个贴切的比喻，他就像一头披着黑色教袍的大象，带着严谨而肃然的表情，坚定而沉稳地向着一个目标迈进。1517 年 10 月 31 日，威登堡大学的神学教授马丁·路德贴出一张布告，这就是著名的《九十五条论纲》，它的公布拉开了宗教改革的序幕。

　　在马丁·路德的宗教改革中，确认了《圣经》的权威地位，《圣经》是获得上帝启示的唯一来源，只承认因信称义，并认为所有信徒一律平等，都有做教士的资格。他的改革对社会文化、政治等方面也带来了影响。首先，教育得到空前的重视，且教育对象由贵族转向普通百姓，因为要阅读甚至感悟《圣经》，识字是必要条件，每个人要了解《圣经》就必须先识字。其次，每个人跟上帝都有直接联系，人们可以自己与上帝沟通，从而获得上帝的指引，再不必通过某个权威（如教皇），才能了解上帝，因此，每个人都有资格做教士。整个改革强调的是个人的发展，个人主义于此萌芽；同时，教皇的权威遭到否定，也意味着民主主义意识的发展开始。

　　在加尔文宗教改革中，宗教仪典有较大的变动，崇俭、摒繁、追求自由成为大势所趋，即"纯正的教义，敬虔的生活"和"圣洁教会，自由国家"（a holy church，a free nation）。因受到加尔文宗教改革的影响，信徒们要求建立"纯洁"（purity）教会，"清教徒"（puritans）的名称也因此而来。此外，英国一部分虔诚的基督徒在加尔文宗教改革的影响下，因不满英国教会顽固地维持天主教旧俗而离开欧洲，移民到北美大陆。①

　　清教，基督教新教派别之一。该派要求以加尔文学说为依据，改革英国国教会，反对国王和主教的专制；主张清除国教会所保留的天主教旧制度，简化仪式，提倡过勤俭清洁的生活，后又分为长老派与独立派。在国内遭受迫害时期，清教徒曾大量逃亡到北美建立殖民地，所以人们说起清

----

① 参见何伟琼《美国文化的精神渊源探析》，《枣庄学院学报》2013 年第 8 期，第 81 页。

教徒，一般指的就是美国的清教徒。

清教徒并不是一种严格意义上派别，而是一种态度，一种倾向，一种价值观，它是对信徒群体的一种统称。到北美后，清教徒认为自己是上帝的"选民"，鄙视原住民，认为原住民无权占用土地。一般说来，清教徒是最为勤勉、勇敢、谦逊、严肃、诚实，生活最为圣洁的新教徒，直到今天，人们仍然认可"清教徒的品德"或清教徒的"诚实"。清教徒反对神甫集团的专横、腐败和繁文缛节、形式主义，主张简单、实在、上帝面前人人平等的信徒生活。

清教徒不畏陌生艰苦的生活环境，克服在荒蛮的土地上所碰到的种种困难，收获了繁荣和幸福。清教徒是创业精神的代言人，他们认为人开创产业必须禁欲和俭省节约。人类的财富，值得任何国家、任何时代的人们去学习、掌握和运用。清教主义认为，限制一切纵欲、享乐甚至消费行为，将消费性投入和支出全部用在生产性投资和扩大再生产上，如此必然导致资本的积累和产业的发展。不是纵欲和贪婪积累了财富，而是克制和禁欲增长了社会财富。

清教徒崇尚商业和工业活动，在商业中诚实守信、珍视信誉，绝不坑蒙拐骗，清教徒企业家不仅追求利润最大化，而且具有对社会的回馈意识，承担社会责任、扶持社会公正，为社会公益事业作出了巨大贡献，承担了巨大的公共事业义务。

清教徒对一切充满信心，无论从事商业贸易还是生产耕种，都具有排除万难、获得非凡成功的勇气和信心，他们善于创造和创新，不断地开拓和征服。他们身上值得人们学习的可贵精神非常多。

"拼命地挣钱，拼命地省钱，拼命地捐钱"出自18世纪中叶美国著名的清教徒布道家约翰·卫斯理，这句名言成为清教徒精神的精辟概括。拼命地挣钱，源于他们以赚取财富为天职；拼命地省钱，源于他们克制禁欲，始终过得圣洁而理性；拼命地捐钱，源于他们关照精神信仰、关照社区和国家等人类共同体，他们捐钱捐物，从对世间的爱中获得永恒。清教徒精神的思想精华无疑就是这样三种拼命精神。

总之，清教徒在创业时始终怀着一种使命感、神圣感。他们将在美国的疆土开拓、产业扩大、财富增加视作天职，将自己的一切活动都神圣化，并且始终过着一种圣洁、公义的生活。在美国两百多年的发展历程中，美国文化像一个大熔炉，吸收了世界多种文化的精华，形成了自己独特的多元化、开放性的文化体系。尽管美国文化包含世界上所有民族文化的价值思想，但其核心的文化主流仍然是 WASP（White Anglo-Saxon Protestant），其核心是崇尚勤奋劳动的清教道德传统。清教徒及清教主义奠定了美国社会的基础，塑造了美国的民族性格，构建了美国式的民主。勤俭致富的价值观使美国人敬仰那些白手起家的英雄。美国人相信每个人的机会是平等的。在人人可以通过勤劳获得成功这种美国梦思想的激励下，许多人走上了富裕道路，实现了梦想。

第二，美国的个人主义来源于超验主义思想。超验主义被称为"美国的文艺复兴运动"。这场运动起源于 19 世纪 30 年代的美国新英格兰地区，后经过不断发展而成为美国思想史上一次重要的思想解放运动。其代表人物有被誉为"美国精神的先知"的美国思想家及诗人拉尔夫·瓦尔多·爱默生、作家及哲学家亨利·戴维·梭罗和玛格丽特·富勒等。

自立是个人主义的基点。自立要求人们相信自己，培育独立个性。每个人必须相信自己的能力，必须靠自己的力量生存，掌握自己的命运，不断开发个人的潜能，在任何时候都要充分认识自己的能力。锻炼一个强有力的身体，可以让个体能够更健康地投入实践。个体的心灵指向精神生活，个人自立的观点可以让我们信赖自己的思想，成为有思想的人，而不是只会行动而没有思想的行尸走肉。"相信你自己的思想，相信你内心深处认为对你适用的东西对一切人都适用——这就是天才。如果把你隐藏的信念说出来，它一定会成为最普遍的感受。"[1]

每个人都有思想，但并不是每个人都能够或愿意把自己的思想表达出来，所谓的天才就是那些敢于把自己的所思所想表达出来的人。在这个世界上，每一个人都是独一无二的，任何思想的闪现我们都要抓住它并且把

---

① Emerson，R.W.，*Nature Addresses and Lectures*，Houghton MifTlin Company，1980：115.

它展示出来,事实上世界就在我们的心中。我们也许会读很多书,但是我们不能被别人的思想淹没,在别人的盛名之下,我们必须坚守个体的思想成果,否则我们就会被他人所淹没而使自我羞愧。人要按照自己的意愿来生活,彻底解放自我、回归自我。在现实中有很多规约约束控制着人们的行为,迫使很多人随波逐流,人云亦云。

(五)习俗礼节

记得刚到美国时,去买食品,光啤酒就有十几个品牌,有的品牌还分干啤、冰啤、轻啤,过去笔者习惯了没有太多选择的社会,从那时起笔者不得不开始作出一个又一个的选择。

生活中,美国社会给了笔者多一些的选择,也给了笔者多一些的责任、多一些的自信。你会发现,美国很多的博士找工作,首选是做教授。做教授可比去公司穷,还辛苦,但有更多的学术和时间自由。

笔者有个朋友,在一所大学任助理教授。美国几个最大的制药公司请他去主持一个研发部门,开价是他目前年薪的3倍,他不去,就要做教授,还劲头十足地约笔者写论文,回国开讲座,其乐陶陶。

最近他因为一项被美国医疗服务协会称为挑战传统的发现,而受到美国主要媒体的关心。一个本系的美国教授告诉他说:"我研究多年,好希望自己的研究成果也能引起如此的回响。"并且认真地给这位老兄出主意,怎么样把这事的影响扩大。如果笔者是他的同事,笔者是否会如此为他的成功真诚激动,锦上添花呢?

因为有自信,美国人乐于恭喜同事和朋友的成功。没有自信,则很难心平气和地去祝贺身边的同胞,哪怕是密友。

有时倒不是因为他抢了你的机会,而是他的成功恰好勾起你的自卑和由此产生的嫉妒,心态难以平衡。若以他人的不成功为骄傲的基础,那么便是把自信建立在了自卑的沙堆上。

信心乃人生之本,舍本逐末,不仅难为自己,也难为他人。

有一位朋友,获得了一个大学教授的职位,高高兴兴地从麻省赶赴加州任职,先租公寓房住。因为是教授,住的公寓自然也不差。隔壁邻居是一个墨西哥人，每天见面都打招呼。聊天时他发现老墨没什么文化，但中气十足，神色间充分流露出对生活无比满足的自信。这位仁兄想，这老墨没有什么文化，但敢跟我堂堂教授谈笑风生，想必也是经商有道之人。然而，这老墨非但没有工作，还全靠 5 个小孩的政府补助过活，每人每月几百元钱，外加食品券。这位朋友感慨：恐怕这老墨见了总统也不会腿软吧！

在这个崇尚自由的国度，懂得理解并尊重他人选择的人，不会试图用高薪去让一个自命清高的教授下海，用博士学位去让一个讲求实惠的蓝领汗颜，用奔驰去让一辆招摇过市的旧车愧退，用华屋去让一位与世无争的高邻气短。

【案例 5-4】美国著名的悄悄话专栏记者辛迪·亚当想约时任美国总统克林顿的夫人希拉里进行一个单独采访。经过多番努力，希拉里终于同意在结束完纽约曼哈顿大学俱乐部的一个妇女集会的讲演后跟辛迪谈一个小时。采访的地点就定在曼哈顿俱乐部。这是一个有着百年历史，庄重传统、古色古香的俱乐部。1997 年 12 月 11 日，也就是采访约定之日，辛迪提前到大厅内等候。到了时间希拉里还没来，她有些焦躁了，悄悄拿出手机给希拉里打了个电话。

守门的老头走过来说："夫人，你在干什么？"辛迪说："我跟克林顿夫人有个约会。"老头说："在这个俱乐部里严禁使用手机，请你出去。"说完老头就走了，辛迪收起了手机。

一会儿老头又来了，看见这女人非但没走，还与克林顿夫人在大厅里高谈阔论，总统府的高级助理们也都在场。老头不乐意了，说："这是不能容许的行为，你们必须离开。""咱们走。"克林顿夫人说着，乖巧地拉上辛迪就出去了。这个老头可不是贾府门前的焦大，他选择守门，拥有一份自信，使权贵们不敢在他面前猖狂。权势人物的气度是制度和人民调教出来的，有什么样的人民，往往就有什么样的领袖。

知道吗？比尔·盖茨想参加哈佛的同班同学聚会，被其中一些同学拒绝了。是呀，既然盖茨选择了中途退学，就意味着跟同学没多大关系，凑什么热闹去参加聚会呢？选择从哈佛毕业的同学未必会选择向金钱屈膝。当然，自信也并不都源于生活的选择，美国的选择也有不尽如人意之处。但是笔者知道，美国的选择给笔者指明了更适合自己发展的方向，笔者不再将自己的成功标准依附于他人的价值取向，幸福不分贫富，自信不靠他人。

中国教育的出发点在于"比较"，于是几千年来，人们始终活在一个"寻找"认同的社会洪流当中。我们需要来自他人的认同——父母、伴侣、公婆、同学、同事、亲戚，甚至短短几秒钟相遇的邻居。

如果我们不能接受自己的特质，就不可能知道怎样拥有丰富的人生。

二　中俄文化差异

中国和俄罗斯地理、民族、宗教、历史和社会制度不同，社会文化必然有差异。20世纪50年代中苏"蜜月时期"，共同的意识形态掩盖了两国社会文化的差异，此后两国一度反目成仇，又无限放大了这种差异，抹杀了社会文化的共性。

在中国黑龙江省哈尔滨市，中央大街和果戈理大街这两条最繁华的大街，是重建的俄罗斯风情区。满洲里建了俄罗斯套娃广场；绥芬河有个新建的住宅区赫然冠名俄罗斯。俄罗斯崇尚希腊罗马古文化和德、法、意近代文化，很多城市如彼得堡城的建设布局是按照西欧和北欧城市风格设计的。

俄国虽地跨欧亚两洲，但看不起亚洲人。在俄语中，"亚洲人"的转义就是"野蛮人"。俄罗斯人素来以"最亚洲化的欧洲人"而自卑，又以"最欧洲化的亚洲人"而自傲。一般认为，俄罗斯对东方文明不够宽容。中国重软实力，俄罗斯重硬实力。中国历来崇文，俄罗斯一贯尚武。亚洲人，特别是中国人，常受到一些俄罗斯人的歧视。俄罗斯某些负责海关办事人员和负责治安的警察，常常找各种借口，通过查证件等方式，想方设法从外国人，特别是不懂俄语的中国人身上弄些小钱花。近年来臭名昭著的光头党，对外国人更是打砸烧杀。俄罗斯尽管劳力相对不足，但其对外国人的戒心一直很重，不愿也很怕外来的务工人员，尤其是中国务工人员。俄罗斯人注重维护个性独立，保护个人隐私，如果听到 Кудатыидёшь（你去哪儿）、Откудаты（从哪儿来）这样的问候，他们就会觉得对方是在打听自己的隐私，如果被问 Тыобедал（吃饭了吗），会误解是要被邀请吃饭或约会。中国出国人士在俄罗斯的学习、工作所遭受的文化休克现象屡见不鲜。要最大限度地避免和克服这些文化休克，我们首先要了解两国社会文化和民族性格的差异，让这些差异丰富中俄合作的人文景观。

1. 中、俄两国国民的思维方式有很大差异

中、俄两国国民思维方式的差异首先表现在是从大到小还是由小及大。中国人的思维习惯是从大到小，从整体到局部，从抽象到具体，综合思维和整体优先，即注重事物整体的关联性。因此，在贸易交往中总是表现为从大的原则出发，从总体上权衡利弊。在中俄双边合作中，中国人往往喜欢以战略协作伙伴关系来指导两国在各领域的具体行动，即先确定总原则一致，再去谈具体的条款和一些细节问题。俄罗斯人的思维习惯恰恰相反，属于分析性思维方式，即凡事总喜欢从具体细节出发，先把整体分解成部分，从具体到笼统，由小及大，从局部到整体，从具体到抽象。在涉及两国合作的具体问题上，俄罗斯人喜欢从本国实际利益出发，"就事论事"，而不习惯套用战略协作伙伴关系来决定自己的态度。

2. 中、俄两国国民在饮食方面有很大差异

两国的饮食文化差别极大，主要表现在吃气派还是吃气氛方面。"中国的餐馆从来都是人声鼎沸，热热闹闹。人们习惯在吃饭时与朋友们大声说笑聊天，把用餐当作'团圆欢聚'的象征。但在俄罗斯，吃饭时虽会有言语交谈，但气氛比较沉默，他们更注重用餐氛围与对食物的享用。""在共同用餐时，俄罗斯人有时会认为中国人随意的坐姿很失礼，但中国人将'随意'看作'亲近'，越是亲近，举止就越随意。""对于在餐桌上非语言声音的态度，中、俄两国人民也有很大差异。俄罗斯人在餐桌上对从人体内发出的各种不自觉的声音都极为忌讳，特别是咳嗽、喷嚏、抽鼻子、清嗓子、打嗝等。他们对体内发出的所有声音都严加抑制，如果实在控制不住，则表示歉意。而大多数中国人则更喜欢大着嗓子要酒，畅快淋漓地喝

汤，不会避讳吃饭时所发出的声音及一些难以抑制的声音。"①

中国人喜欢山珍海味，几乎无所不吃，且讲究"上档次"，讲气派，"谁给我省钱我跟谁急"。俄罗斯讲究实在，但求营养和可口，国宴中煮土豆、生黄瓜都可以上。俄罗斯人以家宴为最隆重的待客礼节，吃饭、聊天、喝酒、品茶、尝甜点，亲切而不狎昵，典雅而不冷清。

3. 中俄词语间寓意的差异

不同文化背景下，相同词语所表现的韵意差别甚大。中、俄两国文化的差异还表现在一些习惯用语上。如俄语的单词 шляпа，本意是"帽子"，但除了这个基本词义外，它还有特别的喻义，常指那些"精神萎靡不振、办事能力低下之人"。这是由于在古俄罗斯只有有钱人才能买得起帽子，穷人没钱买帽子，而富人又往往好吃懒做，从而衍生出这种延伸意义。今天的俄罗斯人开玩笑说"Я—шляпа"，初学俄语的学生或许能理解其基本含义，却很难会理解"帽子"的延伸意义。同样的道理，在中国，我们常说的帽子，俄罗斯人也能够大体上解其基本意义，但对我们所说的"戴绿帽子"也会不得其解，往往陷入云里雾里，原因在于"俄罗斯人根本无法理解'戴绿帽子'和妻子有外遇能扯上什么联系"②。

4. 中俄在数字喜好上的差异

在数字上，因为在汉语中，"九"与"久"谐音，所以"九"在古代中国被视为幸运吉祥之数。"九"这个数字一直受到中国人的偏爱，唐代诗人李白的诗曰："飞流直下三千尺，疑是银河落九天。"此外，还有很多与"九"相关的成语，如"九牛二虎""九关虎豹""九牛一毛""九故十亲""九九归一"，都得到广泛的应用。古代传说天有九重，也叫重霄或九重霄，指极高处。九天也指皇室，九重旧指帝王所居之处。古人爱屋及乌，连"九"的倍数如"十八般武艺""十八般兵器""三十六计"也大受青睐。

---

① 史沛：《跨文化交际视阈下的中俄餐桌上的非言语交际对比》，《吉林省教育学院学报》2014 年第 30 期，第 139—141 页。

② 朱苏妍：《中俄跨文化交际语言差别初探》，《咸宁学院学报》2010 年第 9 期，第 77—78 页。

现代中国民众喜欢偶数，钟情"六"和"八"。许多信奉基督教的俄罗斯人喜欢奇数，尤其是数字"七"。据《圣经数学》作者爱德华·瓦劳伊介绍，数字七能带来好运的说法源自《圣经》。他说："《圣经》'启示录'里多次使用数字七，如七所教堂、七个灵魂、七个号角等。七象征着精神圆满，所有生命都以这个数字为中心。"许多信奉基督教的俄罗斯人认为七是个幸运数字，不少人甚至认为 2007 年 7 月 7 日是 21 世纪最幸运的一天。"不少新娘新郎都认为，能在一个世纪只有一次的幸运日里结婚就像中头奖般难得。"在俄罗斯人的心中，"七"（семь）有其特殊的形象和意义。人们通常把"七"看成幸福和吉祥的数字，如成语"наседьмомнебе"（如登天堂）：Одноготвоегословадостаточно，чтобыонпочувствовалсебянаседьмомнебе.（只要你一句话就足使他感到如登天堂一样幸福。）俄罗斯人喜欢数字"七"，因此，在很多谚语、成语中经常可以看到"семь"（七）：如：семьразотмерь——одинразотрежь（三思而后行）、семимильнымишагами（一日千里）、семьпядейволбу（非常聪明）。

5. 中俄在颜色喜好上的差异

颜色有着丰富的文化内涵，它是我们认识世界的一把"钥匙"。中俄民族生活在不同的地域，地理位置、历史传统、宗教信仰和风俗习惯的不同，导致两个民族对颜色词的认知有相似性和差异性。相似性表现在以下方面：对红色的偏好，因为两个民族都给予其"吉祥""喜庆""美丽"的生活意义和"进步""正义""革命"的政治意义；两个民族大体都认为黑色是"灾难的""不幸的""消极的""凶恶的"；两个民族赋予白色"高尚""纯洁"的生活意义，但在革命时期都表示"反动""反革命"的政治意义。其差异性主要表现在颜色"黄色"上。在历史上，因为我们是"炎黄子孙"，"黄色"是我们的"国色"，"黄袍加身""皇榜"（黄榜）、"飞黄腾达"，这些词语都与权力、升迁有关。黄色不仅代表权贵，同样象征着财富和运气，如"黄金铸象""黄道吉日""黄金时间""黄金时代"。象征着想象力和信心，如"直捣黄龙"。在汉语中黄色也被赋予了反面的隐喻意，例如，成语"黄粱美梦"喻指"难以实现"，"面黄肌瘦"和"黄泉之下"则分别指"饥饿，死亡"等隐喻意。因为黄色是伊斯兰教的"丧色"和"死色"，因此含有"悲伤、难过"的寓意。同样，黄色在俄语中含有忧伤、离别、背叛和发疯的隐喻。因与其他的建筑格调不同，俄罗斯特有的黄色建筑往往指疯人院。在俄罗斯，情侣之间不得互相赠送黄色花束，因为它代表着分手或者背叛。

三　中英文化差异

中、英两国的文化各有特色，不同的文化背景造就了不同的文化观念、不同的社会模式。正是因为中、英两国文化的差异，才使得两国在经济、社会、文化发展中各具特色。英国人绅士，中国人和谐，这些与两国的文化背景有着千丝万缕的联系，而其中最重要的影响因素则是中西方文化的差异。

西方文化建立在古希腊文明的传统之上，英国的传统文化深受希腊教、基督教的影响。而亚洲地区如印度、日本、中国、韩国等国及东南亚国家的传统文化深受东方宗教和哲学思想的影响，如佛教、印度教、儒教、道教、禅学等。不仅如此，中国和英国的宇宙观也有差异。东方文化的宇宙观，以中国为例，其本质是天人合一；而西方文化的主要特征是天人分离。英国人遵从西方文化，认为上帝创造了世界，创造了人类，然后将世界交给人类来统治。英国基督教认为上帝高于一切，实际上是把上帝从现实中分离出来。宇宙的物质基础是一些基本的单位，它们是可以改变的，由此世界也是可以改变的。而中国人则认为宇宙是一个悠长的、运动的、和谐的精神和灵魂的统一体，认为世间万物的存在都是永恒的，可以轮回，持续存在。

中国和英国的思维方式也不尽相同。由于西方文化是建立在古希腊文明的传统之上，以亚里士多德的逻辑学和哲学分析思维为特征；而以中国为代表的东方文化则建立在深受儒教和道教影响的东方传统之上，在思维方式上以辩证和整体思维为主要特征。因此，英国人思考问题重分析，而中国人思考问题从综合考虑。

从沟通方式来看，中国人的人际交流方式是微妙的、含蓄的、非语言的、感性的，中国人含蓄性的语言往往涵盖了深层次的含义，需要进行反复思考或推敲才能真正领悟。而西方人在语言沟通中更倾向于采用直接明了的、更富有逻辑性的表述。并且，中国人重"面子"。中国人比英国人更加重视人际关系，在沟通的过程中会尽量避免正面冲突，即使不同意对方的观点，也不会直接说"不"；为了照顾对方的"面子"，往往会通过委婉的方式提出自己的反对意见。在中国人看来，保持沉默代表的是不同意；而在英国人看来，这是默许的意思。对于中国人来说，"面子"更多地被看成一个人的名誉，有时候也会被看成一种人情。[①]

中国社会的人际交往中极为重视"谦虚"，这是中国人的美德，主要体现为"卑己尊人"，即贬低自己、抬高别人，在听到别人赞扬的时候往往否定别人的赞美，甚至贬低自己，认为这样才是谦虚有礼貌的表现，多用敬语"你真行，我就差远了""不敢当""哪里哪里，一点也不好看"，等等。而这本质上与 leech 提出的"谦逊"准则有所不同。西方文化强调个人价值、自信，受到表扬时从不掩饰自己的荣誉感，简单的一句"thank you"，坦然接受别人的赞扬。如果对于别人的赞扬进行否定，反而让人觉得不礼貌，有否定他人的意思。由于中西文化差异，中国礼貌用语如果直译成英语就会让讲英语的人迷惑不解。

常规称呼和问候语为恰当地开始谈话并且为建立、维持和商定社会关系提供手段，是一种非常复杂的语言现象。称呼和问候准则的差异涉及礼貌，这是英、汉两种语言文化的特征。称呼，一般是指人们在交往中各自所采用的称谓语。在言语交际中，称呼语是用得最广泛、最频繁的词语。它常是传递给对方的第一个信息，给人留下第一印象。选择正确的、恰当的称呼，既反映自身的教养，又体现对他人的重视程度。英语称呼语总体比较简单，而汉语称呼语则复杂得多。主要差异表现在称呼时是直呼其名还是使用"头衔＋姓"的方式。在英语中，彼此熟悉的人之间直呼其名，在社交场合用 Mr.（先生）、Mrs.（太太）、Miss（小姐）或者 Ms.（女士）等称谓。男性称呼 Mister＋姓氏，如 Mister John Smith（约翰·史斯

---

① 参见慕娅林《中英文化观念差异的深层透视分析》，《赤峰学院学报》（汉文哲学社会科学版）2012 年第 7 期，第 179 页。

密斯）。女性则根据婚姻状况，如已婚，则称为 Mrs＋husband's surname；如未婚，则称为 Lady（Miss）＋surname（某女士、某小姐）。对身份地位较高、年纪较长者，可用 Sir 和 Madam，用时可以不带姓名。极少数场合用职称称呼别人，如法官、议员、教授、将军等。值得注意的是，英国人不用行政职务来称呼某人。中国文化讲求"上下有义，贵贱有分，长幼有序"等，除了社会平辈、朋友乃至夫妻、兄弟姐妹或同事之间，中国人喜欢在姓的后面加上某人的职务来称呼别人，如"李科长""黄经理"等。中英文化价值取向不同，"官本位"情况在中国仍然存在，个别在汉语里很礼貌的称呼语在英语文化里却可能引起误会。老年人是智慧的象征，尊老爱幼是中华文化的美德，人们在言语交际中通常表现出对老年人的特别关心和照顾。如"您老""老革命""老教授"都是对老年人的尊称，"老蔡""蔡老""老哥"等在汉语里是适当的称呼语。而西方人都很忌讳"老"字，老了是没用的象征，"Old John""Old Tom"等词与"老不死"几乎没有多大区别，这种称谓在英语里是容易引起误会的。例如，在一次师生假日郊游途中，学生给一位上了年纪的 Green 太太让座，这位学生说道："Please sit down, Mrs. Green. You are old."这对一位西方老太太来说，简直是一种冒犯。中西方老人的这种截然不同的心态不仅是由于他们对"老"这个词的看法不同，更是由于两种文化的价值取向不同。中国历史有"长幼有序"等传统社会规范，老年人受到社会的尊重；而西方的观念却截然不同，他们崇尚独立意识，信奉"God helps those who help themselves"（自助者上帝助之），老了也不肯依赖和接受别人的帮助和同情。如果不懂得中英同情准则这一礼貌文化差异，像此例中那位学生给 Green 太太让座，就会好心办坏事。①

　　不仅如此，深层分析中英文化的差异，主要体现在对待人与自然的关系、对待家庭、对待民族关系等几个方面。在对待人与自然的关系问题上，中国文化重视人与自然的和谐统一，即"天人合一"；英国文化则强调人对自然的征服与改造，即征服自然。中国人习惯于把人的精神融于自

---

① 　参见陈欣《传统礼仪与中英文化差异》，《江西社会科学》2005 年第 12 期，第 128—130 页。

然界之中，并把自然人格化、人格自然化，人与自然和谐共进。比如，"天人合一"的文化特征影响着中国文化的方方面面，中国一向以农立国，特别重视农业。自古以来，农民有祭天地的习俗，一方面庆祝丰收、答谢天地；另一方面，乞求天地赐福，以期来年有好收成。中国人办喜事，首先要拜天地，便是这一精神的最好体现。而在人与自然的关系上，英国人则把二者置于对立状态，强调人要征服自然、控制自然，向自然开战。比如，英国人的探险精神非常强烈，这突出表明他们要与命运抗争、与自然搏斗，人在肉体上可以被击败，但必须有战胜命运、战胜自然的决心。这与中国"天人合一"的思想是大相径庭的。

中国人在对待家庭问题上，较为强调"家族本位"，尤其突出国家和家族的整体利益；而英国文化却强调以自我为中心，强调个人的人格与尊严，推崇的是典型的"个人本位"主义。中国人对家有着格外深重的感情，不管走到哪里，都始终牵挂着家，家对中国人来说具有超常的凝聚力和向心力，所以中国人奉行的是家族本位主义。中国人格外注重家族，亲属称谓系统的繁杂精细就是最好证明。与此相联系，中国人往往有浓厚的"孝亲"情结，这种情结不仅表现在对祖先的隆重祭典上，更表现在对长辈的绝对孝顺上，正所谓"百善孝为先，万恶淫为首"，孝道成为中国人千年不变的传统道德。个人本位思想体现在英国社会生活的方方面面，他们的家庭观念要比起中国人淡漠得多，家庭组织结构也不是那么紧密，子女以脱离家庭独立生活为荣，一旦有了固定的收入就购买房屋从家里搬出去。他们的名字与中国人也不相同，放在最前面的是自己，然后是父亲，最后是族姓，而我们中国人的名字是放在姓氏之后的。[①]

当然，对于中国人来说，家庭的概念也是宽泛的，它并不仅仅指我们的小家庭。中国人心目中的家庭既指大家庭也指小家庭。中国人的家庭观念对社会的重要影响体现在很多方面，比如对中国组织管理的理解，如果脱离了"家庭"这个中国传统文化的核心价值系统，则难以理解中国人的

---

① 参见慕娅林《中英文化观念差异的深层透视分析》，《赤峰学院学报》（汉文哲学社会科学版）2012 年第 7 期，第 179 页。

行为方式。特别是在中国中小规模的家族企业里，这种家族文化表现得更为突出：可以发现，企业里的领导集团基本上呈现亲属集团的特征，即整个企业是通过这些亲缘关系进行管理的。在中国的家族企业中，你可以在管理层看到宗亲、氏族、朋友、同学、熟人、乡亲等；而对于英国企业来说，也许很难理解这种现象。从这种意义上说，中国组织管理的全部就是从"家庭"上筑起的。在中国管理者的心目中，"家庭"观念是根深蒂固的，由家庭观念带来的家长制管理也是家族企业的一大文化特征，而其他的人情至上和等级制等也是家庭观念的生成物，因此，中国式的管理很大程度上是"人治管理"。

中国文化奉行的是"亲仁善邻"和"协和万邦"，而英国则奉行"征服天下"。从哲学的角度看，中英文化观念的差异主要可以概括为静止与运动、和平与斗争、直觉思维与逻辑思维、性善与性恶、"人治"与"法治"，等等。

英国与中国不同的不仅是风俗文化，英国和中国的礼仪规范也有差异。表达礼貌的主要手段之一就是语言运用。什么是礼貌，如何表达礼貌？英国兰卡斯特大学著名学者 Leech 于 1983 年在合作原则的基础上，提出了礼貌原则；主要包括得体准则、慷慨准则、赞扬准则、谦逊准则、赞同准则和同情准则。强调在正式、庄重的交际场合，合作原则会让位于礼貌原则；在非正式场合，以合作原则为主；在双方关系密切的情况下，礼貌原则让位于合作原则。北京外国语大学教授顾曰国就对中国人的礼貌原则归纳了 5 条基本准则：贬己尊人准则：指谓自己或与自己相关的事物要"贬"，要"谦"；指谓听者或与听者相关的事物时要"抬"，要"尊"。称呼准则：用适切的称呼语主动与对方打招呼。文雅准则：选用雅语，禁用秽语；多用委婉，少用直言。求同准则：说、听者在诸多方面力求和谐一致，尽量满足对方的要求。德言行准则：在行为动机上，尽量减少他人付出的代价，尽量增大对他人的益处；在言辞上，尽量夸大自己得到的好处，尽量缩小自己付出的代价。

总之，礼貌原则作为规范人们言行的准则，受到文化的制约。中英文化赋予礼貌不同的内容。文化不同，语言的形式也存在差异，在交际中要特别注意这些差异。

中英之间礼仪的差异表现在日常接触的语言、饮食、服饰、信仰、节日等各个方面。英国人的沟通文化与心理倾向于体谅对方、理解别人，做事总是力求尽善尽美，不希望留下坏印象，因此，绅士风度到处可见。英国人初次见面时，以握手为礼，不像东欧人那样常常拥抱，随便拍打客人被视为非礼。英国人注重穿着，只要出家门，就要西装革履，因为他们常常以貌取人。英国人待人十分客气，讲话时"谢谢""请"不离口。因此，和英国人讲话也要客气礼貌，不论职位高低，都要以礼相待。请人办事要客气委婉，不要使用命令的口吻，否则，你会遭到冷遇。

英国人尊重妇女的社会风气十分浓厚，如走路相遇、乘电梯、乘公共汽车时男士都要谦让，让女士优先；在宴会上，首先应该给女宾或女主人斟酒；在街上同行，男士应走外侧，以保护妇女免受伤害；丈夫携妻子参加社交活动时，应先将妻子介绍给贵宾。

在英国商务礼仪中，衣着讲究，很讲派头。出席宴会或晚会时，习惯穿黑色礼服，衣着要笔挺。英国人时间观念比较强，拜会某人之前要预约。赴约时应该准时，最好提前几分钟到达。英国是个多民族国家，各民族都有自己的传统且习惯于自己的传统，有些人就认为自己不是"English"，因而单单用"English"无法表示"英国的"。假如你碰到两位英国人，他们分别来自苏格兰和威尔士，如果你称他们是"英国人"，那么，他们会告诉你，自己是苏格兰人或是威尔士人。

在英国，人们不习惯早餐时谈生意。通常，他们的午餐比较简单，对晚餐比较重视，视为正餐，重大宴请活动多在晚上进行。应该记住，在正式宴会上，通常严禁吸烟，进餐时吸烟被视为不礼貌。

在英国，餐馆里给小费是很普遍的，因为账单里不包括服务费，通常在餐厅要按账单的10％左右支付。在英国的自助快餐店中，顾客应当自己收拾吃剩的东西，不能像在中国一样把残羹剩饭留在餐桌。中国人在买东西时都习惯讨价还价，而"砍价"在英国的商店和市场中却并不常见，即使是在地摊上——因为英国地摊上的东西价格已经很便宜，一般摊主都不会同意再降价。

　　在英国谈正事或工作的时候最好直接切入主题，拐弯抹角地说话会被视为浪费时间。英国人说"no"的时候并不是准备与你讨价还价。同时，大多数英国人诙谐、幽默，但他们在讲笑话的时候，往往一本正经，外表可能看起来也很严肃，在严肃的谈话中穿插一些轻松的内容。

　　刚到英国的中国留学生对英国人的印象并不很好，很可能认为英国人很讲礼貌却非常冷淡。一般情况下，英国人不喜欢过于亲热，觉得这样肤浅而且不真诚，太多的热情和关注会让英国人感到奇怪和不自在，所以确实要花些时间才能和他们建立友谊。英国人向来十分看重自己的隐私，除非对方是很好的朋友，一些有关个人问题，如婚恋问题、财政状况、健康等话题应避谈。另外，英国人喜欢酒吧，与英国朋友相识、相聚时，中国学生可以邀请英国朋友"出去喝一品脱"作为社交的开始。

　　初来英国，中国学生可能会遇到许多不熟悉甚至不明白的俗语，提前了解一些俗语会给初到英国时的生活带来较大帮助。例如，"Loo"指厕所（WC），"Tube"指地铁（metro），"Tea"在某些情况下指正餐，"Pants"指内衣裤。人们说"flat"（公寓）而不说"apartment"。"To let"的意思是"供出租"。在非正式场合，常用"Cheers"代替"Thank you"。而当人们说"lovely""brilliant""magnificent"的时候，他们的意思是"yes"。

　　在英国的生活中与人交往还要注意，拜访朋友前要通知对方，英国人不欢迎不约之客。除非迫不得已，不要在晚上10点后打电话到别人家，晚上11点后打电话很可能被英国人当作有紧急事件。英国的许多服务都需要提前预约，如就医、理发、美容、配置眼镜等；如需要取消预约，必须提前24小时通知对方，否则可能须支付一定费用。

　　到英国人家里做客，最好带点价值较低的礼品，如鲜花、巧克力、葡萄酒，或是具有中国特色的工艺品，他们会感到很高兴。他们不大欣赏带有客人公司标记的纪念品。赠送礼品切忌贵重，以免招致行贿之嫌。服饰、香皂之类的物品也不宜作为礼物送人，这些似乎涉及个人的私生活。送花不要送菊花，在英国甚至在欧洲其他国家，菊花只用于万圣节或葬礼；也不宜送百合花，在英国，白色的百合花象征死亡。其他的花都可送人，如果怕出现尴尬的情况，在买花时可以询问一下花店服务员。在接受礼品时，英国人习惯于当着客人的面打开礼品，无论礼品价值如何、是否有用，都会给予热情的赞扬，以表谢意。另外，在英国人家做客吃饭时，吃完自己餐盘里的所有食物是礼貌的行为，如剩下食物，在英国意味着客人不喜欢这些食物。英国人喜欢在吃饭的时候聊天，这时需要注意吃东西和说话交替进行。吃东西的时候张大嘴和说话，都是很不礼貌的行为，所以吃饭时最好只往嘴巴里放少量食物。如果你必须张大嘴巴，最好用一只手遮住它。在英国文化中，饭后留下来进行社交谈话被视为礼貌的行为，因此聚会可能延续几个小时。

在英国，坐着谈话时忌讳两腿张得过宽，更不能跷起二郎腿；站着谈话时不能把手插入衣袋；忌讳当着他们的面耳语和拍打肩背；忌讳有人用手捂着嘴看着他们笑；忌讳"3"和"13"两个数字，用餐时忌讳 13 人同桌，如果 13 日又恰逢星期五，则被认为双重的不吉利；排队不能加塞儿；购物不能砍价；忌讳用人像、大象、孔雀做服饰图案。

在英国的公务活动中通常忌谈个人私事、家事、婚丧、年龄、职业、收入、宗教等问题。

英国的车辆是靠左行驶，上街走路时要格外注意交通安全。英国节日很多。例如，6 月的第一个周末是银行春假（圣灵降临）节，8 月最后一个周末是银行暑假节，因此商务活动宜安排在 2—6 月或 9 月中旬至 11 月。圣诞节（12 月 25 日）和复活节（从 3 月 21 日后第一个满月算起，后面的第一个星期日）是节日气氛最浓的时候，在这两个节日的前后两周最好不要安排公务访问活动。

中国和英国都是饮茶大国，各自独特的茶文化代表着东西方不同的饮茶风格，是各自传统文化的重要组成部分。谈中英文化差异，必定要谈到中英不同的饮茶之道。中国是最早发现和利用茶叶的国家，喝茶是人们生活中不可或缺的一部分。柴、米、油、盐、酱、醋、茶，生活中，没有茶是很难想象的。我国新疆维吾尔族就有"宁可一日无米，不可一日无茶"的俗语，云南的纳西族也有谚语"早茶一盅，提神去痛；一天三盅，雷打不动"。茶文化历史悠久、博大精深。英国本土不出产茶叶，却是世界上人均茶消费量最大的国家，贫困家庭对下午茶的重视程度也不比高贵家庭低。英国的茶文化对世界也有深远的影响。

从饮茶文化的起源来讲，最早于下午喝茶的民族，理应是一向以茶文化著称的古代中国。然而随着时代的发展，将优雅的欧洲下午茶发展为一种既定习俗的，则是英国人。英国人创造的独具特色的红茶文化成为许多国家追捧的对象。我们比较中国人与英国人的不同茶文化，论述其饮茶习惯及发展现状，以此进一步窥视中英的文化差异。

中英茶文化行为的相同之处在于两种文化都喜欢"混饮"，中国人喜欢在茶中根据个人的口味加盐、糖、奶或葱、橘皮、薄荷、桂圆、红枣。在中国少数民族地区，往往用茶鲜叶或干叶，与姜、桂、椒、橘皮、薄荷、枸杞、花生仁和芝麻等熬煮成汤汁而饮，如藏族的酥油茶、回族的"三香茶"和"五香茶"、壮族的"八宝茶"。英国人"混饮"，常往茶里加进牛奶和糖，有的喜欢在清茶中挤些柠檬汁，有的往茶里加蜂蜜、肉桂、胡椒、威士忌、黄油、鸡蛋等，随心所欲地创造了许多口味，饮茶的需求、习俗同中国有很大差异。

中英茶文化的差异还表现为中国人主要喝茶叶冲泡出来的茶，因而整片茶叶放在开水里浸泡。而英国人对茶叶本身进行了改造，袋装的茶叶末代替了片片茶叶，称为袋泡茶（teabags）。连袋一起放进热水杯里，一小袋只泡一杯茶。家用茶壶还有过滤杯，用开水冲下，过滤而出。在多数中国人眼里，饮茶随时可以进行。一般的英国人一天至少喝 5 次茶。清晨便在床上喝醒早茶，提神醒脑，称为"Early Morning Tea"。要是家中来了客人，早茶就是问候客人的最佳方式。上午 11 点左右，是红茶配上茶点，称为"Eleven's Tea"。中午吃午饭时要喝奶茶。下午 5 点左右就是享誉中外的下午茶时间，称为"Five o'clock Tea"。晚上临睡前要喝告别茶，称为"After Dinner Tea"。此外，还有茶宴（Tea Party）、花园茶会（Tea in Garden）、野餐茶会（Picnic Tea），花样百出。中英茶文化的差异还表现在茶道精神的不同。在中国人看来，品茶是种精神激励与情感寄托。我国的茶文化历史悠久，从早期的产生直到现在的成型，受到儒家、道家和佛教的影响，其中对我国茶文化影响最深的是儒家思想。其原因是茶的特征和当初的儒家思想志同道合，茶生长于深山中，所以喝茶可以令人振奋，以至头脑清醒。另外，中国人认为茶是清廉、圣洁的，倡导在喝茶时思考问题，还通过喝茶来省人，来加强友人之间的友谊，让对方更了解自己。英国人品茶注重的是社交，强调优雅的格调。茶的制作和浸泡也是别有用心的。英国人在喝下午茶的时候，一定要在幽雅的环境下来品尝。喝茶时，很多餐厅都会播放优雅的古典音乐，还有高素质的侍者来服侍客人。

中国茶文化的发明者是陆羽。公元 780 年，"茶圣"陆羽著《茶经》，将儒、道、佛三教融入饮茶中，首创中国茶道精神。英国下午茶的发明者是贝德芙公爵夫人安娜女士。1840 年，一位英国上流社会的女士——贝德芙公爵夫人安娜，在下午时分因百无聊赖，让女仆准备了少量的烤面包片、奶油和红茶。这种简便的饮食方式很快就成为英国贵族打发下午时光的一种绝佳方式。

中国的茶叶产地分布辽阔，多以南方为主，而不同的地理位置也造就了中国茶叶的多样性特点。英国本土不产茶叶，他们的茶叶主要来源于印度。中国人喜欢将整片茶叶放在开水里，在氤氲的热气中欣赏盛开的茶叶花，品味清新的茶叶香；惯用的茶具为紫砂，因为紫砂可以保留茶香，日久即便在空壶里注入沸水也有茶香。英国人讲究茶具的精致，通常为瓷器或银器。古代宫廷，贵族们喜欢用中国茶具招待宾客，以显示自己高雅的品位；今时今日，用瓷器茶壶、滤匙、小碟子、糖罐、奶盅瓶、茶匙。中国的茶点造型精致小巧，搭配上也有讲究：甜配绿，酸配红，瓜子配乌龙。所谓甜配绿，即甜食搭配绿茶来喝，如用各式甜糕、凤梨酥等配绿茶；酸配红，即酸的食品搭配红茶来喝，如用水果、柠檬片、蜜饯等配红茶；瓜子配乌龙，即咸的食物搭配乌龙茶来喝，如用瓜子、花生米、橄榄等配乌龙茶。茶点也是英国下午茶中必备的，而吃茶点要分三部曲：食用茶点要自下而上，口味由淡而重。三层茶点的底层通常是三明治和咸味点心，第二层多放松饼，最后一层是蛋糕和水果塔。

中国茶馆很简易，几处木桌椅随处摆放，室内、室外都可以，有些茶馆里还有电视机，俨然一种家的味道。较大的茶馆里会摆台唱大戏，满足味蕾的同时，满足视听感受。英国的"茶馆"相对要讲究许多，强调优雅的格调，抑或伴有优美的音乐、美丽的鲜花、蜡烛、气球等。"开茶节"

是中国许多茶叶之乡特有的节日，以迎接茶叶采摘时节的到来。英国每年都会在白金汉宫举办正式的下午茶会。男士着燕尾服，戴高帽，手持雨伞；女士则穿白色洋装，戴洋帽。

四　中法文化差异

曾有一个名叫伯纳·圣若弘（Benoit SAINT GIRONS）的法国人在网上发表过一篇名为《12亿火星人》（1.2 milliards de Martiens）的文章，介绍作者本人在中国的见闻。但是这篇文章通篇尖酸刻薄、夸大其词，将中国人描写成一群不讲个人卫生、不懂礼貌、大声喧哗、吃狗肉、到旅游景点照人不照景的"火星人"。这篇文章在中国网友中引起强烈反响，有人反对，有人附和，多数人将此看作柏杨《丑陋的中国人》的法文版。与此同时，当然也有国人吐槽法国的种种言论，比如：如果法国没有无休止的罢工，法国也许是世界上最适合生活的地方；如果巴黎没有满街的狗屎，也许是世界上最漂亮的城市。还有一位美国记者曾经调侃道：巴黎太美妙了，世界银行应该资助巴黎人，让他们做全职的巴黎人好了。可惜的是，世界银行并没有给巴黎人发工资。

其实，中法文化差异，究其实质，双方在对事物的认同上是比较一致的，比如说对待权力问题。法国人历来有崇尚权力和权威的传统，历史上法国人就对拿破仑、对王室和显赫的权贵有迷信，但在表现形式上两国确实有所差异。从政为官在中法两国人民看来都是一件很光荣的事。有趣的是，法国培养干部基本上用中国过去的科举制，要通过许多考试，上好学校。法国的高官大多出自国立行政学院，但进入此校的并非等闲之辈，对一般法国人来讲是难上加难。在此前，必须考入巴黎政治大学（Sciences Po）或外地少数的几所政治大学，然后一步步地往上考。进入该校后，还得天天厮杀，谋得毕业好成绩以排名次，从而换得高官厚禄。因此，真正做到了"学而优则仕"。然而，法国人在显露对权力和统治阶级羡慕和尊重的同时，骨子里却是从大革命时期传承下来的那种自由和批判精神，因此，嘲讽和捉弄政治人物，又是其典型的文化习惯。法国电视四台有一个非常有名的节目叫《木偶》（Guignols），节目以播新闻的形式出现，把法国政客都做成木偶，已故总统密特朗是只青蛙，前总统希拉克是高卢雄鸡，其他的内阁成员也都是各种小动物，活脱一个动物园。节目过去奚落密特朗，后来是希拉克，隔三岔五地拿希拉克开涮，说他老了，笑他保守，笑他的政见、言行，什么都敢讽刺，连希拉克夫人都不放过，有时简直到了刻薄的地步。

中国人爱管闲事，家长里短，总觉得要对人关心。法国人则不然，他们对别人的事，尤其是别人的私生活一般不闻不问。已故总统密特朗有一个情妇，法国人都知道，但谁也不把窗户纸捅破，最后还是密特朗本人决定将私生女马扎里纳公之于众。人们很轻易接受了这一事实，在密特朗葬礼上，情妇、私生女与夫人及孩子们站在一起，没有人觉得不合适。换句话说，像克林顿与莱温斯基这样的绯闻，法国人是根本不会介意的。克林顿也大可不必写书来为自己的外遇辩护，法国人根本看都不想看。

法国人贪玩，中国人爱干活。法国人一般不太攒钱，花光为止，至少他们不会为钱而拼命工作。中国人善于持家，节俭，一分钱掰成两半花，脑子里整天装的是工作、家庭和孩子，想浪漫也浪漫不起来。但是事实上，一向被指责个人主义思想严重的法国人，却十分看重家庭生活，最讲究下班后在家中同子女家人共进晚餐。而热爱生活和家庭的中国人，即使是节假日，恐怕也会心甘情愿地加班加点。去巴黎游览、工作的中国人，回来后常常会抱怨法国人把他们放在旅馆里不闻不问；殊不知从中国返回法国的法国人也常常向别人诉苦，说他们周末也得不到自由，中国主人连他们在北京会朋友、办私事的时间也不给。法国人恐怕是没法搞懂，为什么中国主人周末不陪自己的家人，非要出来安排那些不受欢迎的社交活动，甚至要亲自从早陪到晚。

由于不同的文化背景、国情和管理理念及管理体系，中国人靠集体，法国人靠个人。许多人觉得，法国是世界上最大的个人主义国家。来到法国，最大的感觉就是自己掉进了个人主义的汪洋大海。

法国人在文化上强调自我，追求个性解放，人人号称是哲学家笛卡儿的信徒，"我思故我在"。因此，"个性"在法国文化中十分重要，无论是人还是事物，没有个性将失去其存在的价值，换言之，将得不到尊重。最典型的例子是法国的建筑，一个地区一种风格。在巴黎，随便走在哪条大街，没有一幢建筑是重样的。在这种强调个性的文化中，强调一致、统一思想是很困难的。在与法国人沟通的过程中，要想让其接受你的观点，最好的方法是先反驳他们的观点，然后再引出自己的观点。在法国，人人爱争辩，喜欢标新立异，电视上、议会里的辩论常常近乎吵架。就是在家中，辩论也是家常便饭。如果去法国朋友家做客，席间谈到某个问题，大家会各抒己见，互不相让，争得面红耳赤；而在中国主人与客人往往进退有礼，不会争得脸红脖子粗。在中国人看来，争论是无谓的，其激烈的程度极具杀伤力，会影响今后双方的关系。

由于法国人注重个人的首创性，似乎天下没有他们干不了的事情，在世界任何角落，总有一些艺高胆大的法国人在干他们想干的事。阿富汗战争刚结束，年仅 22 岁的玛丽·德·波旁小姐就来到喀布尔建立了一个人道主义的非政府组织（non-government organization，NGO）。有相关知识的读者一看名字就知道，她是波旁王朝的后裔，还是位公主。另外，我国著名考古学家贾兰坡也说起过类似的故事。曾在 20 世纪 30 年代发现北京猿人的法国神父德日进（Teilhard de Chardin）只身来到中国，从当时的北平乘火车到琉璃河车站，然后改骑小毛驴走 15 千米到周口店主持考古发掘工作。在当时的旧中国，田野工作相当艰苦，德日进吃不好，住不好，还要以小毛驴代步，他还就此学会"驾""吁"等吆喝骑驴或骡的本领。

如果说集体主义和个人主义是中、法两国行为模式的差异，那么，中法不同的约会文化就是两国对时间理解的重大差异。我们中国人是从哲学的角度看生命，认为时间总是永恒的；而法国人则从世俗的角度认识自己，认为时间总不够。法国人干什么事情都讲究预约：请人吃饭、去银行办事、修车、看病、理发、下馆子都要预约。因公登门要预约，私人拜访更得预约，为了安排一顿午餐或晚宴，有时候往往要提前三个月。在法国，外国人最先必须学会的单词就是"约会"（Rendez-vous）。同样一件事，在国内很短时间内就能完成，放在法国却得花费一些时间。因为在法国，很多时候是不能直接登门办事的，必须和对方预约，对方同意给你一个"约会"的日子后才能来，包括去医院看病时与各诊室的医生的"约会"。在法国，无论是办公室还是家中，不速之客推门而入的现象是极少的，此举会被认为不礼貌、没有修养。即使是多年的邻居或朋友，要上门正式拜访也得预约。因此，无论男女老少，不管是公司老板还是家庭妇女，人手一册备忘录，办什么事，都要写在上面。然而，中国式的约会文化是重友情、讲缘分，"有朋自远方来不亦乐乎"，来登门拜访就是瞧得起，要热情待人，没有必要讲那些规矩。如果不见客，会被朋友视作傲慢、忘本。许多人从访法交流团失望而归，因为在中国约会文化的定式中，去法国交流，见见法国朋友，是再正常不过的事了，而去了法国之后发现，许多约会因各种原因没有落实，而其原因就是约会文化的差异。

另外值得一提的是法国的社团，与中国不同的是，根据法国 1901 年结社法，任何法国公民，只要人数在 3 人以上就可以成立社团。从法律上看，除形形色色的行会性团体或协会外，法国还有多如牛毛的各种协会，统称为"非政府组织"（NGO）。说它多如牛毛，是因为它太容易成立了。由于社团成立和解散都不需要做任何声明，因而法国究竟有多少 NGO 组织，谁也说不清楚。通常法国人说是在 100 万左右。社团的累计预算超过 454 亿欧元，相当于法国国内生产总值的 3.7%。社团的预算约 54% 来自国家财政拨款，但大多数小社团仍需要依靠志愿者的工作来保持运转，其预算也往往依靠会员的会费和一些活动收入。法国人对我说，社团是法国最大的雇主之一，占法国总就业人数的 5% 左右。十几年前，11 万家以上的协会雇用了 165 万人（其中 90 万人为全日制工作人员）。法国外交部负责国际合作的处长沃兹说，NGO 事业在法国方兴未艾，一些人道主义、扶贫、反全球化等 NGO 吸引了许许多多名牌大学的高才生，他们中不乏富家子弟，NGO 的经历是他们职业生涯的第一步，可以为他们将来在法国社会发挥更大的作用打好基础。笔者认为，NGO 在西方素有政府、企业后的第三部门之称，它不仅是对政府和企业作用的有益补充，更代表了公民参与国家生活的愿望。因此，NGO 越多，公民参与国家生活的程度就越高，政府当然就要将他们奉作上宾，这也就是为什么爱丽舍宫常常高朋满座。

法国人爱酒，谈到中法文化差异，我们恐怕不得不谈中、法两国的酒文化。酒是人类生活中的主要饮料之一。中、法两国酒文化的内涵和外延都十分广阔。譬如，在中国的国宴上总能看到茅台酒的身影，法国领导人宴请外宾则毫无例外地会奉上红酒。中、法两国人民都为世界酿酒业作出了极大贡献。

中国酒文化源远流长，品种繁多，名酒荟萃，国酒茅台更是闻名世界。但是提到葡萄酒，首先让人联想到的应该是法国，就如同法国香水、时装、奶酪一样，葡萄酒是法国的名片之一。总体来说，中国有黄酒、白酒、葡萄酒、啤酒、药酒等。黄酒是世界上最古老的酒类之一。商周时代，中国人利用酒曲复式发酵法开始大量酿制黄酒；到了宋代，中国人发明了蒸馏法，白酒成为中国人饮用的主要酒类。从某种意义上说，中国的酒文化就是白酒文化。我国目前的八大名酒——茅台、五粮液、汾酒、剑南春、泸州老窖、古井贡酒、洋河大曲、董酒，无一不是白酒。各地白酒的酿造原材料、工艺、环境，以及用于发酵的容器不同，白酒香型有大众化的酱香型、清香型、浓香型、米香型、凤香型、兼香型，也有比较特殊的药香型、豉香型、芝麻香型、特香型、老白干型等。在中国五千多年的文明史中，酒文化渗透社会各个方面。从文学艺术创作、文化娱乐到饮食烹饪、养生保健，酒都在人们生活中占有重要位置。"李白斗酒诗百篇，长安市上酒家眠。天子呼来不上船，自称臣是酒中仙。"在中国，酒对诗作、绘画、艺术书法产生影响的例子比比皆是，李白、郑板桥都是酒仙的代名词。

法国的葡萄酒亦如一条充满诗意的河流，将法兰西文化传播至世界各地。葡萄酒按酿制方法可分为发酵酒、蒸馏酒和配置饮料酒等。法国葡萄酒的分类也是五花八门。根据酒的成品颜色，分为白葡萄酒、红葡萄酒和桃红葡萄酒。白葡萄酒是由白葡萄或者去皮的红葡萄发酵制成的，红葡萄酒是由带皮的红葡萄发酵制成的，至于桃红葡萄酒则是用带色的红葡萄带皮发酵或分离发酵制成的，凡颜色过深或过浅均不属于桃红葡萄酒。按含糖量分，由低到高分四类：干葡萄酒、半干葡萄酒、半甜葡萄酒、甜葡萄酒。

中法酒文化的不同还表现在喝酒的目的上。中国的饮酒文化强调的是"以人为本"，为了人际交往而饮酒，人们更多地依靠饮酒而追求酒以外的东西。所谓"醉翁之意不在酒"，也正是如此。在中国，酒不仅是一种饮料或者餐桌上的辅佐食品，而且经常被当作一种工具来使用，是用来活跃气氛、交流情感的一种交际工具。中国人好热闹，逢年过节家人朋友之间的愉快相聚必定把酒言欢；婚丧嫁娶、职位晋升、乔迁之喜，都要大吃大喝一通，不醉不归。饮酒都起到了调节人际关系的作用，加强人与人之间的沟通理解，使得关系更加融洽、密切中国酒文化的核心要素是"礼"和"德"。酒礼突出表现在一些礼仪、礼节上。"酒过三巡"在很多地方仍然流行。酒桌上的长幼有序、"先干为敬"很有讲究。"感情深一口闷，感情浅舔一舔"，饮酒时大口与否仿佛能代表感情的深浅。敬酒时要主人先敬，等主人敬完，别人才有资格敬，顺序乱了是不礼貌的。敬酒时一定要从最重要的客人开始敬，而且敬酒时一定要把酒杯倒满，以表达对被敬酒者的尊敬及自己的诚意。

　　法国人的酒文化更重视品饮的情绪，品饮中强调"以酒为本"，为了品美酒而饮酒，人们更多地享受美酒的味道。饮酒的目的往往很简单，为了欣赏酒而饮酒，为了享受美酒而饮酒。法国人饮酒表现出的是对葡萄酒自身品质的尊重，因此在酒具的选择上，也充分考虑如何让品饮者享受美酒的滋味。有着郁金香形状的高脚杯可以让酒的香气充分盈聚在杯口。在各种各样的玻璃杯中，最小的杯子是喝白葡萄酒的，大一些的是喝红葡萄酒的，喝香槟的酒杯则是瘦而高的。

　　酒中浓缩着文化，每种酒都有其所在地域、民族的深厚文化背景，葡萄酒饱含法兰西民族的浪漫与激情。虽然法国人不至于像传说中那样不可一日无酒，但法国人对葡萄酒的钟爱绝不是虚传。法国人对于酒非常讲究，一餐中可以饮几种不同的酒，而且各种酒的先后次序分得非常清楚，一般有三种，分别是餐前酒（又称开胃酒）、餐酒及餐后酒。餐酒要根据食物来搭配，通常是红葡萄酒配红肉，白葡萄酒配白肉。因为红肉中具有肉质纤维和蛋白质，它们搭配红酒不仅会口感更好，而且红酒中的单宁还可使其软化，促进其消化吸收。而白葡萄酒的口味比红葡萄酒清淡，如果搭配红肉或者味道比较浓的酱汁，可能会将其原本的味道覆盖；而白肉如海鲜本身的味道比较鲜美，烹饪方式上往往采取简单的煎炸，不添加过多调料，这样可以衬托出白葡萄酒的口味。

　　在法国，从很古老的时候开始，人们便已将酒与艺术完美地结合在一起了。很多绘画就葡萄及葡萄丰收时的采摘场景加以表现，以展示大自然的慷慨无私。有的画表现的则是波尔多葡萄酒的运输场面。在伏尔泰的小说中，我们会读到这样的句子："克拉里·艾黎克斯亲手倒出泡沫浓浓的阿伊葡萄酒，用力弹出的瓶塞如闪电般划过，飞上屋顶，引起了满堂的欢声笑语。清澈的泡沫闪烁，这是法兰西亮丽的形象。"法国的葡萄酒，将艺术、宗教、大自然融合在一起，彰显着法兰西的自由、平等、博爱。①

五 中日文化差异

中、日两国是一衣带水的邻邦，在古代、近代都有着十分友好的交往，更为重要的是，日本文化深受中国文化的熏陶和影响，与中国渊源极深，从这个角度来讲，中日之间应该是相互了解的。追溯中日文化交流的历史，对中日文化异同进行比较，可以发现它们之间既有联系，又有不同的历史与文化背景。

日本文化与中国文化的不同点在于，日本文化是集体主义的集中体现。集体主义是日本大和民族精神的核心。日本人历来习惯以集体的原则行事，具有强烈的集体归属意识。日本集体主义重视协调，强调在处理个人与集体之间的关系时，个人利益服从集体利益。并且，由于日本东边是太平洋，北边是朝鲜海，南边是南中国海，其特殊的地理位置正适合吸收外来文化。随着世界文明的进步，欧美文化也传入日本，所以吸收性强也是日本地缘文化的一个突出特点。

与中国儒家文化主张的"和而不同"相区别，日本的"和"文化建立在高度同质性的基础上，是以牺牲多样性和首创精神为代价的。强调整体利益和整齐划一，是"和"文化的灵魂，其要旨就是要求全体社会成员最大限度地为家族、企业和国家的和谐和整体利益而牺牲自身的个性和利益。否则，就会被视为令人讨厌的、肮脏的另类，为全社会所不容。总体来看，同为东方文化的中日文化，在世界观、哲学等理解上并没有中西文化那么大的差异。中日间文化差异主要表现在风俗禁忌、语言词汇、饮食习惯、温泉文化、生死观与信仰等方面。

---

① 参见郭亚伟《浅探中法酒文化差异》，《现代交际》2014 年第 1 期，第 73—74 页。

虽然中、日两国都被誉为"礼仪之邦",但中、日两国表达尊重的礼节却不尽相同。在中国主要是通过握手来表达问候的,而在日本则通过鞠躬来问候。在日本,鞠躬除了是一种生活习俗,也是日本人在日常交往中所表现出的一种尊重与友善的态度。在日本,地位低的、年纪小的人首先鞠躬。鞠躬有三种模式,①额首:轻微点头,鞠躬角度呈15度,用于上、下班问候、进入退出时、跟上级或客人擦身而过时等。②中礼:通常鞠躬角度呈30度,常用于迎送客人、拜访客户时等。③敬礼:通常为郑重鞠躬,鞠躬角度呈45度,用在成人式、婚丧节日及表示感谢、道歉时。在一般的会议、商务会谈中,日本人行完鞠躬礼后就开始交换名片。如果你有幸参加一个有日本人参与的商业谈判或学术讨论会,你就必须向与会的每一个人递送名片,并接受他们的名片。日本人重视名片,也热衷于交换名片,也有一套交换名片的礼仪。在日本,初次相会不带名片是不礼貌的,名片夹要随身带着,不要在钱包、口袋里翻来翻去,要比对方先拿出来,名片要用双手郑重递接。从地位最高的人开始,按顺序交换名片。名片应由下级先递出,交换名片要身体直立。接受名片时要抓稳,不能脱落。接到对方名片后,要注视对方并微笑致意,同时还要认真、仔细地加以阅读后用点头动作表示已清楚对方的身份,也就是要确认接受的名片。同时接受多人名片时,要整齐地排列在自己座位左边。递交名片时,要将名片面向对方。日本人的名片是信誉、信任的代名词,要珍惜名片。如果接过名片后,看都不看就直接收起来,会被视为没把对方放在眼里,是极不礼貌的行为。要指出的是,中国人名片上的通信方式与日本人名片上的通信方式是不同的,日本人的名片上多数不印手机号码。除了鞠躬和赠送名片之间的差异,中、日两国会面的既定习俗也不同。不同于中国人那么随机应变,日本人对于约定十分看重,有时甚至有些死板。首先,约定会议及会面时,以最晚2周前做预定调整作为约定常识。要是在日本,在即将开始前发出邀请函,会被看作轻视对方,反而有可能给人不好的印象。如果约定好了一次,就不能随随便便变更。没有特别情况而变更约定,会被看作不可信赖的人。变更时应该和对方说清事由。

另外,如果到日本人家去做客,必须预先和主人约定时间。进门前先按电铃通报姓名。进门后要主动脱帽子、手套和鞋，解去围巾（即使天气炎热，也不能光穿背心或赤脚，否则是失礼的行为），穿上备用的拖鞋，并把带来的礼品送给主人。当你在屋内就座时，男子坐的姿势比较随便，但最好是跪坐，上身要直。妇女要跪坐或侧跪坐，忌讳盘腿坐，只有在主人的劝说下，才可以移向尊贵位置（尊贵的位置是指摆着各种艺术品和装饰品的壁龛前的座位，这是专为贵宾准备的）。入屋后，不要吸烟，不要用自己的私人电脑，不要擅自打开冰箱，不要对室内的装潢、装饰品位提出意见，也不要读书看漫画。日本人不习惯让客人参观自己的住房，所以不要提出四处看看的请求。日本特别忌讳男子闯入厨房。上厕所也要征得主人的同意。此外，不管是冬天还是夏天，中国人一般习惯上用热茶接待客人，俗语说热茶解渴，而且对人的健康也很有好处；而日本人在夏天的时候则会用冰凉的大麦茶来招待客人。

在中国用餐时，因为是多人围在一起吃大盘菜，即使人数变更，也能简单地调配。但在日本用餐时，除中餐以外，日式料理、西餐等，都需要在事前确定好人数。由于每个人都要配备好盘子，如果人数突然变更，对于准备方来说就是大麻烦。所以，在日本用餐必须事前确定好人数，如果有变更，必须提早通知。进餐时，如果不清楚某种饭菜的吃法，要向主人请教，夹菜时要把自己的筷子掉过头来使用。告别时，要客人先提出，并向主人表示感谢。回到自己的住所要打电话告诉对方，表示已安全返回，并再次感谢。过一段时间再遇到主人时，仍不要忘记表达感激之情。

日本人无论是访亲问友还是出席宴会，都要带去礼品，一个家庭每月要花费 7.5％的收入用于送礼。到日本人家去做客必须带上礼品。日本人将送礼看作向对方表示心意的物质体现。礼不在厚，中国的文房四宝、名人名画、工艺品最受欢迎，一些包装食品或精美的小礼品也是比较合适的。中国人讲究送烟送酒，而日本人却送酒不送烟。中国人送礼成双，讲究成双成对，喜欢偶数。日本人则喜欢 1、3、5、7，避偶就奇。日本人对礼品讲究装潢，礼品要包上好几层，即使是一盒茶叶也要精心打理。日本人认为，绳结之处有人的灵魂，标志着送礼人的诚意，但日本人忌讳打上蝴蝶结。日本人不当着客人的面打开礼品，这主要是为了避免因礼品不适当而使客人感到窘迫。这点和中国人一样，中国人也不能当着对方的面将礼物打开。不过，对于自己用不上的礼品可以转赠给别人，日本人并不介意。接受礼品的人一般都要回赠礼品。

在日本，送礼时需要注意的是不能轻易送花，因为有些花是人们求爱时用的，有些是办丧事时使用的，如果搞不清楚容易犯错误。日本人送礼一般不用偶数，这是因为偶数中的"四"在日语中与"死"同音，为了避开晦气，诸多场合都不用"四"，久而久之，干脆不送二、四、六等偶数了。"九"也要避免，因为"九"与"苦"在日语中发音相同。日本人过正月时，要在门前立"门松"，避开 29 日，就是为了避讳"9"。不过也有例外，在日本婚俗当中，有"三三九度"，也就是在结婚仪式上新郎新娘用三只酒杯交杯，每杯三次，共九次，以表示相亲相爱、美满幸福。

"除了语言，在言语词汇方面，中日也有很大的差异。近年来，日本的小型蔬菜深受欢迎，一种迷你西红柿的名称有 13 种，而汉语里则没有这样细分。诸如西红柿中日词汇之间的差异，在日本大致可分为三类：等值词、不完全等值词和不等值词。其中不等值词和不完全等值词是跨文化交际的文化障碍。比如说等值词はな（花），除了名词功能外，象征意义基本相同，即比喻年轻的姑娘。而不完全等值词指的是在两种语言中表示的概念意义相同，但文化伴随意义部分相同，或完全不同，或只有某一种语言中具有文化伴随意义，在另一种语言中则没有。例如：同样是蔬菜类的词语，日语里的'青菜に塩'（往青菜上撒盐）是无精打采的意思。'大きい大根'（大萝卜）是比喻大而无能的人、大草包。不等值词指的是只在某一种语言中有的词，即没有对应的词。这一类词被认为最能反映其民族文化特征。因为词的本身就代表了独特的民族文化内涵。在汉语中这类词也不少，比如'马褂''豆腐''华表'等。另外，日语的颜色词如'海老色''鸟的子色''山吹色''小豆色'等是日本人民热爱自然、尊重自然的一种体现。只有在实践中增强这方面的文化差异意识，才能顺利地进行交际。在问候方式上，打招呼（寒暄语）是日本人际交往必不可少的表达方式。寒暄语表现了日本'和'的心理。日本家庭主妇接到丈夫同事打来的电话，即使不知道对方与丈夫的关系怎样，在知道对方身份时通常都会

说：'いつもお世話 になっております。' 这表现了日本人'和'的心理，也表现了日本人的感恩心理。除此之外还有' ありがとう，すみません' （谢谢）之类表示感谢的词。在中国，亲近的人'谢谢''对不起'之类的话很难说出口，而在日本，不管是在什么人之间都经常能听到这些表示感谢的词句。父母和子女之间也是如此。其中'すみません'译成中文有'谢谢'和'对不起'的意思。说这一句既道了谢也道了歉。这样就能使'和'的氛围持续下去。"[①]

就饮食方面来看，中日的认知也不同。日本人认为料理的真髓是自然的味道与洗练的文化的结合，而中国人则认为料理中包含哲学，这在世界范围看是很稀有的。日本料理尊重的是材料本身的味道，根据情况生吃就是最好的选择。中国人却不善生食，原料往往要经煎、煮、炒、炸、卤、炖、烤、烧、烩等多道工序的制作方能起锅、装盘、上桌。在不同火候的烹调下，原料被定型，原味得以提升，口感也更丰富。中国著名的八大菜系，其中万般滋味，千秋典故，身为中国人，也只能感受其博大，难细言其精妙。有人说，中国料理是火功文化，日本料理是刀功文化。很多国家认为火是人类文明开化的起源，生食则过于野蛮。这就产生了很大的差异。

日本料理还有一个特长就是对器具的讲究很深。日本人不仅用嘴，还用眼睛吃东西。同样是气韵宜人的陶器、瓷器，中国人更愿意拿在手中把玩，对于食具却欠缺考究。在日本，有句话这样说道："菜肴是盆子的装饰，美丽的盆子里盛放的菜肴就是那样被提炼出了美味。"这样说似乎有些本末倒置的味道，但笔者也觉得有一半是真的。所谓品尝，的确是需要视觉和味觉的协调合作。而眼睛所见的，绝不仅仅是菜肴本身，还有食具。在这方面，我们还需要向日本饮食学习。

对于酒，中日也有不同的见解。在中国，白酒是干杯后一饮而尽的。可是日本酒和葡萄酒不能这样喝，应该是边品味酒香和口感，边一点点地喝。一般来说，味重油腻的餐食适合喝蒸馏酒的白酒和烧酒。但是吃不油腻的日餐时，可以试试好味的酿造酒——日本酒。无论是日本还是中国，

---

① 张沈舒尔：《从比较中进入日语学习之门》，《东南西北·教育观察》2011 年第 11 期。

最开始时一般都要干杯。日语也说"干杯",但在日本,干杯并不表示要一口而尽,也包含不喝干的情形(在中国说"随意")。

在中国喝酒时,每次都要干杯才是礼貌,但在日本不是必须这样,很多时候是各自喝各自的。但是,日本的习惯不是给自己斟酒,而是给对方斟酒。当然,中国人如果想每次都干杯,在日本聚餐时提出干杯也是没有问题的。

除了饮食文化,日本由于地质地理原因,还有独特的温泉文化。日本浴衣有左压右的习俗。中国服装无论男女均为左压右,以表示一致,中式女式棉袄的纽扣也是结在右侧。这种风俗称为"右衽"。日本在隋唐时期崇尚中国文化,故此引入这种衣着习惯,并在制作和服时选择了"右衽",以示自己是和中国人一样的文明民族。随着明治维新的到来,这种"右衽"的风俗在日本服装界逐渐被欧美着装方式所取代,只在温泉浴场这种有着古老传统的地方才保留下来。

大和民族是一个信奉自然的民族,自然为神。顺之者昌,逆之者亡。就像我们中华民族将龙喻为民族魂一样。他们信奉这样的"神",还有"灵",他们认为他们的这种信仰很虔诚。全国各地的神社、寺庙不计其数,尤以京都地区为甚。很多游客把京都作为日本的寺庙神社的胜地来进行游览。

相比之下,中国的神灵就比较"友善",因为神话也是有其政治思想基础的。在我国,神灵的塑造和西方基督教比较类似。所有的神灵都趋向于教人"真善坚忍"。日本人同样很坚忍,但这还是有不同的。

日本人的生死观很特别,异于其他国家,尤其是亚洲近邻国家的生死观。首先,日本人的生死观与无常观是紧密相连的。日本人相信死亡是一个过程,死后还有一个去处,所以把死看得很神圣。同时他们认为,只要通过"除秽"这一神圣的仪式就能涤荡自己的罪恶和不净(日本习俗中,"洗礼""除秽"后,以清洁之身回归大自然)。自古至今,日本人如果被自己犯下的罪恶所折磨,往往选择自杀,以死来求得解脱。这一点,在很多影片中都有所体现,作战失败或者犯了过错,日本人往往选择自杀来赎罪,而不是将功补过。而且罪人一旦自杀,便会得到人们的宽恕。这主要是因为在日本人看来,"死"本身就是一种消除罪恶的神圣仪式。而且自杀之人也会被人尊重,甚至还认为"每一个日本人死后都会变成'神'"。

而在中国，对于因过错自杀，称为"畏罪自杀"，而且"畏罪自杀"被认为是另一种罪恶，抑或被看作不敢与罪恶进行勇敢斗争的懦夫行为，更别说得到人们的宽恕和尊重了。这种行为差异主要是源于对"死"的理解不同。例如，历史上伍子胥为给父兄报仇，即使在攻破楚都之时，楚平王已死去多年，他还是"掘墓鞭尸"。再如历史上的秦桧夫妇，直到现在仍被世人唾骂。日本文化中，"死"如上所说，是"一种消除罪恶的仪式"。也就是说，人一旦死了，他们的罪恶也就消失了，灵魂也就得到洗礼了，所以死了的人就能得到活着的人的宽恕，哪怕死了的人生前罪恶滔天，甚至是敌人。在日本，自古以来就有平等地祭奠敌我双方死者的习惯。从镰仓时代，两次蒙古入侵日本战争后供奉日本和蒙古战死者的牌位，到中日甲午战争后在威海卫给宁死不降的丁汝昌立"壮士之碑"，再到日俄战争后在战场鸡冠山上给一位战死的俄国少将立纪念碑，都充分体现了日本这种不分敌我、一概平等地祭祀战死者的风俗。[①]

六　中澳文化差异

中国位于亚洲，北半球。澳大利亚位于大洋洲，南半球。两个国家在地域和时空上存在着差异。从地域上看，澳大利亚更接近于亚洲，其地理位置并不属于西半球，但由于澳大利亚文化受英国殖民文化的影响，其文化观念基本上属于西方文化。澳大利亚是一个欧洲移民的国家，迄今只有200多年的历史，但它是一个快速发展的新兴国家。澳大利亚是一个宗教自由的国家，各种宗教信仰，包括基督教、天主教、印度教、犹太教、伊斯兰教和佛教等在这个国家并存。根据2001年的人口普查，在澳大利亚存在的宗教信仰约100种之多。根据澳大利亚的平等机会法，任何人不会因是否有宗教信仰或有何种宗教信仰而受到歧视。

由于中澳在历史文化、生活方式及社会制度、价值取向等方面的不同，导致诸多方面，如文化观念、思维方式、文化象征等都有差异。

澳大利亚人既有西方人的爽朗，又有东方人的矜持。他们兴趣广泛，

---

① 参见张娜《浅谈对中日文化差异的理解》，《传播与版权》2013年第6期，第113—114页。

喜欢体育运动。从文化观念来看，澳洲人的"平等""直白"与中国人的"谦逊""内敛"是有差异的。澳洲人在文化价值方面更推崇平等，表达方式更直白，带有浪漫主义感情色彩，他们性格外向、自信，在社交场合乐于自我表现，张扬个性自由；在表达自己的观点时总表现得胸有成竹，仿佛他的观点无懈可击，是这方面的专家。而这往往被东方人理解为自以为是。比如，在澳洲的课堂上，针对同一个问题，每个学生都会有阐明自己观点和看法的机会，而且每个人都不愿意自己的观点和别人相同。没有自己的观点，那是件很愚蠢的事。而中国人则注重"谦逊"与"内敛"。

就人口而言，澳大利亚是个小国，人口 2000 多万，但澳大利亚的教育水准是世界一流的。其水准之高，曾被英国《泰晤士报》评为全世界第三。澳大利亚已先后培养出十三位获得过诺贝尔奖的科学家。绝大多数澳大利亚学校教育都是根据个体的需要、能力与兴趣而设，使得每个学生都得以发挥其个人各方面的潜能，并能运用于各行各业。悉尼大学、国立大学、堪培拉大学、墨尔本皇家理工学院、格里菲斯大学、墨尔本大学、新南威尔士大学、莫那什大学、斯威本科技大学、新州理工学院等都是世界著名的高等院校。中澳教育有一些差异，其表现为中国人更强调对尊长的敬重与服从，谦虚谨慎、非常务实是中国人突出的文化价值追求。"在课堂上，老师很少给予学生表现的机会，而学生似乎也习惯于老师帝王般的'霸道'""中国人和他们的上司说话时，往往都带着敬畏的神情，对于上司的观点他们从来没有反对的意见""中国家庭的孩子对父母似乎都有些'惧'，和家长说话总是毕恭毕敬的"，这都是由于中国的权力距离较大，人们比较尊重拥有权力的一方，无论是领导上司，还是老师长辈，都值得尊敬。而这些现象在澳大利亚是不可想象的：在家庭中，孩子和父母争吵是再平常不过的事了；在学校里，每个人都有权利平等地表达个人观点，学生对老师说的话不认同时可以表达自己的观点，甚至与老师争论问题，哪怕很尖锐，也没有关系。学生对老师通常直呼其名；上级与下属之间，也必须以平等、友好、商榷的语气进行对话和交流。其主要原因是澳大利亚属英联邦，受西方文化的影响，权力距离较小，比较注重个人主义，追求个人权利。在澳大利亚人看来，"人权"是每个人都应该享有的一种权利。他们认为，人生来都是平等的，因此人权平等的观念主导着人们的思想，并且渗透他们的生活和思想的各个领域，以致现实生活的各个方面无不受这种观念的制约。无拘无束是澳大利亚人的最好概括，澳大利亚有特别浓厚的自由和无拘无束的气氛。人们日常互相直呼其名（只称呼名，不称呼姓），老板和员工之间、教师和学生之间都如是。因此在澳大利亚文化中，人与人交往时较少拘礼。熟人相见，不论身份与地位，一律可以平等地说"你好"（hello）以示礼貌问好，彼此意见不同时，常常可以各抒己见来说服对方，无所谓尊长的"面子"。拿中国文化来衡量澳大利亚文化，在有些方面就让人觉得有失体统。这是不同民族文化的差异使然。

这些差异在某种程度上真实地体现了中国人与澳洲人在文化道德价值追求方面的差异，即中国人"等级观念"的底色与澳洲人"平等"的底色。在研修学员们看来，中国人总是过度地敬重他人而"小视"自己，对于这种"谦虚"，他们的印象也颇为深刻："初次和中国的球员接触时，他们的言谈和态度传达的信息是，他们的技术和水平很一般，因为他们几乎都对你说'我的球技一般，水平不好，要向你学习，请多指教'。可一到赛场上真正较量时就发现自己被骗了，那些说自己技术一般的中国球员，踢得比我好多了。"中国人说话大部分喜欢"拐弯抹角"，表达意愿时很模糊，有点让人摸不着头脑。中国人的"等级观念"及表达方式委婉含蓄的风格是传统文化长期积淀与熏陶的结果。中国人深受儒家文化影响，儒家文化的核心是尊卑有别和长幼有序的等级观念，敬畏尊者和长者的价值推崇，使中国人不敢"妄自尊大"，从而形成了谦逊敬畏的性格。另外，儒家文化的突出气质就是内敛性，"中庸""慎独"讲的都是内敛性的精神境界。这些特质外化到行为层面，就表现为谦虚谨慎、含而不露。①

不仅如此，澳洲人由于奉行"个人主义"，对个人价值过度看重与标榜，浪漫和理想主义气质突出。比如，澳洲人进入中国后，最感不适应的不是语言障碍，而是文化价值与生活层面的困扰，这与中国人进入异文化

---

① 参见高凤霞《跨文化交际中的文化差异》，《商丘职业技术学院学报》2005 年第 1 期，第 51—52 页。

的体验有显著差异。对中国人来说，最感不适应的是语言障碍；而对澳洲人来说，语言障碍只是困难中很小的因素，因为借助肢体语言和澳洲人活泼外向的个性，可以极大弥补语言交流的不足。来自价值观与生活层面的冲突会给澳洲人带来更强烈的心理震荡；而对于中国人来说，最为不适应的则是孤独。中国人对于国外的文化表现出非常强的适应能力，因为中国文化博大精深、多民族文化交融且东西方文化交汇，这些历练了中国人对文化的包容能力，因此文化冲突与震荡不十分明显。

中国人与澳大利亚人由于受各自不同文化的影响，也呈现不同的思维方式。中国人偏向综合性思维，受西方文化影响的澳大利亚人则偏好分析性思维。比如，中国的三大国粹——中医、京剧和国画，就是中国人综合思维的典型例证。中医认为人体是各部分器官有机联系起来的一个整体，并用阴阳五行学说来说明五脏之间相互依存、相互制约的关系，这就是一种综合思维。而西医是根据人体九大系统的生理结构来解释各种病理现象的。从思维观念上看，中医就是综合思维的产物，西医则是分析思维的结果。再看戏剧，也可以反映出上述的思维特点。众所周知，京剧是我国戏剧艺术的结晶和典型。从其表演的特征上看，它是一种综合化的表演，京剧讲究唱、念、作、打，其中唱就是歌唱，念白多是诗、赋之类的语句朗诵；作是一种"文"舞，在京剧中无动不舞；打是一种"武"舞，一种舞蹈化的武术。实际上，唱、念、作、打是四种艺术的综合。然而，京剧这门艺术在西方艺术里，可以被分解为歌剧、舞剧、话剧，而武术则为中国独有，在西方艺术中没有一种与武术相对应的独立表现形式。在西方艺术中，歌剧是歌者不舞，舞剧是舞者不歌，话剧表演是不歌与不舞的。同时，西方也是没有类似中国京剧那样一种综合性的剧种。至于国画，也是中国绘画艺术的精华。在国画的画卷中，不仅有图画，而且画中常有诗词、书法和篆刻等多种内容并存，这也是中国人综合思维习惯的一种流露；而在西洋画中，绝无诗词、书法和篆刻融入其中，最多只是画中签上作者的名字而已。由此可见，不同的审美情趣也反映出不同文化中人们的思维差异。

与中国人整体优先的思维方式不同的是，澳洲人观察事物习惯于"从小到大"。澳大利亚青年有时认为中国人"摸不透"，不是因为弄不清某个句子的意思，主要是由于不习惯中国人的思维方式。阐述因果关系时，中国人擅长用归纳法，先将具体细节阐明，然后才予以归纳。澳洲人则喜欢用演绎法，结论在前，细节在后。表现在语言层面上，汉语的表达习惯是："因为……所以……"由于受到这种思维方式的影响，中国人说英语时，尽管原因很长，仍然习惯于把"because"放在前面，把"so"放在后面以引出结论，他们没有意识到这种表达不符合英语习惯。澳洲人则认为首先应该把主要观点或结论扼要地予以阐明，然后才陈述原因，罗列细节。按照中国人的思维方式来陈述，澳洲人听起来就感到思路不清、观点不明，在兜圈子、捉迷藏。中国人事事从大局出发，注重发挥整体优势，相信"三个臭皮匠，顶个诸葛亮""团结就是力量"。[①]

澳洲人观察事物"从小到大"的思维方式还广泛地存在于他们的生活中。例如讲时间，中国人的顺序是：年—月—日，时—分—秒。而受英国影响的澳大利亚人恰恰相反，是：分—时，日—月—年。在空间概念上，中国人表达空间的顺序是：国家—省—市—街道；澳大利亚人则相反，其表达顺序为：街道—市—省或州—国家。在社会关系的属性上，即姓与名的排列，中国先是姓、辈，最后是名，遵循的也是从整体到部分再到个体的顺序；而澳大利亚人则是名、父名再到姓氏，遵循的是从个体到部分再到整体的顺序。中国学生写论文爱选择大题目，而澳方学生写论文，一般都是选择比较具体的小题目。澳洲人在生活中处处从小处着眼，注意细节，有时为了追求细节的完美，宁可忽视或放弃整体感。因此一个澳洲人在公共场合与大家相处时，总是想尽量表现得与众不同，以彰显其自身价值，而中国人则不然，这显然是两种不同的文化思维特点使然。

从文化象征上的差异来看，"龙"与"十字架"是中澳文化象征上最明显的差异。龙本来是雨神的意思，但在中国文化里却代表皇权，因此常常出现在皇宫、皇袍及各种与皇权有关的建筑、用具等器物上，其主要的功能已是一种象征性的符号。龙作为中国文化的象征，表现了中华民族的雄伟和刚毅。"十字架"则是西方基督教的教徽。澳大利亚文化虽然内含

---

① 参见涂成林《澳大利亚学者对中国的研究》，《开放时代》1999年第1期，第104—107页。

了澳大利亚地域固有的文化因素，但更多地继承了欧洲文明，因此在文化的象征上，也承袭了西方基督教的"十字架"来作为澳大利亚文化的象征。因此，"龙"与"十字架"就成为中澳文化象征上一个明显的差异。

在澳大利亚两大城市悉尼和墨尔本的市中心，平日中午常常可看见穿笔挺西服的白领人士或白领丽人和朋友同事聚在一起，坐在建筑物门前的台阶上吃简单的午餐，如三明治或热狗。但在公共场所大声喧哗，特别是隔门喊人，是最失态、最无礼的行为；澳大利亚人极其厌恶在公共场合制造噪声；在社交场合打哈欠、伸懒腰等小动作，是非常不雅观、不礼貌的行为；周日是澳大利亚基督徒的"礼拜日"，一定不要在周日与其约会，这是非常不尊重对方的举动；兔子被视为不吉利的动物，碰到兔子意味着厄运降临，因此和他们交谈的时候切忌谈到兔子；乘坐出租车一定要系安全带，否则是违法行为。

七　中德文化差异

华裔设计师刘扬曾在 2007 年出版了《中西相遇》一书，引起巨大反响。刘扬 1976 年生于北京，13 岁随家人迁居德国。17 岁时被德国柏林艺术大学设计系录取，师从于霍尔格·马蒂斯，获硕士及大师班学位。毕业后曾先后在新加坡、伦敦、柏林、纽约工作及生活。2004 年，刘扬在柏林创建自己的设计工作室，并先后任教于荷兰 VIDE 设计中心、中国中央美术学院设计系和英国格拉斯哥美术学院。刘扬的作品曾多次在国际设计大赛中获重要奖项，作品被国际多家博物馆展览并收藏。

由于在国内和国外分别生活了十多年，因此刘扬对中德文化非常了解。她用简单明了的图画向读者表现了德中两个社会的细节，比如两国家庭对待孩子的态度、人们旅游的方式、双方的审美观等。其中大部分是人们的日常经历，让德中读者们都能引起共鸣。此处节选一部分图，左边代表德国，右边代表中国。①

---

① 参见刘扬《东西相遇》（http://www.360doc.com/content/10/0520/19/1192431_28612769.shtml）。

一日三餐

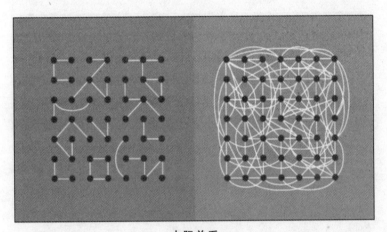

人际关系

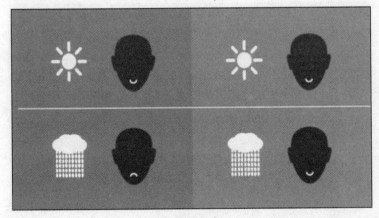

心情和天气

生活方式

交通工具

老人的生活

自　我

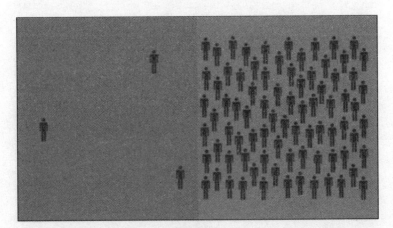

周末街景

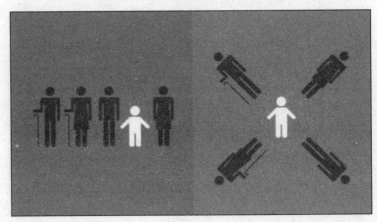

孩　子

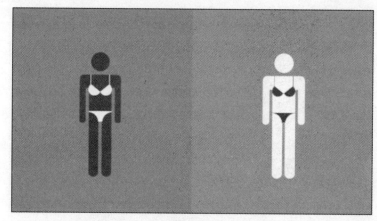

美丽的标准

胃痛时的饮品

准　时

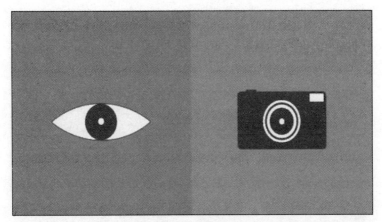

旅　游

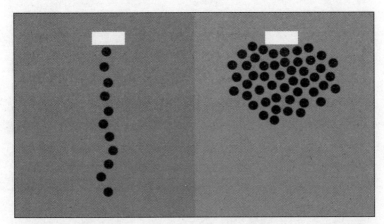

排　队

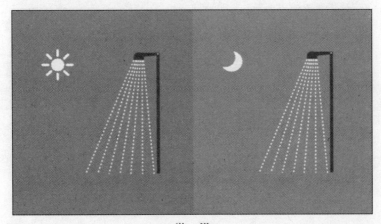

淋　浴

想象中的对方

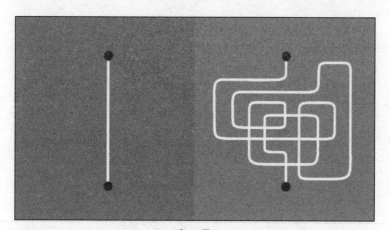

意　见

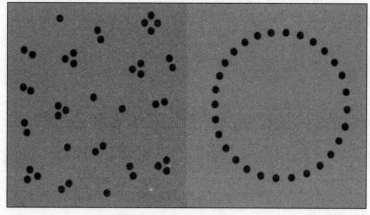

聚　会

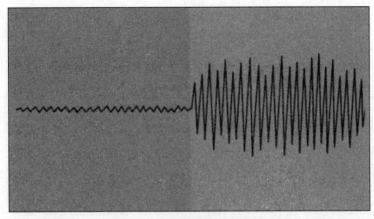

餐厅分贝

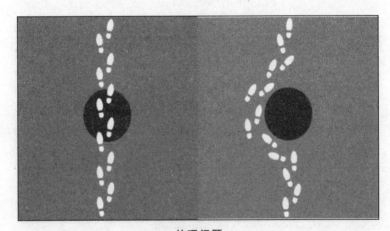

处理问题

对待新的事物

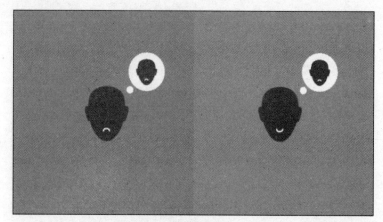

对待愤怒

时　尚

领　导

【案例 5-5】　　中德只有差异，没有褒贬①

"我家住四合院——虽然已经是大杂院了，邻里都很和睦，其乐融融的。"13 岁就离开中国，一别十余年，刘扬说自己的中国回忆"很梦幻，完美得不太真实"，"但我相信这种温暖是存在的。不少差异都是因为文化不同造成的，跟素质没有关系"。《东西相遇》是刘扬在纽约创作完成的，在她看来"只有在第三个地方，我才能跳出来，以一个设计师的角度有距离地看中国和德国，所以在我的作品里只有差异，没有褒贬"。

出国后，一般人都有三个阶段，"比如说我，刚开始拒绝跟中国人来往，因为对文化不是很自信；接着排斥和外国人交往，害怕被同化把自己给丢了；到了第三个阶段就无所谓了，是一个很平和自然的生活状态"。其实刘扬所说的三个状态正说明了她在国外所经历的文化休克及最后的适应。无论是不和中国人交往还是不和外国人交往，这都是不正常的状态，由于心理上的不适应，使她作出一些刻意与某些人隔绝的行为。而随着在德国居住时间的推移，不断调整自己的状态，最终她克服了文化休克，适应了两种文化，达到了双重文化的状态。

刘扬笑称自己是"无国界概念人士"："不少人到了外国仅是蜻蜓点水，还在第一阶段就回国了。回去后给周围人讲，有点像以讹传讹。在不少中国人的印象中，德国人大概是左手香肠、右手啤酒的，其实他们不喝酒的也很多，餐桌上大家不会劝酒，我在德国这么多年也不怎么喝酒，我喜欢喝热奶加蜂蜜。"

"中国在大的方面很包容，在情感上我很喜欢中国；德国很细节，比较适合严谨的工作，德国的创作气氛要比背景好。中国的客户约定一个月交稿，他可能接下来几天都会给你打电话，问进度，这有点让人恼火。但中国的设计行业在起步阶段，客户愿意尝试接受新的东西，德国的审美理念已经根深蒂固，在对待新的设计上比较排斥甚至刻板。社会中个体和个体间的差别其实比文化与文化间的差别要大得多，不了解就会有误会。"

---

①　选自刘扬《东西相遇》（http://www.360doc.com/content/10/0520/19/1192431_28612769.shtml）。

八 外国民间评出的"最中国"行为

在美国版知乎"Quora"网站上，有外国网友认为的三十大"最中国"行为。[①]

（1）可以蹲着上厕所；

（2）喜欢抢着埋单；

（3）照完相后，先修图，再分享到社交网络；

（4）喜欢吃"老干妈"；

（5）能把牛舌、鸭舌、猪耳、鱼头、猪蹄、鸡爪、鸭掌、鸡脖、鸭脖、内脏等乱七八糟的东西变成超级美味；

（6）做鱼时从来不去鱼刺，吃鱼时还可以连肉带刺吃得津津有味；对于那些小到几乎看不见的刺，都可以吐得非常精确；

（7）总喝温开水；

（8）爱喝热牛奶；

（9）不开咖啡店，开奶茶店；

（10）看不出年龄的高龄老人，一大早就站在公园里拍巴掌；

（11）看不出年龄的高龄老人，一大早就在公园里舞剑；

（12）中老年人一大早喜欢拎着鸟笼散步；

（13）中年妇女黄昏时分一起去广场跳舞；

（14）喜欢当街下象棋，旁边还有一圈路人围观；

（15）喜欢打麻将；

（16）总能以最快速度研发 Facebook，Twitter，Whats App，Google，YouTube 等的中国版，不仅成功抢夺原版的中国市场，还让它们的功能变得越来越强大，以至在世界发扬光大；

（17）看见"8"就开心，门牌号、电话号、车牌号什么的都必须带"8"，开张日、搬迁日、结婚日各种都有"8"，中国人给自己的生意起名

---

① 《外国民间评出 30 大"最中国"行为》，腾讯网（http：//mp. weixin. qq. com/s？ ＿＿biz＝MzAwMTA2MzY5Mg==&mid=207657604&idx=5&sn=c6c3a5b2ca724a53b0846620a5039a05&scene=1&from=singlemessage&isappinstalled=0♯rd）。

时，十有八九都是"八"；

（18）追求各种奢侈品；

（19）在意开的是不是豪车；

（20）要么有强烈的"路怒症"，要么惹别人产生强烈"路怒症"；

（21）喜欢携带大量现金出街；

（22）喜欢八卦别人平时赚多少钱；

（23）喜欢炒股票；

（24）一照相就"胜利"，就上"V"字手；

（25）最怕尴尬，不能丢脸；

（26）女人生完孩子要被关在家里很久才能出门；

（27）喜欢拿自己的孩子跟别人的比；

（28）喜欢问别人家孩子的考试成绩；

（29）家长喜欢替孩子相亲，还有相亲大会；

（30）家长喜欢替孩子带孩子。

从这些"最中国"行为中可以看出，外国人总体来说还是较为客观地说出了中国人与外国人在一些事务上的行为差异，从这些他们认为的"最中国"行为中也可以感受到他们无法理解很多中国的行为，可以看出，他们的有些看法中带有些许文化定式甚至是偏见。笔者分析，这些文化定式或偏见的形成主要有以下两大原因：

第一，民族中心主义思想。在本书前面章节已经介绍过，民族中心主义思想，指的是以自己民族的文化为中心，看待他国的文化，认为只有自己的文化才是正常的、正确的，其他与自己民族文化不同的文化都是不正常或不正确的。从这些"最中国"行为中可以看出，西方国家不会做一些事情，比如吃动物内脏，比如父母替孩子相亲，比如坐月子等，因此在他们说这些"最中国"的行为时，或许带有些许"中国人真奇怪，甚至真可笑"的语气。民族中心主义思想容易导致在看待问题时，其实心里早已有了优劣之分，因此在看待问题时就不能做到客观公正。

第二，大众传媒的导向。笔者出国期间，发现国外的媒体在报道中国发生的事件时，时常会带有民族中心主义思想或偏见，戴着有色眼镜报道的新闻又怎能做到客观真实？一点点负面新闻就放大到极致。而国外的民众在接收了这样的新闻后，难免会产生一些对中国的误解和偏见，有些老外在和笔者交流时描述的中国还是几十年前中国的样子，他们对今天的中国并不了解。笔者目前工作的大学有一次接待来自非洲的访问团，那群非洲人表示，他们完全没有想到今天的中国这么好，甚至曾经以为中国比他们国家也好不了多少。连非洲人都如此，欧美那些发达国家看待中国也许就更有失偏颇了。

第六章　文化休克与返乡文化休克的应对

今天，我们的社会发生了重大转型，网络把整个世界联系得那么紧密，人们对彼此的了解日益深入，一种崭新的全球秩序正在建立，全球市民社会正在组建并且不断成熟。就像我们今天去逛超市，我们会发现如此丰富多彩的商品，可以满足具有不同文化背景和不同购买需求的人。但这依赖于遍及全世界的极其复杂的经济关联和人员交往。商店里的货品是在一百多个国家或者更多不同国家制造的，或是使用了来自一百多个国家或者更多不同国家的配料或元件。这些配料必须通过定期或随机的全球运输，通过穿梭如织的信息交流和数以百万计的日常交易。

随着国家间依赖程度的不断加强，越来越多的人员开始在全球范围内流动，他们不断寻找更新的市场、更好的经济效益、更适合的生活方式、更专业的学校。在这样的需求之下，世界的整体结构发生了变化，人们开始跨越国界、跨越洲界，构筑了各自出生地和移居国之间的文化关联。这些出国和返乡人员，用着美国的互联网，穿着多米尼加或者越南生产的运动鞋，用着瑞士的军刀和德国的餐具，喷着法国的香水，喝着新西兰的牛奶，开着日本人的汽车。这些人还通过卫星和互联网向世界各地的朋友讲述自己的故事，这些外在的物质文化对人们生活的影响是不可置疑的。然而这些出国和回国人员更多面临的是心理上文化的休克和返乡文化休克，他们需要对日常生活经验的改变，家庭、社会、性别角色、个人认同与他人互动等关系作出新的应对。

一 何时出国更合适

一个人从出生到年老，他的生理和认知的变化十分巨大，社会文化的独特环境，使得人的一生中每个阶段都将面临独特的文化挑战。埃里克森通过对人的一生社会发展阶段的总结，使我们从心理学角度，对文化休克和返乡文化休克的产生有更深刻的了解。

艾利克·埃里克森（1902—1994）是美国心理学家，出生于德国。他提出了著名的人格的社会发展阶段理论。该理论强调家庭和社会对于个体一生人格发展的影响。埃里克森（Erik Erikson）认为，人的一生需要经过 8 个心理社会阶段，每一阶段都需要解决一个危机或一个重要的问题，这些危机塑造了他们的人格，每种心理社会危机反映了特定时期人格的某个特定方面，涉及个体与他人的关系。大部分人能顺利解决每个阶段的心理社会危机（psychosocial crisis），然后又去接受新的挑战；但是有些人并没有完全解决这些危机，因此，在以后的生活中需要继续解决。

如今跨文化交际越来越趋向低龄化，很多家庭在孩子还读小学的时候就将其送到国外读书，很多家长对孩子成长阶段的文化休克现象并不了解，带出国的孩子，基本是母亲陪伴，因为爸爸可能要留在家里赚钱，帮妈妈买奔驰车和爱马仕包及高档化妆品。孩子在唯一亲人的陪伴下，不会有其他亲戚和朋友，这样单一的教育方式，引发多方面的教育缺失，会对将来的个人和社会造成许多文化休克的问题。下面我们谈谈文化休克的几个关键时期。按照埃里克森的观点，人格发展有 8 个阶段（见表 6-1）。

表 6-1　　　　　　　　　　　人格发展的 8 个阶段

发展阶段（年龄） stage（age）	心理·社会危机 psycho-social crisis	心理·社会品质 psycho-social virtue
婴儿前期 infant（0—1 岁）	信赖对不信赖 trust vs. mistrust	希望 hope
婴儿后期 toddler（2—3 岁）	自律性对羞耻·怀疑 autonomy vs. shame and doubt	意志力 will, determination
幼儿期 preschooler（3—6 岁）	主导性对罪恶感 initiative vs. guilt	目标，勇气 purpose, courage

续　表

发展阶段（年龄） stage（age）	心理·社会危机 psycho-social crisis	心理·社会品质 psycho-social virtue
儿童期 school-age（7—12 岁 or so）	勤奋对自卑 industry vs. inferiority	能力 competence
青少年期 adolescence（12—18 岁 or so）	同一性对角色混乱 identity vs. role confusion	忠诚 fidelity, loyalty
成人前期 young adult（the 20's）	亲密对孤独 intimacy vs. isolation	爱 love
成人中期 middle adult（late 20's—50's）	繁衍对停滞 generativity vs. self-absorption	关心 care
成人后期 old adult	自我整合对绝望 integrity vs. despair	睿智 wisdom

（一）学龄期（6—12 岁）——勤奋对自卑的冲突

儿童面临勤奋对自卑的冲突。学龄期，儿童在学校学习知识，接受各种教育，学校成为学龄儿童获得各方面知识和技能的重要基地。在这里他们学习语言、数学、绘画、体育、音乐等学科，如果他们能够取得优异的成绩，得到老师的表扬和同学的认可，他们就可以获得勤奋感，这样他们在今后的学习和工作中，就会获得足够的信心，能够独立承担各种社会角色，在社会工作中担当重任。如果在学龄阶段成绩不理想，受到老师的反复批评和同学的轻视，就会产生自卑的情绪，在今后的工作中就会缺乏自信，在今后的工作中难以承担重任。

另外，当学龄儿童只是把学习看成生活的唯一部分，那也是十分可悲的。因为生活总是由丰富多彩的内容所组成，学习是生活中的一个部分而已，只是懂得学习知识，知识技能十分强大，处理社会关系、提高生活品质的能力很弱，那么这样的人最终也只能成为工作的机器和驯服的奴隶。

学龄儿童的勤奋是一种生存的能力，勤奋战胜自卑，他就能不断在勤奋中获得各种丰富的课本知识、社会知识、生活知识。能力是一种素质，是一种在任何条件下都能发挥良好作用的品质。

然而在儿童期，很多孩子被过早送到国外学习，而儿童的生存完全依赖成年人。在没有大人的管理和帮助之下，他们很难顺利完成学习任务，因为没有按时完成学习任务，经常受到老师的批评、同学的轻视，于是儿童就会产生自卑感，自卑感是一种不能自助和软弱的复杂情感。有自卑感的人轻视自己，认为无法赶上别人。自卑的人通常都会拿自己的缺点和别人的优点相比，总是觉得自己处处不如别人，看不到自己的价值，长此以往，就会产生一种悲观厌世的情绪。自卑感是产生自我封闭心理的根源，而且是在青少年时代埋藏的祸根。父母是孩子第一任老师，而老师又是学生的领路人和心目中的权威。如果母亲过于忙碌而无暇顾及孩子的学习，孩子学习一旦落后，从而产生自卑的心理定式，就会引发人际关系障碍和许多行为上的困扰，妨碍学习、生活和人际交往这些活动的正常进行。

儿童的基本生存取决于与他人形成卓有成效的关系。个体的行为模式、价值、标准、技巧、态度和动机塑造得是否符合特定社会认同的要求，这个过程涉及很多人（亲戚、朋友、老师）和机构（学校和教会），它们对个体施加压力，促使其接受社会认同的行为和标准。但是家庭是最有影响力的社会化的塑造者和调节者。弗洛伊德及其他心理学家认为，婴儿依恋父母是因为父母为他们提供最基本的物质需要——食物。这种观点被称为依恋的"碗柜理论"。那是不是儿童有充足的食物就可以健康成长呢？哈里·哈洛通过实验发现，儿童更依恋那些给他们接触性安慰的人。在爱心和关注中长大的儿童会更加大胆和外向。同时，大家庭和幼儿园的这种交互抚养，教给儿童应对的技巧和信息，以及如何在其他人那里得到帮助和保持较高的社会地位，这些学习十分重要。

如果儿童被剥夺了接触性安慰，在缺少紧密而充满爱意的关系中长大，往往会造成儿童严重的感情和生理失调。所以过早出国的儿童离开了家庭和社会亲密关系的环境，文化休克的问题必然发生。所以，在儿童时期，为了避免文化休克现象的产生，家庭必须慎重对待出国问题。

（二）青春期（12—18岁）——同一性对角色混乱的冲突

青少年面临的是自我同一性和角色混乱的冲突，核心问题是自我同一性的发展，它将为成人期奠定坚实的基础。同一性并不是在青少年时期才出现的，早在幼年时期，儿童就已经形成了自我感知。但是，青少年时期却是个体第一次有意识地回答"我是谁"的问题。这一阶段的冲突是：同一性和角色混乱。

青春期，人们常常把它看作人生的一个独一无二的骚动阶段，处于这一时期的个体有着极其不稳定的情绪、不可预测的困难和行为。青春期作为人体发育的第二个高峰期，是儿童逐渐发育为成年人的过渡期。一方面，身体、外貌、行为模式、自我意识、交往情绪等都脱离了儿童的特征，逐渐成熟起来；另一方面，由于身心的逐渐发展和成熟，他们处于社会学上的边缘人的地位，他们的地位的不确定性和社会向他们提出的要求的不确定性，使他们产生了很多特殊的心理问题，这就是我们常说的逆反期。

Marcia 等心理学家（Marcia，1987；Penuel，Wertsch，1995）是这样界定同一性的概念的："同一性是指个体将自身动力、能力、信仰和历史进行组织，纳入一个连贯一致的自我形象中。它包括对各种选择和最后决定的深思熟虑，特别是关于工作、价值观、意识形态和承诺等方面的内容。如果青少年无法将这些方面和各种选择整合起来，或者说他们感到根本没有能力选择，那么角色混乱就发生了。"[1]

同一性拒斥的青少年往往缺乏主见，遵从他人目标、价值观和生活方式。同一性形成过早的人会显得刻板与肤浅，不会沉思，应变能力差，但很少会忧虑。这类人倾向与父母角色混乱，指个人的方向迷失，所作所为与自己应有的角色不相符合，最后演变的结果，可能变为退缩，可能陷入堕落，也可能在适应困境时学到某些不当的异常行为。

据统计，2005—2013 年的 8 年间，中国赴美就读私立高中的留学生，从 2005 年的 65 人增加到 2013 年的 23795 人，增长 365 倍。

2014 年 6 月发布的《中国低龄留学生研究报告》显示，出国读高中和本科的学生群体中，有三成是去美国，其次是澳大利亚和加拿大，各占 20%，另有不足一成的学生选择英国。显然，美国、澳大利亚、加拿大、

---

[1] 安秋玲：《青少年同伴群体交往与自我同一性发展研究》，华东师范大学出版社 2007 年版。

英国是中学生留学的四大主流目的国。[1]

随着青少年留学人数的持续增长，很多青少年到国外留学后出现了诸多文化休克的问题。一个北京女孩子不顾父母反对，去了美国读高中，成绩维持在 A 到 B 之间，也算不错。但为了向父母证明自己选择是正确的，她靠作弊获得更高的分数，结果在 3 次作弊后，被退学了。

青春期，生理与心理的发育时常不能同步，心理发育相对滞后，身体发育十分迅速，过度用脑和不良习惯，容易引发各种问题。最常见的是脑神经机能失衡，容易注意力不集中，不由自主地胡思乱想，思想开小差从而影响记忆力、思维能力。有时夜晚卧床后大脑却十分兴奋，难以入眠，有时入睡后醒来又特别困，打不起精神。还有就是心理机能失衡，经常忧虑、紧张、抑郁、消极、敏感、烦躁。很多青少年开始对自己的容貌和衣着相当敏感，很在乎自己在同学心目中的形象。还有就是对异性的言行举止很在意，常会把异性对自己的好感当作"爱情"，从而造成不必要的苦恼。情绪波动大，控制能力不强，很容易在极度失望和沮丧的情况下做出莽撞之事。

青少年正处于身体发育的关键期，对性的觉醒，对异性的关注，对自我在生活中的角色时常感到困惑和怀疑。他有时是英雄，有时是懦夫，在各种形态的生活人物中，他不能很好地选择角色，他需要学习的榜样。如果没有人为他选择一个正确的学习榜样，很多青少年就会随波逐流。

中考结束以后，很多家长开始考虑送孩子到国外读高中，然而如果因为成绩不好而送出国去读书，并不是最佳的选择，也许会让青少年误入歧途。如果孩子依赖性太强，英语水平不高，个性内向，也要适当考虑出国读书是否应该。要出国读高中，有以下几点需要注意。

第一，要学会网络提交作业。

【案例 6-1】马同学在广州某重点中学读高一，因为喜欢国外课堂的学习模式，选择申请美国加州的高中。入读不久，任课老师就布置

---

[1]　参见陈学敏《高中生出国留学步步惊心：如何规避留学风险》，《羊城晚报》2015 年 2 月 3 日。

了分析美国南北战争的作业。马同学想当然地用本子写好了作业，并在下一节课交给老师，却被告知作业需要网络提交，他已经属于迟交作业。如有再犯，记录上面就会显示他有缺交作业的现象。

【点评】在国内，学生如果不按时完成作业，或者因缺勤导致没交作业，也许不是什么大事，只要跟老师解释清楚即可。但在美国读高中，如果某项作业的上交日期已到，但学生缺勤或因不熟悉网络交作业的程序等原因，导致延期交作业，也没有提前安排或者遇到紧急情况，就会被老师记为迟交作业。迟交作业，学生可能就会被老师扣除该课程 10％甚至是更多的分数，影响学生修读该课程的成绩及升读名牌大学的机会。

学生在国外碰到需要交论文、课堂作业、参加学校活动、请假等情况，一定要提前了解当地学校的规定，多询问老师、同学，以免因此影响学业成绩。

第二，要严格遵守学校作息时间。

【案例6-2】张同学是市内某知名初中的毕业生，平时学习刻苦，在年级的成绩非常好。凭着优秀的平时成绩、语言成绩，他顺利申请到美国知名高中。面对语言环境的不适应、学习成绩下降等压力，张同学相信勤能补拙，于是利用晚上自修，希望能尽早适应当地的学习环境。一天晚上零时，他还在学校宿舍看书时，却被宿管老师警告他违反宿舍作息时间。到了学校的课余活动时间，张同学想争取学习时间留在教室看书，却违反了校规。学校一连串的规定，让小张很不适应。

【点评】国外学校在新生入学指导会上，通常会详细讲解学校的文化、规章制度等，包括学生应该按时关灯睡觉、参加课外活动等，并将学生手册发放给每一位学生。学生在入学后，需要尽快熟悉学校的规章制度，自觉遵守规定，才不会出现被学校警告或无故缺席等情况。

另外，在大部分中国家长眼里，读书好、学习勤奋就是好学生，但在国外，学生的学习成绩并不是升学的唯一标准，而是会综合考察学生的学习成绩、社会责任、社会活动等。学生应尽早了解国外评价标准，才能更好地提升自己的综合素质。

第三，要学会适当倾诉、发泄情绪。

【案例6-3】小洁刚进入美国中学学习时，因为远离家庭，要独立生活，也没有结识到当地的朋友，备感孤独，常常会发泄一些情绪。在学校，她会因为成绩不理想等因素而生气或者哭，并擅自离开课堂。学校觉得小洁的情绪很有问题，于是要求她退学或者转学。

【点评】部分中学生刚到国外，因自理能力不强，语言沟通技巧尚未纯熟，与外国人交流很胆怯，又怕国内父母担心，可能会将心事藏起来。但长期如此，学生找不到倾诉宣泄情绪的出口，很容易会情绪不稳定，影响生活和学习。碰到这种情况，学生可以积极参加校内外的活动，扩大社交圈，认识新的朋友，有问题时多找朋友倾吐心声。

父母在与子女的沟通中，也不能一味地只问孩子的成绩，也可以多关心孩子在当地的生活、交友、校园生活等情况，适当鼓励孩子，让他们更早地学会适应。不少国外学校都设有辅导老师，学生遇到问题也可以向他们多请教、多倾诉，帮助自己平稳度过留学初期阶段。

第四，要有吃苦耐劳的心理准备。

【案例6-4】郭同学希望日后能成为一名国际警察或者军官，在初中毕业后，就申请了乔治亚州军校。到校军训3天后，他就跟父母反映，学校的军训不正规，老师对学生很粗鲁，通信工具都被学校收走了，很不自由，希望能转学。经过父母和学校老师的耐心劝导，郭同学才慢慢适应了军训生活。

【点评】国外军校的军训是对学生进行军事训练，跟普通综合性高中有明显区别。按军校规定，学生进校的前六周都会进行全封闭式特训。郭同学的情况，正是对当地学校不了解，没有做好吃苦的心理准备而造成的。即使大部分学生申请的都是普通高中，但学生也应该明白国内外生活会存在差异，提前做好心理准备。而家长也可以多搜集国外学校、当地生活的相关资料，跟孩子做好基础文化辅导。

　　让孩子出国读书，就应该让孩子学会独立，太多的帮助、"监管"可能会减慢孩子的适应过程。此外，在国内的时候家长就要有意识帮助孩子培养良好的作息和学习习惯，教孩子学会做时间规划，培养孩子的自律性。如果家长非常担心，可以帮孩子选择一所管理较为严谨的中学。①

青少年时期是最容易出现角色混乱的时期，孩子越来越不服从父母的权威，对朋友有了更多的相互依赖，重要的是，青少年要在他们的环境中找到持久的社会支持，这种持久的社会支持往往是留学生在国外不能够持久得到的。因此，要缓解这一文化休克的更好办法就是父母和家庭成员要持之以恒地为青少年提供更多的帮助。

（三）成年早期（18—25岁）——亲密对孤独的冲突

这个时期的青年人开始建立两性的亲密关系，他们有这个能力也有这个时机，更有这个兴趣积极与他人发展亲密关系。因为亲密关系的建立，他们必须承担责任和义务，必须取得彼此的同一性才能平衡地生存，必须能够做到彼此无私的奉献，才能促进彼此关系的发展，否则就会导致亲密关系的破裂。

有的年轻人因为缺乏发展两性关系的能力，比如没有金钱，没有固定约会的时间，没有稳定的工作，从而导致孤独，适应孤独就好像适应一种残疾，孤独寂寞的产生正如尼采说的，寂寞是一种对别人的饥渴，你想念别人。因为在这样的年龄就是爱想念。

-----

① 李琼：《出国读高中，低龄留学更要准备充分》，《广州日报》2015年5月20日。

自 20 世纪 80 年代初期以来，很多这个年龄段的男女青年，因为出国留学或经别人介绍，跨国婚姻的登记数几乎是逐年上升。1982 年，中国跨国婚姻登记数为 14193 对，1997 年已达 50773 对。

近年跨国婚姻离婚增长速度甚至高于结婚增长速度。有资料显示，加拿大人和中国人结为夫妻的，离婚率为 60％。1997 年，日本丈夫和中国妻子离婚的占结婚人数的 30％，日本妻子和中国丈夫离婚的占结婚人数的 35％。1990 年到 1995 年其结婚对数增长 2.4 倍，而其离婚对数则增长 2.8 倍。1990 年离婚与结婚之比为 20％，1995 年则为 26％。

在跨国婚姻中，双方容易因为国籍、习惯、观念、风俗、语言的差异导致没有认同感和归宿感。事实上，跨国婚姻与国内婚姻相比是有较高风险的，它的不确定性因素更高。从传统上讲，中国人更讲究门当户对，而对跨国婚姻来说，缺乏共同的文化圈，双方在语言、风俗、宗教信仰等方面都存在巨大的差异，而这些都是双方必须要跨越的障碍，但是要跨越这些障碍，是非常困难的一件事，因此跨国婚姻非常容易导致离婚，这不但给双方带来伤害，而且也会给身边的人带来不好的影响。这是跨国婚姻的弊端所在。

美国的确是世界上最发达、最富裕的国家之一，但是美国的富裕是整体上的富裕，除了 1％的超级富人外，大多数家庭也过得普普通通。10 万—20 万美元的年收入在美国属于高收入群体了，可是税金、保险等就要扣除掉薪水的 1/3 到 1/2，还要养车、买房、吃饭、穿衣；美国贪污腐败机会少，公款吃喝机会少，连各种各样的补贴等隐性收入也几乎没有，一切开销都得靠自己的薪水，在美国很少看到美国人大吃大喝，用钱似流水般大方。可以说，一个美国二三线小城市的市长绝对没有国内政府或者垄断企业里有油水部门的小科员过得阔绰。

与国内家庭一般由女方管钱不同，在美国（欧洲国家大抵也如此），夫妻双方一般都有自己独立的账户和共同账户。对于独立的账户，对方无权过问，甚至到银行查询对方存款余额都属违法；对于共同账户，一般双方会约定好需要双方负担的项目、怎样出资等。这也是由美国文化所致，美国人从小被灌输要具有独立精神，包括经济上的独立（也因为如此，美国啃老的年轻人也较少），很少有人会想到依赖自己的父母、姊妹或者配偶。在美国也甚少听见什么男性供自己女朋友读书、买房的报道。

在美国的华人报纸上常看到一些关于跨国婚姻酸甜苦辣的报道。女方多是抱怨男方经济上小气，花钱分得清清楚楚，比如有个在国内高校任过教的一位女士嫁给一美国人，生活等其他方面都觉得很满意，可是在经济上甚为不满，因为她先生替她买了张国际电话卡也要叫她还钱，汽车加油也是如此，平常开支也是算得清清楚楚。笔者对此的建议是如果要考虑跨国婚姻，最好在交往阶段就要谈好家庭经济事宜。

如果一方婚前有财产，他们大都在结婚前会进行财产公证。我们常常认为，你爱我，那么你就愿意我分享你的财富；在老外的眼里，你爱的应该是我，我认识你之前的财富和你没有关系！

通常在国内，夫妻双方吵架，不管哪方有理，一般总是男方主动道歉，因为在我们的文化里，家庭里的道歉不涉及谁是谁非，道歉并不表明我真的错了，只是想停息吵架的状态，很多男性也是出于爱护自己的妻子的目的，想哄哄她们高兴。在西方人看来，夫妻双方是精神独立的平等的主体，谁没有道理，就应该由谁道歉；而且他们觉得如果那样做，是把自己的妻子当成了孩子，对她而言是种侮辱。

因此，在准备跨国婚姻的过程中，对西方文化要有充分的认识，不能憧憬过多，更不能期望太高，这样才能减轻婚姻带来的文化休克。

（四）成年期（25—65岁）——生育对自我专注的冲突

成年期是一个人从青年期走向老年期的过渡时期，也是一个人心理发展逐步走向平稳的时期，人的生理功能也开始从旺盛逐步走向退化。从25岁到30岁，人的生理功能达到了全盛，很多人开始在这个时候生儿育女、繁衍生命，由于生养的经历，使很多成年人开始有生育感，这是一个学会关心他人、承担责任、作出奉献的过程。但是很多没有生育经历的成年人也可以在关心和教育其他孩子的过程中，获得生育感。但是由于很多人没有关注和教育孩子的经历，往往就会出现只关注自己，把个人的需求和利益看得很大，较少考虑别人的感受，出现人格缺陷。

在成年期，人不再注重简单的细节，开始关注有关事物本质结论的信息，人的创造力也达到了顶峰。心理防御机制日趋成熟，为人处世日益圆通。

在成年期，孩子的教育成为跨国夫妇最关注的问题。下面我们来看看一对跨国夫妇对孩子教育的看法。

【案例6-5】在国人趋之若鹜地把不及弱冠的孩子送往美国接受教育的时候，一对跨国夫妇反其道而行之，为了让女儿接受中国的教育，举家移民中国，这是为什么呢？以下是他们耐人寻味的讨论。

Kay的爸爸（年龄：26；国籍：美国；教育背景：斯坦福大学应用数学/计算机本科）："我不想让女儿在美国上学最大的顾虑还不是学校，是美国文化。"

有三个最主要的原因：

（1）美国文化中 Anti-Intellectualism（反智主义）太严重，最明显的是在中小学。大家最想当的是 cool kids（酷小孩），cool kids 都是不爱学习的，如果你爱学习，大家都认为你是 nerd（书呆子），会嘲笑你，孤立你。如果你喜欢学习，成长环境很负面，一路要承受很多同辈的不认同。

（2）在美国从小就"被接触"大量毒品和性。要从小就开始抵制，而且不断有 peerpressure（同辈压力）迫使你尝试，这对于教育是很大的干扰。

（3）男女非常不平等。当然，世界上哪里男女都是不平等的，但在美国文化中尤其严重。我特别反感美国文化从小就宣传女生要 hot（性感），要 slutty（风骚），作为女孩子在美国成长的社会氛围特别不好。你看看中国十三四岁的女孩子，照出相来穿着校服，戴着厚眼镜，很有学生样。美国十三四岁的女孩子都不喜欢自己的年纪，每天化妆去学校，穿像成人一样的衣服。你觉得哪个更接受自己所处的人生阶段，哪种文化更健康？在美国长大，女孩子如果不好看，或者不融入这种氛围，会有很大的同辈压力，被排斥，对于女孩子学习是很大的干扰。

Kay 的妈妈（年龄：26；国籍：中国；教育背景：北京大学英国语言文学本科，南加州大学东亚文学硕士）：

其一，希望我的孩子有一个美好的校园回忆。现在有一种潮流，国内媒体倾向于宣传国外中小学作业少，下午三点放学，孩子多么多么快乐，已形成大趋势。这些陈述是否属实还有待商榷。其实在西方，上私校（一般私校教育水平高于公共学校）的中学生也是下午三点放学，然后开始上各种课外班，补课到晚上八九点，好学校的学生年级越高压力越大，我先生回忆起高三时候每天晚上都是零点后睡觉。

其二，中国的教育制度更为公平。中国教育有其自身的问题，但总体而言，教育的选拔制度是很公平的：学习好的同学去好学校，很简单。任何制度都需要一个选拔标准，这里的标准是统一化的考试，这是最能避免教育腐败的选拔方式。相对于美国财富决定教育这种标准，我让孩子在中国接受教育心里会感觉更公平。

美国的 segregation（区域分化）非常严重。如果你家有钱，你的受教育轨迹是这样：从小上私校，一年 2 万—4 万美元学费；大学上好的私校，一年 4 万—5 万美元学费。你的同学都是同一阶层，即使中小学去的是公共学校，因为是按住房分学区的，好学区房都很贵，所以能去富区富学校的家庭也是一个阶层的。

反之，如果是穷的家庭，住在不好的区里，可以预见教育环境是非常差的，因为第一学校很差，第二也是更重要的原因——同辈压力。你的同辈大部分都不愿读书，大部分也不会试图脱离这个环境，因为他们看不到好的例子，更不相信自己有不同的可能。我有位同事，来自洛杉矶出名的乱区，那里帮派活动猖獗。他回忆起初中同学，大部分都加入了帮派，现在已经没几个还活着。他很庆幸地说："如果不是我搬回菲律宾上学，我肯定也跟他们差不多。"

其三，中国文化是宝贵的精神财富。如果指望孩子在美国长大还可以深入了解中国文化，这是不可能的。我们周围有太多例子，即使家长努力让小孩子说中文上中文课，小孩子都是要和别的小孩一样，"为什么别的孩子都不学中文跑去玩而我要学？"他自然抵制学中文。很多小孩子上学后在家里也是父母问中文，孩子答英文。反之，国内大家都在学十八般武艺，小孩子希望跟朋友一样，是有学习动力的。

除了以上顾虑之外，我也有一些硬件上的考虑：

首先，国内文化氛围好，书店多，学习条件好。小小一个地区都有很多家好几层的书店，各种书籍和音像资料应有尽有。我和我的很多同龄人一样，中学、大学都度过了很多无事在书店晃荡的日子，至今很怀念。我非常喜爱的一位作家，在全世界33个国家居住过，最后还是由衷感叹，要说文化氛围和学习条件，还是国内好。

其次，学费有所值的问题。现在各界人士都认为，美国继房地产崩盘后，下一个危机是学债的崩溃。确实，这里几乎人人都有学债，有的多得惊人，譬如培养一个医生，医学院一路教育投入大概50万美金。更有新闻报道，年轻人身负十余万学债，订婚时未向对方说明，对方知道后感觉受到欺骗而悔婚。

Kay的父母还与Eric/Grace夫妇就中美教育进行了讨论。

Eric夫妇简介：Eric，生于美国，小学四年级随父母举家回中国台湾，读完高中以后进入斯坦福大学，现为斯坦福电子工程学博士；Grace，生于美国，小学开始回中国台湾上学，高中后进入美国大学，现任某富裕学区小学老师，工作第八年。双方系台湾上学时中学同学。

Kay的妈妈："Eric，你能不能简单概括下你这些年经历中美教育最深刻的感受。"

Eric："我觉得亚洲和美国教育最大的区别就是对于知识和知识分子的态度，根本上在于社会文化的不同。在亚洲普遍尊敬知识分子。在中国台湾如此，我想大陆应该也差不多，你说'教授'，大家自然会觉得：啊，很有知识，让人尊敬。在美国你说'教授'，nobody cares（谁在意呢？）。因为美国成功的标准，大家尊敬的，那就是要会赚钱。"

Kay的妈妈："亚洲在观念上还是觉得读书最重要，所以是一种单线发展，首先，要努力读书，读书不行，再考虑别的。"

Eric："美国这里也有一条主导的线，就是体育，我也有一些中国台湾朋友，在台湾上学时学习很差，后来到了美国。但是，长大后某天突然发现他们也上了斯坦福之类，就很吃惊：'What happened?'（怎么回事？）发现很多都是靠体育。所以，如果学习不好，但有别的特长的学生可能在美国有很多机会发展，也有机会上好大学，但在中国台湾就没有。"

Kay 的妈妈："Eric，你是四年级回去的，你当时什么感觉？你觉得这个时间段对你的教育影响怎么样？"

Eric："四年级回去，感觉压力很大，你也知道美国这里小学学不了什么，回去那一年基本什么都不记得了，就是读书，我还记得我妈妈专门教我数学。"（注：Eric 的父母，早年回中国台湾后久未回美，最终放弃美国绿卡，定居新竹，均为大学教授）Eric 想了想，补充道："其实我觉得我弟弟得到了 the best of two worlds（两边最好的东西），他回去时是一年级，所以他国文比我要好很多，他现在中国文学作品也可以读，比如看金庸啦；英文很难的哲学也可以读。"（Eric 的弟弟，与其兄上同一中小学，大学斯坦福，专业经济学，现在北京，任职研究人员）

座谈结束时，Kay 的爸爸总结："我们希望培养一个独立的孩子，当然希望她在工作方面有更多的选择。我认为美国鼎盛的年代已经过去，工作机会越来越少，生活水平越来越低，在世界经济中的比重只会越来越小，最后成为与人口占世界人口比例相当的经济体。中国经济会越来越强。所以父母当然应该让孩子到有更多机会的地方去。"[1]

在跨文化教育中，父亲和母亲的教育观点一致，文化喜好上有共同的目标，才能更好地实施教育方案，避免文化休克。当然每一种教育都各有

---

[1] 《一对跨国夫妇的教育观》，新浪微博（http：//blog. sina. com. cn/s/blog _ a202012001011vpt. html）。

利弊和长短，一致性的选择是解决文化冲突的最佳途径。

（五）成熟期（65 岁以上）——自我调整与绝望期的冲突

在衰老的过程，老人的体力、心智和健康每况愈下，对此他们必须作出相应的调整和适应，所以被称为自我调整对绝望感的心理冲突。

在成熟期，人的身体功能开始衰退，但在智力方面一般并不减退，特别是在熟悉的专业和事物方面，智能活动往往不会减退，相反还会增加。然而社会对老年人的疏离往往是造成个体老化的主要原因，成熟期的老人社会活动变少，人际交往减少，与周围环境的联系减弱，放弃了对孩子的控制。由于身体能力的减弱，时常会缺乏安全感，孩子们忙着工作打拼，很少回家，因而他们经常感到孤独，对周围环境的适应能力减退，不习惯新的环境和新的生活方式，时常回忆往事，由对比产生绝望感。所以老年时期要做好社会角色的积极转换，主动参与社会活动，体现老人的自我价值和尊严，做好自我调整。

理查德·格里格和菲利普·津巴多谈道，对过去 40 年的 139 种本科教材的调查显示，很多都没有包括成年晚期或者传授关于老年的世俗看法。但是最富有戏剧性的年龄歧视的例子出现在一个记者的报道中，这个记者故意"变老"了一段时间。

【案例 6-6】帕特·摩尔假装成为 85 岁的老女人。她在美国 100 多个城市的大街小巷流浪，希望了解在美国人老了意味着什么。厚厚的眼镜和耳塞减弱了她的视觉和听力；腿上厚厚的绷带使她行动困难，缠着胶布的手就像患了关节炎一样不那么灵活。这个"弱小的老女人"努力奋斗，要在这个年轻、强壮和灵活的人的世界中生存下来。她无法打开瓶子、握住笔、看清标签，或是挤上公共汽车。这个高速、喧嚣而阴暗的世界吓坏了她。在需要帮助时，很少有人搭理她。她的衰老常常被人嘲笑，有一次甚至还被一伙街头流氓给以老拳。

摩尔的经历支持了这个观点：无论在身体上还是在社会意义上，这个社会都是不接受老年人的。[①]

在中国，敬老的文化传统源远流长，中国有一个敬老的节日叫"重阳节"。自古以来，尊老、敬老、爱老的传统代代相传。

"天意怜幽草，人间重晚情"，敬老尊贤是中华民族的社会风尚和传统美德。据史料记载，早在三千多年前，周朝的周文王就倡导敬重老年人，他对伯夷和太公两位年高德勋的老者关怀备至。

据《史记》载："有虞氏养国老于上庠，养庶老于下庠。夏侯氏养国老于东序，养庶老于西序。殷人养国老于右学，养庶老于左学。周人养国老于东胶，养庶老于西胶。"这庠、序、学、胶，就是当时的敬老院和老年学校，将老年人敬于此养老、颐养天年。

敬老之俗在《周礼·月令》中还有明确的法规："是月也，养衰老，授几仗，行糜粥饮含。"周王每年都设宴招待老人，周朝规定各地方官每年都要举行一次盛大的尊老"乡饮酒礼"，以示对长者的尊敬。在《易经》中已将重阳节称为"老阳"——敬老节。战国时的孟子就倡导要"为长者折枝"。

敬老养老的核心则是一个"孝"字。古文字的"孝"字就是一个弯腰驼背的老人形，下边的子代表小孩，表示小孩在搀扶老人之意。孝是进入家庭生活最早的伦理道德，相传在尧做帝王时，其子虞舜至孝感动了尧帝，"遂以天下让焉"。

许多古代的思想家都有对"孝"的论述，孔子强调"孝悌"乃"仁之本"。孟子也曰："老吾老以及人之老"，要人们从事生产劳动，"仰足以事父母，俯足以畜妻子"，国家要"申之以孝悌之义"，家庭要使"颁白者不负戴于道路矣"，提出从社会到家庭都要把"孝顺"作为一种社会公德，作为第一修身内容，成为每个人必须遵守的行为规范。

西汉时就制定了很多尊老的规定，皇帝要对 70 岁以上者赐给手杖等，赐拐杖，代表皇帝对老人的尊敬。汉文帝还规定了《授粥法》，要对 80 岁以上老年人赐给定量的大米、肉、酒和丝绸；唐宋时期有专门的敬老活

---

① 参见［美］理查德·格里格、菲利普·津巴多《心理学与生活》，王磊、王甦等译，人民邮电出版社 2014 年版，第 315—316 页。

动，官府要给治下的老人赐坐凳，并用糯米做的饼招待老人；到了明代，朱元璋特地颁诏号召全国养老敬老："尊高年，优致仕，设里老。"

清代还多次举办过"千叟宴"（也称"千秋宴"）。康熙 60 寿辰时曾设宴畅春园，欢宴 65 岁以上的一千多名老人，席间康熙言称："古来以养老尊贤为先。使人知孝知悌，则风俗厚矣。"康熙对这些高龄老者给予载入史册和赏金的恩赐，宴会前后还令各州县要以车马接送。之后的乾隆、嘉庆两朝也曾设宴于畅春园、皇极殿，与宴者各达几千人。清代还诏会各地对百岁以上的"人瑞"，要给予银两、建坊、题匾等特殊奖励。

新中国成立以后，党和政府制定了老年人权益保障法等一系列尊老敬老的法规和举措，历届党和国家领导人也都以身垂范，敬老尊贤，每到年节，都要拜访老科学家、老学者、老劳模，谦听建言。各地在每年的重阳节这一天都举行敬老、爱老的各项活动，北京等地还把 9 月 9 日定为"老人节"和"敬老日"，使重阳节成为一个崭新的节日。[①]

步入晚年，很多侨居海外的人回国安度晚年，在自己的祖国，被社会接受，有自己的亲戚朋友，儿女常回家探望，尽享天伦之乐；不感到寂寞，觉得自己还有用，有信仰，感到满足；思想无负担，生活过得充实，精神愉悦。所以在进入成年晚期的人回到自己的祖国，按照中国人的习俗，这就是落叶归根，这才是缓解文化休克的最佳选择。

二　出国人员文化休克的应对

出国人员文化休克的现象，在过去的相关研究中，注重的是语言和文化的训练，如语言训练中的托福、雅思、英语水平考试等学习英语的方式，在网络高度发达的社会，这是跨文化交际的基础，但已不是跨文化交际的难点。文化训练，就是对西方生活方式的介绍和学习，在电子商务铺满世界的时候，你在任何地点，想吃上世界各国的美食，享受世界各国的生活用品，都已不是难题。在上海的老式洋房，餐点中也会有牛肉、炸薯

---

① 参见张善培《老吾老以及人之老——透视中国人的敬老文化传统》，《北京晚报》2011 年 10 月 3 日。

条、有机蔬菜沙拉，很多西式生活也成为人们的选择。西方媒体在世界各国通过网络推销西方文化，西方文化于是成为全球的"榜样"，很多中国人对西方文化的了解程度，不亚于西方本土国民。然而在今天文化休克现象依然存在，这些现象更多表现在心理行为上。要想克服这些文化现象必须从新的角度来考量。班杜拉的认知社会学习理论为出国人员克服文化休克现象提供了较好的应对方式。

阿尔伯特·班杜拉（Albert Bandura，1925—　）是美国当代著名心理学家，现任斯坦福大学心理学系教授。他是新行为主义的主要代表人物之一，社会学习理论的创始人。他所提出的社会学习理论是在与传统行为主义的继承与批判的历史关系中逐步形成的，并在认知心理学和人本主义心理学几乎平分心理学天下的当代独树一帜。他认为来源于直接经验的一切学习现象实际上都可以依赖观察学习而发生，其中替代性强化是影响学习的一个重要因素。有人称他为社会学习理论的奠基者、社会学习理论的集大成者或社会学习理论的巨匠。社会学习理论也称为模型模仿理论，主要包括观察学习理论、交互决定理论、自我调节理论、自我效能理论。

（一）观察学习理论在文化休克和社会环境信息获得中的运用

班杜拉认为社会学习是一种信息加工理论和行为强化理论的综合过程，在社会情境中人的大多数行为都是通过示范过程而观察学会的。学习者在观察学习中无须直接作出反应，也不必亲身体验直接的强化，而只需要通过观察他人接受一定的强化来进行学习，这种建立在替代性基础上的学习模式是人类学习的重要形式，其本身也是具有认知性的。作者还提出了著名的观察学习模型，它包括注意过程、保持过程、运动再现过程和动机过程。

【案例6-7】一个亚洲学生，要到咖啡厅喝咖啡，他用带着口音的英语怯生生地对店员说："你好，我想要一杯卡布奇诺（cappuccino）。"店员说："不好意思。请问你要什么？"学生说："卡布奇诺。"金发碧眼的年轻店员依然没听明白，转身从里屋叫来一个年长些的同事。这位同事显然没有要弄清楚的念头，拿起角落里的一张餐牌，用极缓慢的语速对亚洲学生说："我们这里只有这三种咖啡：淡咖啡、黑咖啡和去咖啡因的咖啡。请问你要哪种?"他的手指着餐牌上的 Light,Dark,Decaf,随着说话逐个移动。旁边的意式咖啡机安静地在台上摆着,那个简易的美式滴滤咖啡机倒是在店员身后敬业地运作。学生也放弃了再说一遍卡布奇诺的打算,指着淡咖啡说:"就要这个吧。""Room for cream?"店员问道。学生:"什么?"店员:"Any room for cream?"(这句话的字面意思是问需要给奶油一些空间么。其实是问咖啡里面要不要加奶)"我只想要一杯咖啡⋯⋯"学生怯生生地回答。店员从一摞八盎司的纸杯顶端抽出一支,往里面倒满了咖啡,利落地递给他。学生:"天哪!这么黑的咖啡,啥都没加。叫人怎么喝啊?"学生接过咖啡,不禁用中文嘀咕了两句,迷惑地离开了。从那以后,"room for cream"使这个学生学习到他需要什么样的咖啡。

"班杜拉理论强调观察学习过程,即个人通过观察别人的行为来改变她(他)的行为。通过观察学习,儿童和成人都获得了大量的社会环境的信息。通过观察,你可以知道什么行为是受到欣赏的,什么是受到惩罚的,什么是不被重视的。因为你可以使用记忆和对外部事件进行思考,你可以预测自己某个行为的结果而不必亲身去体验。通过观察别人做什么而得到什么样的行为结果,你就可以得到一些态度、技能和观念。"[1]

古语说:入境问禁,入国问俗。出国留学人员到了异国他乡,总要与人交流互动,在保留自己传统文化的同时,不但要观察学习主流社会的生活方式,而且最好能融入主流社会。莫说这才是生存之道,且还有另一大作用,就是能让主流社会人士更多了解华人的特殊传统文化,而这正是获得别人尊重的开始。

出国留学后,通过对西方文化的观察学习,不少留学生的思维都会有所变化,有留学生总结了留过学和不曾迈出国门的人的10点区别:

(1)拒绝价值观和道德绑架(Don't judge)。没有深切接触过西方文

---

① [美]理查德·格里格、菲利普·津巴多:《心理学与生活》,王磊、王甦等译,人民邮电出版社2014年版,第402页。

化的人或许很难理解这点。因为在中国文化当中，每个人都是作为社会关系中的一员，和别人深深地联系起来。每个人都被别人评判，每个人都评判别人。

而在西方社会，人是社会功能的一员，一个人的工作和他的私生活是可以完全分开的。西方人强调个人在集体中的独立，中国人强调个人在集体中的联系。

作为一个文化上的自由主义分子，西方人一般"不轻易评判"（Don't judge）其他人，所以非常不喜欢道德和价值观绑架，而不轻易评判，亦是有教养的体现。

（2）世界很宽广，容易接受适应各种环境。曾经有个留学生在微博感慨说，留学让她得到的不只是学历，更重要的是获得包括"把自己丢在任何地方都能生存的能力"。

而就像会两种语言的人更加容易学习第三种语言一样，留学期间接触到不同文化背景的人，会让留学生更容易接受不同的文化。在国外待久了以后，会觉得自己是生活在世界上，而不是单一国家里。同时更换环境的心理障碍也小很多，你不会觉得那是件多厉害或多困难的事。

（3）辩证地看待问题。有过留学经历的学生，大多不会盲目追捧或者贬低西方或国内情况，他们经常会对比中、西两种文化和观点，开始理性分析中、西两边各自美好。

（4）珍惜中国的各种美好。很多中国留学生在留学期间会变得更熟悉和热爱中国文化——他们会开始觉得，自己作为一个中国人，受到传统文化和价值观的熏陶非常幸运；会觉得中国的传统价值观特别感人；会非常珍惜中国文化中人情味的这一点。觉得中国人有一种忍辱负重如平常、总是要活下去等非常令人感动的生命精神。还有中国人对家庭和亲情的重视，也是令人非常感动的。

（5）习惯尊重他人。这是西方人"独立"的价值观。因为不尊重他人的人在西方文化里很令人讨厌。尊重他人大致包括不抱怨，不影响他人，不麻烦他人，不强迫他人接受自己的观点，不轻易评判别人，等等。

（6）善良，做个好人，并且坚持做一个充满正能量的好人。大多数西方人都是心态良好、充满正能量的人，很少去抱怨自己国家或者他人，他们茶余饭后的话题都是如何更好地享受生活，去尝试不同的新鲜事物，比较正面积极一些。

（7）深刻地了解到世界的复杂性。对于任何事情都非常清楚地意识到自己错误的可能性，永远不把自己认为是"绝对正确"（这既是大学学术训练的结果，也是经历的结果）。

（8）认为工作是工作，生活是生活。留学生就业时，可以在工作中竭尽所能、疯狂努力，但多数不会将工作和生活混为一谈。甚至他们当中的不少人，比起单纯考虑高薪厚职，更愿意去选择一份或许报酬略逊，但能让他们保持自己的生活方式和节奏的工作。

（9）恋爱观受西方影响更加单纯一些。在恋爱关系中，每个人都是独立的个体，不要企图让对方的生活和你融为一体，你也不用刻意改变你原有的个性去迁就对方，这样的爱情反而容易夭折，即便结婚了，双方都有一定的自由空间，就像手里抓着一把沙，抓得太紧或者太松都可能会失去更多，尺度很重要，而且也不要去追逐海枯石烂的永恒爱情，只要当初两人都是真诚地爱着对方，无论结局如何，都无怨无悔，有情人会终成眷属。

（10）尊重个性的自由。在中国，大多数家长不鼓励孩子的个性发展，都希望好好念书，以后有事业，有家庭，有车有房，这样的生活才是应有的人生，对别人各种各样的人生也缺乏包容心理，总是试图用自己的价值观去左右别人的生活，尤其是用一种多数人、集体的价值观去评判别人的对错，这可能也是缺乏想象力和创新的一个原因，只求同，不存异，奇思怪想早早就被扼杀了，想要活得与众不同的人在国内的压力比国外大多了，要顶住各种世俗压力。在国外，你会发现所谓的"怪人"太多了——每个人人生都不同，每个人都是怪人，于是就没有怪人了。对于一个不断观察学习的人来说学历是铜牌，能力是银牌，人脉是金牌，思维是王牌。①

留学期间，很多留学生都开始进入打工行列，通过打工充实生活，补

---

① 参见《海外留学生：留过学的人，到底有什么不同》，中华网（http://edu. china. com/abroad/news/535/20140915/18787117. html 2014-9-15）。

贴家用，接触社会，了解文化。那什么样的打工才是更有价值的呢？案例6-8是新东方胡敏老师给大家提供的一些建议。

【案例6-8】留学生打工，毫无疑问是一件好事情。很多家长一听到孩子在国外打工就会心疼自己的孩子，怕孩子吃苦受罪，甚至干脆跟孩子说：我给你钱不就行了么，又不差那点钱，干吗偏要去打工呢？把那些打工的时间花在学习上不是更好么？实际上，打工确实是我们接触社会、了解社会、锻炼自己的一个很重要的环节，留学生打工不仅可以培养自身的能力，减轻家庭经济负担，获取一些工作经历。更重要的是我们可以通过打工来接触外国社会、外国人，加强语言学习。然而，很多同学知道应该去打工，可是却不知道通过打工应该获取哪些真正有价值的东西。

1. 结合专业，为职场生涯做好充分准备

对于留学生而言，打工的目的不是为了挣几个美元、澳币，而是为了锻炼自己，提前了解社会，为将来步入职场作准备。

我记得1997年我在英国朴茨茅斯大学做访问学者的时候，我周围很多的学者和研究生也在一股脑儿地专心打工，一个小时能挣好几英镑，那时候的1英镑兑换成人民币就是10多块钱，实在是诱人。他们的专业都是文学类或者语言教育类的，结果打工的地方基本是上都是华人开的中国餐馆。当时我也有很多这样的机会，但是我拒绝了，因为我觉得在那里打工，我除了能拿到钱外，对我未来的职业发展没有任何帮助。

那时候我做的一件事情是跟朴茨茅斯大学的一位讲师谈合作，想跟他合作写一本作文方面的书。每次我都约他出来喝咖啡，然后边喝边聊。因为我当时了解到，中国人编写的英文作文方面的书，还有由英美人士编写的英文作文方面的书在市面上已经有很多了，但是由中国人和英国人合作，既从中国人的角度又从英国人的角度来编写的英语写作书籍似乎还没有过。当我把自己的想法跟这位老师沟通后，再加上我多次的咖啡"宴请"和我的热情，这位讲师接受了我的邀请。

尽管当时我并没有挣到钱，因为我天天在整理那些作文，那时候已经有电子邮件了，整理好后我都会及时发回给我大学里的那些学生，让他们感受一下，英国人写的这些文章他们是否能够承受得住，然后再将中国学生写的作文拿给那位讲师看，看是否符合英式思维和写作模式，来回进行切磋和交流，后来写了一本书，这是第一本由中国英语教师和英国英语教师合著的英语写作方面的教学参考书籍。

回国后，我把稿件投递到了外文出版社，出版社的专家们经过论证和调研觉得书的质量不错，就开始印刷、出版。到后面，这本书一共印了120多万册，当然我也从中拿到了一笔不菲的版税。因此我想告诉大家的是，有些钱不是当时就要兑现的，也许你找了一份带有义务性质或者慈善性质的工作，但是只要与你的专业和未来职业发展有关，即便你拿不到钱，也应该去做。因为当你走出社会去面试的时候或许这个经历就可以让你脱颖而出，因为很多国外企业要看你的专业经历和个人的奉献精神，也许恰好因为这点你就得到了一份优厚的工作。假如我当时把用来整理书籍的时间和跟英国大学讲师沟通的时间花在了那些香港餐馆里面，也许回国后在学术上的见识就不会有这么深刻。现在看起来，那段时间还真有点给自己打工的感觉。这段整理书籍的经历不但全面提升了我的学术水平，同时也改变了我用英语思考的思维方式。包括现在我主编的很多书籍里面的很多想法都跟这段经历有着不可分割的关系，可以说它影响着我的整个职业生涯。

打工一定要适度。要有所侧重，你的专业是什么，你未来的职业倾向是什么？有哪些东西是你以后可能需要具备的但是在国内又学习不到的？不论怎样，打工是为你的学习和未来的职业发展作准备的，用人单位在招聘的时候注重的是你的相关工作经历，一定要确保打工经历能够在职场上助我们一臂之力。

2. 习得文化，为未来的职场空间做好铺垫

经济全球化的发展对人才提出了新的要求，而判断国际型人才的一个很重要的方面就是是否精通各国文化，对于中国留学生而言，西

方文化精通与否影响着我们未来职场的发展空间。很多留学生为了让自己在毕业时有个打工的经历，于是随意地给自己找个工作打发了，在中国餐馆干上几天，看到的只是暂时的、表面上需要的东西。或者有些大学生为了能够挣点外快去饭店找个临时工。试问，这样的经历能算是海外工作经历么？它跟我们在中国随便找一家餐馆去打小工有什么区别呢？如果只看到眼前的一点回报，没有长远的眼光，没有前瞻的意识，最后只能导致自己在职场上屡屡错失良机。

正是由于多次跟那位青年讲师的沟通和交流，我了解到了很多的西方文化和礼仪。有时候我们一起带着问题去请教朴茨茅斯大学里的一些专家和教授，潜移默化中我学到了很多与老师、学者交流的方式方法，知道了如何跟国外的一些年轻学生交流；如何让那些学生心甘情愿地把自己平时的佳作借给你欣赏，跟你一起探讨那些写作中遇到的问题。这对我以前还有现在，甚至是未来的工作都有着非常重要的帮助。我跟那些来自不同国家的外教老师能够融洽友好地沟通和交流，包括很多年轻的外教来新航道参加面试，我都可以很快跟他们谈到一起，就某一个问题毫无障碍地沟通与探讨，所有的这些都得益于那段时间在英国对西方文化的习得。因为只有进入他们的那种文化环境里面，他们才能够敞开心扉跟你交流，很多时候都有种一见如故的感觉。现在我经常去国外考察，还有跟我们的外国合作伙伴洽谈各项事宜，基本上我都能够游刃有余，这些与对西方文化的了解有着直接的联系。

据调查，目前80%以上的中国人在国外都是从事技术领域的工作，只有很少一部分人是从事管理类工作的。一个很重要的原因就是对西方文化了解不够，很难深入地融入企业的文化环境里。毫无疑问，只有走上管理领域才能够有更大的发展。在留学期间，我们完全有机会、有条件通过打工来获取这种能力，来了解西方文化。

我们打工的目的不是单纯地获取一点工作经验，敷衍了事，更不只是为了生活而挣饭钱。而是在一个零距离的环境里面去感受当地文化、西方文化，这才是更重要的。一个国际型人才首先就应该熟悉世界文化。不论是你学成回国，还是想在国外发展。经济全球化，众多的外国企业入驻中国，众多的中国企业打入外国市场，而现在这类企业它们缺少的就是那种既熟知公司本身文化又能够精通当地文化的人。倘若你在留学期间已经对西方文化精通了，那无疑对你的机遇和职业发展将有着巨大的优势。这种环境只有你在国外的时候才会有，比起我们刻意通过电视或者书本去了解西方文化和西方礼仪来得更实际。因此，在选择打工的时候一定要尽可能去国外土生土长的企业或单位，通过打工了解和学习西方文化，这是我们非常容易忽视但却是现在和未来都非常重要的一点。①

（二）交互决定论在文化休克中的交互控制作用

班杜拉的理论提出了一个由个体因素、行为和环境刺激三者构成的复杂的互动系统。这三者中每一个都会影响并能改变另一个元素，并且这种影响极少是单向的。行为会被态度、观念、之前的强化经历及环境中可获得的刺激所影响；个人所做的又可对环境产生作用。同时，人格中某些重要的成分受到环境和行为反馈的影响。因此，交互决定（reciprocal determinism）成为班杜拉理论中的重要概念。② 如图 6-1 所示。

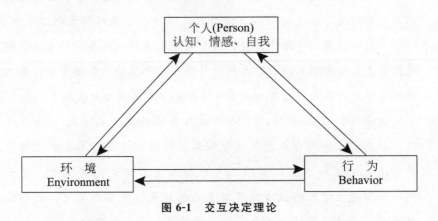

图 6-1　交互决定理论

---

① 胡敏：《留学期间这样打工最有效》（http：//blog. sina. com. cn/s/blog_474d99130100gq6q. html 2009-12-14）。

② 参见［美］理查德·格里格、菲利普·津巴多《心理学与生活》，王磊、王甦等译，人民邮电出版社 2014 年版，第 402 页。

交互决定理论认为，个体、个体的行为和环境 3 个因素之间存在相互作用，每个成分都可以影响和改变其他成分。

出国留学人员的文化休克，往往和个体、个体的行为和环境这 3 种决定因素之间连续不断的交互作用有密切关系。

1. 加强个体行为期待，调整个体行为

人们的期待影响着他们如何去行为，人们行为的结果又改变着他们的期待。比如学生不听老师的课，老师就不会对学生产生影响；人们如果不选或不读某些书，这些书就不会影响他们。然而现实是留学的人们都背负着各种期待，他们出国留学就必须去读这些书，因此文化的休克现象必然存在。中国留学生在国外读书，陌生的环境使 University 这个词在很多留学生群体中就变成了"由你玩四年"的意思，在国外读书，很多留学生的主要工作是爬梯（Party）、喝酒、网游。业余生活是上课、考试、写作业。如果你恰巧是个"爬梯"狂人，那么恭喜你，你应该不存在交不到外国朋友的难题。有的留学生为了避免孤独、寂寞，变身"夜店达人"，有的留学生则日日待在宿舍玩游戏，成为典型的宅男。当然很多中国学生的勤奋是有目共睹的，在一些中国学生看来，学习似乎只有一种方法，那就是看各种书。很多中国学生在图书馆一泡就是一整天。

【案例 6-9】一名 30 多岁的中国籍女子被两名高壮的美国警察押解遣返回国，其高学历背景和精神状况颇为引人关注。

据描述，该名女子回国时穿着一件包裹到脚踝的黑色羽绒服，稀稀拉拉的头发中还夹杂着白发，脸色蜡黄，皱纹满布，尽显老态。她没有行李，身上只携带一盒治疗精神分裂的药。

该女子告诉工作人员，自己拥有极高学历，是双料博士。她自小成绩优异，是当地最有名的学霸，从初中起便一路被保送，在国内的一所名校读到博士，随后又前往美国一所著名大学攻读第二个博士学位。

该女子称，在美国就读期间，由于成绩突出，她被导师推荐到了企业工作。

由于不擅长与人打交道，她工作并不顺利。她告诉工作人员，在做第一份工作时，因看不惯公司里有作假的行为，快人快语的她得罪了人，所以被辞退。而在第二个公司时，她依然不善交际。同事聚会时，主管有意考察几个外籍新人的社交能力，在餐会中给了他们每人一大份肉，让他们吃完。其他几个新人要么与主管沟通，要么请人一起分享，唯独她干脆地把盘子一推，说："我吃不下！"于是，她再次丢了工作。

因为没有工作，她失去经济来源，生活极为潦倒。彼时她未能申请到美国的居留类签证，困境之下，她不得不开始流浪，图书馆、走廊、公园，甚至厕所和桥洞都成为其栖身的场所。在无家可归之时被当地警察发现，在经历数月的监狱生活后，被美国当局遣返中国。

根据该名女子提供的家庭住址，有关部门几经打听，找到其家乡的邻居，其邻居透露，女子的父母在两年前和其失去了联系，以为她已不存于世。经由邻居联系，父母获知女儿的情况，遂在当天乘坐飞机赶往北京。当晚9点一家人终于团聚。

根据仅有的这一篇特稿，这位双料女博士似乎在提醒我们，智商突飞猛进的同时，情商不能偏废，一个"留美博士"就够用了，需要留下点时间练一练跟人交往的能力。如果还有时间，打一个电话给正在祖国老去的爸妈，告诉他们你还活着。

在国外留学，也许你很优秀，也许你很一般，不论是何种状态，你都必须调整好个体行为。中国学生走出自己的圈子同时也是自我成长的过程，留学生出国后会在心态方面经历三个阶段，包括探索期、迷茫期和平衡期。第一个阶段很新鲜，很兴奋，但之后就进入一个迷茫期，意识到不同的价值观、世界观体系的存在，并与原有的体系发生了冲突，在此过程中，很多留学生将自己局限于中国人的圈子。迷茫期是最痛苦的，而走不出自己圈子的中国留学生，就不太能接受西方的观念，从而导致恶性循环。需要指出的是，不是所有的留学生都能走出迷茫期，而这将对其造成很不好的影响。成功走出迷茫期并进入平衡期的留学生基本都找到自己的位置，能很好地协调自己和他者文化中的价值观和世界观。当然，最基本的，自然是遵守对方社会的行为准则，尊重并理解不同文化背景的人的生活和思维习惯。走出固有的圈子，迈出与外国朋友交流的第一步，在文化碰撞过程中，既提高了自己的语言能力，也融入了所在国的文化。要最大限度地减轻文化休克，需要高度集中的自我训练、坚持不懈的努力，需要自始至终受到自我强化的控制。①

2. 调适个体与环境相互依赖、相互决定的关系

一个人先天的性格和气质，会激活不同的社会环境；社会环境在一定的程度上也会改变个体的认知。比如说自由，社会往往会对人的行为施加一定的限制，因为任何一个人的肆意放纵，都会损害他人的自由。然而当有些社会成员怀疑行为习俗时，积极地提倡某种行为，也会对社会环境产生一定的影响。

【案例6-10】作为中国改革开放以后最早赴海外游学的第一批艺术家，陈丹青最早开眼看世界应该追溯到三十多年前，他移居美国，一待就是18年。这段"洋插队"的日子并非如人们想象的那样美好。初到美国，陈丹青必须依靠卖画讨生活。但他收获的是灵魂的再造。

陈丹青是初中文化，1978年考入中央美术学院油画研究生班，使他获得了一纸文凭，毕业留校任教。1980年，陈丹青以具有划时代意义的油画《西藏组画》成为中国艺术界巅峰人物，引起极大轰动。1982年，陈丹青辞职移居美国，从此开始了在异国他乡的漫长磨炼。

陈丹青说："美国是一个巨大的参照。我在美国看见每件事情都会想到中国，所以我跟人说出国不是为了去看国外，其实你会看清自己。"在国内绘画界的成就，让陈丹青很快摆脱了留学初期的体肤之苦。而东西方文化的巨大差异，夹杂着人权、毒品、流行音乐和后现

①　参见邓茗文《留学生的朋友圈都是中国老乡？"中国幽灵"突破圈子：一半人能成功》，《留学》2014年第5期。

代艺术，撞击着陈丹青刻满"文化大革命"痕迹的心灵。

后来，有记者访问陈丹青："您在美国从事艺术有很多年了，能不能谈一谈国外艺术家的艺术追求、生存方式与国内有哪些不同？其主要的差异是什么？"

陈丹青说："国外艺术家的生存方式，我看就和咱们中国的'盲流画家'一样。早些年，北京圆明园画家村里的画家，就是从全国各地流窜到北京的盲流画家，他们没有职业，有的甚至没有学历，而是靠卖画或其他方式来维持生活、维持绘画。国外也是如此，艺术家们从各国各地自行流窜到某一城市（譬如纽约），然后自己想法子弄钱、租房、画画。要说中外艺术家主要的差异，那就是中国不必'盲流'的画家个个是'国家干部'，而一位美国艺术家（不论有名无名）只是某条街某个房间里的居民，彼此见面，说声'嗨！'从不问对方在哪个单位。"

"至于艺术追求，说来也同一个人喜欢打架或偷东西没什么两样，只是看想同谁打，怎么打，想偷什么，怎样偷。或者说，更像是女人选择自己的口红、裙子和高跟鞋：太多了，说不过来（您可以到纽约的商店看看，那里有上千种口红）。"

"美国艺术对我最可贵的教育，不是艺术，而是怎样做一个艺术家。各种各样的美国艺术告诉我：民族、国家、历史、文化、美学、观念，都很重要，但最最重要，也许是唯一重要的，是你必须听从内心的自由。"

但在纽约居住的 18 年期间，陈丹青从来没有忘记自己是一位中国艺术家；现在，当他回到中国，发现自己是一位美国艺术家——不是指护照与国籍。

2000 年，陈丹青从美国纽约回国，随即被清华大学美术学院聘为教授、博士生导师。清华美院当时成立四个纯艺术教学研究室，分别为"吴冠中研究室""张仃研究室""袁运甫研究室"及"陈丹青研究室"。但是，陈丹青曾长达三年招不进一名硕士生。

说起招生制度，陈丹青愤慨不已："专业前三名的永远考不进来，由于外语达不到那个分数，因此他们的画形同废纸。我们不能单凭英语分数就把一个孩子粗暴地拒绝在门外。"而就在 1978 年，陈丹青自己曾以外语零分、专业高分被中央美术学院录取。

陈丹青不认同现行考试制度，不认同教学大纲，不认同排课方式，不认同艺术学生的品质以"课时"与"学分"计算。他认为人文艺术教育不应该以英语和政治考试分数作为首要取舍标准。他也不能适应"学术行政化"的体制："在我奉命填写的所有表格中，完全无法体现我的教学思想与教学结果。"于是，他"不想再玩下去了"，遂递交辞呈。

陈丹青认为，海外经历最可贵的财富不是所谓前沿专业知识，而是独立人格、自由思想，以及因此体现的一系列价值观。海归不应该仅仅带回各种专业知识或技能，现代价值观才能从深远处对中国发生影响。这种价值观，你不出国很难认识，很难成为自身的人格。新的价值观哪怕一时不能在中国奏效，先得在自己身上奏效，变成安身立命的一部分。[1]

个体与环境相互依赖、相互决定，虽然海外生活的环境和国内生活的环境对个体会产生各种各样的影响，个体的内心都会形成独特的价值观和世界观，这种独特性在新的现实环境中，个体可以作出多元的选择，要么坚持，要么改变，要么综合。

3. 控制个体、个体行为和社会环境的交互影响

我们十分清楚，大多数广告商特别是电商，为了使商品好卖，对一些商品总是制造出特别的视觉效果，夸大产品功能，做一些证明其产品优越的虚拟实验，夸大对产品用户受益增长的描述，以此来影响人们的行为，如果听从它也许会带来不利的后果。就像今天的出国留学，也已经成为一种产业，越来越多的中介机构在操办着各种留学事宜。

中国对低龄留学的态度是一贯的，对于高中生自费留学，先"禁止"，

---

[1]　关阳山：《陈丹青海外磨就的自由灵魂》，《留学》2014 年第 6 期。

再到"反对",现在是"不提倡",对于义务教育阶段,则始终处于"截流"状态。

一边是积极想要送孩子出国留学的中小学生家长,一边是跃跃欲试的留学中介服务机构,两方互动形成强大的"洪流"。而国家主管部门筑起的政策堤坝,亦有"破堤"之势。

中小学生出国留学的总人数正在突飞猛进。中国与全球化研究中心专门对北京某5所中学出国留学情况进行抽样调查,结果显示,2010—2012年,高中生出国留学人数从2010年的215人上升到2012年的385人,所占当年毕业生总数的比例从2010年的9.28%提高到2012年的15.74%。

这些低龄留学生奔赴世界各地,特别是一些留学热点国家。据美国国土安全局的统计数字,在2005—2006学年,中国仅有65名中学生持因私护照去美国读中学,到2012—2013学年,美国私立高中有23795名中国学生,7年时间增加了365倍。

据英国《华商报》报道,如果将中国香港、台湾、澳门的小留学生也计算在内,2012年在英国寄宿学校读书的华人超过总数的一半。另据报道,2012—2013学年,加拿大温哥华从幼儿园至中学12年级的1086名国际留学生中,来自中国的有645人,占总数的59.39%。

新加坡教育部实施专门的海外留学计划,加大对海外低龄留学生的吸引力度。其中最有影响力的是东盟奖学金计划和香港奖学金计划。在亚洲,赴新加坡留学的中国青少年留学群体是较为突出的。截至2011年年初,中国在新加坡的留学人员总数约5万人,其中,在公立大专院校留学的学生1万余人,在公立中小学就读的约1万人。

中国与全球化研究中心主任王辉耀向《留学》杂志记者慨叹,低龄留学生日益增多,对我国长远发展并非好事。低龄留学生观念不成熟,缺乏是非分辨能力,很容易被西方文化同化,对国家和本民族的认同感可能会减少,难以找到归属感。国内基础教育应该加强传统文化的教育和熏陶,培养学生的文化自觉,使他们带着民族文化的烙印上路。

2012年10月,教育部法规司公布的《自费出国留学中介服务管理规定(征求意见稿)》明确提出,"自费出国留学中介服务机构的服务对象为已完成义务教育的人群"。该规定如通过，小学和初中生就不能通过中介出国留学。①

无论是应试教育的严酷，还是雾霾环境的严峻，家长"救救孩子"的心理，很大程度上导致了出国留学低龄化的趋势。出国留学不仅仅是为了"镀金"，更为了"洗肺"。既然出国留学增加了"洗肺"的目的，那么空气质量优质、自然景观优美、教学质量优质的留学目的地国家成为国内学生及家长的首选。世界卫生组织公布的研究报告显示，世界空气最清洁的 10 个城市中，加拿大占了 8 个。因此，毗邻美国的加拿大留学有望进一步提升在中国学生及家长心目中的国际地位。此外，地处南半球的澳大利亚、新西兰同样具有气候宜人、风景优美、生活水平高等优势，仍将是中国学生及家长追捧的留学目的地国家。为了孩子的健康，更多低龄儿童选择出国留学。面对百万大军留学的全新时代，交互控制是调适文化休克的理想选择。

由于交互作用的控制，就不会有人能随意操纵他人。孩子不能完全按照自己的意愿的行事，提出要出国就能得到满足。父母也不能完全服从孩子的意愿，父母对孩子的行为要有限制。教育行政管理人员、教师、学生、父母、中介，在追求各自目标之时，彼此之间也会相互影响。社会性保护措施也会在适当的时候对大批的留学人员采取控制手段加以限制，特别是对低龄学童出国，根据心理年龄特征加以调控和限制。

（三）自我效能（Self-efficacy）在文化休克中的引导作用

"自我效能是一种相信自己在某种情景下能够充分表现的信念。你的自我效能感会以多种方式影响你的知觉、动机和绩效。当你预期不能产生效果时，你不会尝试采取行动或者捕捉机会，当你认为不够充分时你会逃避。甚至当事实上你拥有能力并且存在意愿时，如果你认为自己缺乏某种事情需要的资源，你也不会去采取需要的行动或者是不能坚持去成功地完成任务。"②

---

① 参见汪东亚《留学中介进中小学欲"破堤"，教育部"截流"》，《留学》2014 年第 5 期。
② ［美］理查德·格里格、菲利普·津巴多：《心理学与生活》，王磊、王甦等译，人民邮电出版社 2014 年版，第 402—403 页。

1. 通过拥有抱负发展自我效能，缓解文化休克

拥有自我发展的抱负，对于一个人自我效能的发挥有巨大的促进作用。有什么样的抱负就有什么样的选择。有什么样的选择就有什么样的生活。我们虽然不能成为贵族的后代，但是通过自己的努力，我们可以成为贵族的祖先。要想走向成功卓越，必须拥有远大的抱负，拥有了它就拥有了成功的契机。

获取这类持久的自我激励的最佳途径，是通过能产生效能感和完成操作的自我满足的个人挑战。出国留学人员，很多人都怀抱着远大理想而远渡重洋，这些远大的目标，激励着人们不断努力前进。中国历史上的宋氏三姐妹就是很好的例子。

【案例6-11】宋氏三姐妹在中国近现代史上留下了光耀后人的篇章，在描写她们传奇经历的各种著述中，留学美国女子学院的岁月被描述得如同昨日。

1904年，年轻的宋霭龄登上了开往美国的轮船，前往彼岸求学。

她是随同父亲的朋友步惠康牧师一家前往的。步牧师是宋霭龄的父亲宋耀如在万德毕尔特大学的同窗好友。也正是得之于他的大力引荐，宋霭龄才得以进入位于佐治亚州梅肯市的威斯里安女子学院入学就读。

宋霭龄是在上海中西女塾接受启蒙教育的。她进校时只有5岁，当时没有适合她的班级，时任校长连吉生同意她先试读一学期，并单独教了她两年。之后10年中，她学会了独立自主及一口流利的英语。

初来威斯里安，宋霭龄就引起了这座学校所在的南方小城的轰动，因为她是到这里求学的第一位中国女性，一些当地报纸还进行了报道。热心的人们担心她能否适应这里的学习与生活，校长格里尤其担心她能否与其他同学和睦相处。为此，学校不仅安排她作为预科学生注册，还让她第一年就住在校长的家里。而后来的事实证明，在中西女塾所受的教育和训练使她很快熟悉了完全陌生的环境，并帮助她融入了当地的社会，宋霭龄无论是用餐礼仪还是衣着打扮都与同学无

异，并很快成了学校里最受欢迎的女性之一。

无独有偶，宋霭龄的两个妹妹也是从中西女塾走出来的。宋庆龄7岁入中西女塾，她的英文名字是罗莎蒙德（Rosamonde）。在学校，她一直是个文静的短发女孩，勤奋好思考。宋美龄的外号则是"小灯笼"，入学的时候只有5岁，是个胖乎乎的淘气任性的小女孩，经常喜欢穿着男孩的衣服到处乱跑。由于她年纪较小，所以在幼儿班学习。为了让她们互相照应，学校还特意把姐妹俩安排在同一间宿舍。但是宋美龄晚上经常做噩梦，其间还出了一身丘疹，最终被父母领回家去了。宋庆龄特别喜爱学习英语和文艺，曾参加学校的话剧排演和游艺会演出，演技颇受赞扬。很多年后，老师和同学们都记得她所表演的那个公主。

1907年，小姐妹跟随姨父温秉忠的教育代表团乘坐"满洲里号"来到美国，并在这所私立学校开始了她们在美国最初的求学生涯。宋庆龄在这里只待了一年，因为她的年龄较大，一般也不参加那些"小孩子的玩耍和嬉闹"。10岁的宋美龄却和小伙伴们相处得很好，和在国内一样，她总是欢蹦乱跳，对什么都感到新鲜。有一点倒是相同，就是姐妹俩都很爱看书，经常在图书馆待到闭馆时分。特别是宋庆龄，为了尽快考上大学，学习相当努力。后来，萨密特镇的图书馆馆长路易斯·莫里斯记得，"那个严肃的姑娘"贪婪地阅读成年人的小说和各类政治历史作品，这远超出了同年龄层普通女孩的口味，而总是跟在她身旁的宋美龄则爱读《兔子彼得》之类的童话。

1908年，宋霭龄刚升入大学四年级时，她和两个妹妹——15岁的宋庆龄和11岁的宋美龄在威斯里安团聚。宋庆龄顺利考上了威斯里安女子学院的文学系，但是宋美龄却因年龄太小，连做"特殊生"的资格都没有。这年暑假，她们到佐治亚州山城德莫雷斯特做客，宋美龄就被留在了那里，由宋霭龄同学的母亲莫斯太太照顾，在皮德蒙特学校读八年级。这个小山村，给她留下了许多美好的童年回忆，不仅"懂得了麻烦的英语结构"，还学会演奏"小耗子田野四处跑"一类的曲子。受姐姐的影响，她也喜欢博览群书，读完了狄更斯的大部分小说。9个月后，她又回到了姐姐的身边，因为威斯里安的新校长安斯渥夫主教同意她和另外两个年龄相仿的小女孩住在学校里，她们三人组成了一个小班，由学校的两个年轻教员专门辅导。

如果说宋美龄是因为年龄小，而在威斯里安颇受关注的话，那么宋庆龄则是因为她娴静美好的气质而受到人们的欢迎。两朵姐妹花，一朵是灿烂的雏菊，一朵则是香味悠长的百合。在师友们的印象里，宋庆龄是三姐妹中最爱思考的学生。她非常用功，从不漏掉任何一门功课的作业，她的同学霍莉黛认为她是一个"既有学问又有理想的学生"。而她的老师称赞说："在整个班上，她写的作文是最好的。"她还担任了威斯里安校刊的编辑和哈里斯文学社的秘书，并经常在校刊上发表文章，如《留学生在中国之影响》（1911年11月号）、《二十世纪中世界最大事件》（1912年4月号）、《近代的中国妇女》（1913年9月号）等，这些文章都反映了她在学生时代关心中国革命、关心妇女命运的进步思想。当辛亥革命胜利后她接到父亲寄来的五色国旗时，她立即把墙上的清朝龙旗扔在地上，并高呼拥护共和的口号。而直到这时，校友们才惊奇地发现，这样一个端庄温柔的少女竟然一直是一个热情洋溢的革命拥护者。

宋美龄认为威斯里安最重要的是对她人格成长的影响，她受到熏陶是"宁静的高尚气质，是体谅他人，是正直为人，是知识上的钻研，是交换人生所必要的观念和理想"。

留学生涯使三姐妹开阔了眼界，增长了见识，也使她们摆脱了深锁闺阁的传统命运，成为新时代妇女的表率，成为20世纪中国政治舞台上的风云人物。宋庆龄成为国母，爱国爱民，万民景仰；宋美龄嫁给蒋介石，权势显赫，呼风唤雨；宋蔼龄联姻孔祥熙，善于积财，富甲天下。她们对20世纪的中国拥有不可思议的影响力，在一定程度上影响了中国的历史进程，也因而成为世界关注的焦点。

各自拥有的抱负让她们走上了不同的道路，中西文化的熏陶开阔了眼界，训练了思维，双重文化造就了中西合璧的成功典范。

拥有抱负让一个人的生活有了目标，维持长远抱负的最佳方式，就是将长期目标同一系列可以达成的亚目标结合起来，前者为个体设定努力的道路，后者则在此过程中指导和维持个体的努力。亚目标是发展个人效能、克服文化休克的有效支持。亚目标的达成表明掌握程度越来越高，有助于形成和证实日益增长的个人效能感。将一个复杂的活动分解为一系列可以达成的亚目标，使其简化，这也有助于规避抱负带来的自我菲薄。当一个人在不断努力中，由生手变成行家，就会逐步克服文化休克的现象。

【案例6-12】问鼎奥斯卡的华人导演为数不多，李安是一个耀眼的代表。从1992年的《推手》开始，他的每一部作品几乎都被世界各大电影节所青睐，其作品中蕴藉着浓厚的东方情怀，以成熟优雅的表情和影像让人回味无穷。

这样的他，是怎么炼成的？

1954年，李安出生在台湾屏东潮州。李父希望李安考上大学，成为诗礼传家的楷模。可是两度联考落榜，让父亲对他的人生前景非常忧虑。最终，怀着电影梦的李安考进了台湾艺术专科学校影剧科。在那里，李安得以施展他演艺方面的才华，甚至还获得了一个小小的演员奖。

二年级的时候，父亲送给他一台8毫米摄影机，这是李父一生送给他的唯一一份和电影有关的礼物。他用这台摄影机拍了一部18分钟的黑白短片《星期六下午的懒散》，正是这部短片帮助他申请进入了纽约大学电影系。

1978年，李安作了一个让父亲十分愤怒的决定：报考了美国的戏剧电影学校。这让李父很无奈，因为这并不违反当初让他出国深造的"命令"，只是，他不能接受儿子竟然想去从事没多大出息的娱乐业。

李安在一篇文章中回忆当年的往事：1978年，当我准备报考美国伊利诺伊大学的戏剧电影系时，父亲十分反感。他给我列了一个资料：在美国百老汇，每年只有两百个角色，但却有五万人要一起争夺这少得可怜的角色。当时我一意孤行，决意登上去美国的班机，父亲和我的关系从此恶化，近二十年间和我说的话不超过一百句！

对于留学，李安本来想去法国，因为那时法国电影新浪潮很吸引人。他为此去学了两个月的法文，但法文里的阴性阳性、时式，搞得他头昏脑涨，加上还要通过语文考试，于是改变了初衷。他有一搭没一搭地补英文，托福考试总算勉强过关，随后开始申请学校。邻居小孩在伊利诺伊大学念书，他提到该校戏剧系有一幢很大的剧场，李安听了之后就申请了伊大。

在伊大第一年，李安经历了两个令他感觉翻天覆地的文化冲击，一个来自戏剧，与"性"有关。当时伊大戏剧系老师所选读的近代经典剧本，包括易卜生（Henrik Ibsen）、勋伯格（Harold C.Schonberg）等人的作品，正巧都与"性"相关，而且意识都很强烈。李安由此对戏剧原理、东西方的文化差异产生了很大的兴趣。在伊大，他感觉才接触到真正的西方戏剧，他对戏剧的观点整个被扭转了。

另一个文化冲击来自书籍。李安离开台湾后，开始有机会接触"禁书"——共产党的文艺及宣传作品，尤其是老舍的著作及斯诺（Edgar R. Snow）的《西行漫记》（*Red Star Over China*）。就这样，李安头一次对自我的身份认同产生了不一样的观察角度。这个冲击对他来说有如天地倒置。

在伊大，学科、术科并重。学科方面有戏剧史及剧本研读，术科方面除了学习表演、导演、剧场运作外，每学期还要打卡做满120—360小时的剧场工作。除了做剧场工外，他还参加过三次正式舞台演出及导过一次小剧场。

伊大两年，艺专三年，五年的戏剧养成教育，成为李安日后电影创作的底子。

1980年，李安顺利拿到伊大艺术学士学位，来到纽约大学电影研究所继续深造。在那里，李安很快意识到，自己终于找到了最适合自己发展的道路。这是他第一次真正意义上了解电影，以往的创作或是学习电影的经历难免都有些"票友"的意味，他此时的感受十分强烈。而纽约大学曾经培养出诸如奥利弗·斯通、马丁·斯科西斯、斯派克·李、科恩兄弟这样著名的电影大师，在美国电影史上形成了闻名遐迩的"纽约学派"。在这样的情况下，李安对自己的未来也充满了期待，他渴望自己经过在纽约大学对电影知识和技巧的系统学习，能够成为一名出色的导演，在属于他的舞台上借助电影去表演。

随着学习的深入，李安开始逐渐接触电影制作的全部流程。纽约大学的电影制作系研究所是一个培养电影导演的圣地，它很注重学生的实践能力，会尽可能给学生提供多一些的实际操作机会。而且，在学校学习的四年时间里，每个学生需完成5部作品的创作，包括默片、音乐片、配声片、同步录音片和毕业作品。

那段学习时光，李安过得十分充实。由于性格和语言、文化的因素，李安不擅社交，但只要跟电影有关，他立刻就像变了一个人一样。课堂辩论、片场实践让求知若渴的李安兴奋而快乐，以致每当假期来临他就会有失落感。二年级时，李安拍摄的《阴凉湖畔》获纽约大学奖学金，并于第二年参加了台湾主办的独立制片电影竞赛，获得金穗奖最佳短故事片奖。1984年，李安以毕业作《分界线》（Fine Line）从纽约大学结业，并取得硕士学位。

在36岁事业起飞之前，李安经历过两个低潮期。一是在连续两届大学联考（相当于高考）中落榜，二是从纽约大学电影制作研究所毕业后，他蜗居在家6年没有电影可导。

1985年2月，李安把所有东西打包成8个纸箱，准备回台湾发展。就在行李运往港口的前一晚，他的毕业作品《分界线》在纽约大学影展中获得最佳影片和最佳导演两个奖项。当晚，美国三大经纪公司之一的威廉·莫瑞斯公司的经纪人当场要与李安签约，劝他留在美国发展。

没想到，这一留就是6年。在拍摄第一部电影前，李安窝在家中当起了"家庭妇男"。

在没有工作的日子里，为了缓解内心的愧疚，李安每天除了在家里大量阅读、大量看片、埋头写剧本以外，还包揽了买菜、做饭、带孩子在内的所有家务，将家里收拾得干干净净。傍晚做完晚饭后，他就和儿子一起兴奋地等待"英勇的猎人妈妈带着猎物回家"，这让做妻子的林惠嘉备觉温馨之余亦十分感动。

6年的"妇男"生活让李安练就了一手好厨艺，就连丈母娘都忍不住说："你这么会烧菜，我来投资给你开馆子好不好？"

但李安活得不痛快，在男人三十而立的年纪，他不是家庭的经济支柱，全家人长期凭借的是妻子林惠嘉微薄的薪金过活。

灰心至极的他偶尔也帮人家拍拍小片子，看看器材，做点剪辑助理、剧务之类的杂事，有一次甚至到纽约东村一栋很大的空屋子去帮人守夜看器材，"好恐怖！真怕会遇上土匪闯进来抢劫"。

1990年，李安已然走到山穷水尽的地步：当时他在银行的存折只剩下43美元，又赶上小儿子出生。走投无路的李安将两个剧本《推手》和《喜宴》投给台湾主办的优良剧本甄选，希望能碰碰运气。这原本是改变命运的一搏，结果他赌赢了。剧本双双获奖，他得到了40多万台币的奖金。

6年的煎熬过后，这位昔日郁郁不得志的导演终于重获新生。他的剧本得到了中影公司制片部经理的赏识，最终决定投资1350万台币去拍摄。

1991年4月10日，《推手》由台湾"中央电影公司"投资、纽约库德玛西恩公司制片开拍。这是李安的第一部长片，他当时兴奋异常。"第一次有人叫导演，拿个木盒给我坐，飘飘然蛮过瘾的，也更坚定了拍电影是我生活的一部分的信念，以后我就这样过日子了。"

所有人都对这个"大杀四方"的青年导演赞誉有加，而李安此时却已经37岁了。回忆起那6年，李安对妻子给予自己的理解和支持充满感激，他曾说过："中国人造词很有意思，'恩爱'，恩与爱是扯不开的。"

不拘泥于文艺电影的框框，也不局限于商业电影的束缚，将东方式的体察温婉注入西方题材电影，在品位和市场、个性与包容间寻求着微妙的平衡。有人评价李安其人正如电影一样是中西文化结合的产物，"以最现代化的电影语言来表现最传统的中国文化，以国际主流电影的模式来展现东方文化的特色"。他将华人的文化带进西方的世界，将更多的理性和思考带给世人，让世人能通过他的电影更深地体会这个社会。

"我来的地方有着完全不一样的文化，这其实带给了我不小的优势，能够用一边的文化融合进另一种文化。"①

李安的成功就在于他选择了自己的目标，并且以极大的热情投入对目标的实现当中。同时，在6年完全失业的过程中，有妻子、亲人对他极大的鼓励和帮助。

当一个人在海外学习工作，文化休克的现象必然时常发生，学习成绩不良、生活不习惯、失业、失恋、没有朋友圈，如果没有远大的抱负和坚强的意志，文化休克必然时时袭击，所以在提高自我效能的过程中，通过拥有远大抱负，不断取得进步的成就，就是对自身的最好回报。

2. 通过转移兴趣点提高自我效能感，缓解文化休克现象

人们对自己所做的很多事情，并不是与生俱来就会有浓厚的兴趣，有的兴趣是由后天的培养产生，有的是由后天的需要产生。比如说一个人天生就喜欢做数学题、弹奏钢琴、唱歌剧咏叹调，那是不太可能的，但是经过后天的学习和训练，几乎所有的活动都充盈着迷人的重要性，有些事情也许并不具有那么重要的意义。"社会认知理论认为，内在兴趣的增长是通过有效的自我反应和自我效能机制培养的。人们在自己感觉有效能的活动中行为表现出持久的兴趣，并从中获得自我满足感。"②

当一个人的自我效能感减退，兴趣就会慢慢消失，文化休克现象就会表现得十分突出。以下是一位中国留学生在俄罗斯的故事。

【案例6-13】俄罗斯人有很强烈的英雄主义情结，如果你是一个人品佳的强者，他们会爱惜佩服你；可在一些留俄的中国人看来，莫

---

① 关阳山：《李安炼成记——"我一辈子都是外人"》，《留学》2014年第8期。
② ［美］A. 班杜拉：《自我效能：控制的实施》（上），缪小春等译，华东师范大学出版社2003年版，第310页。

斯科是一个相当灰色的城市，他们忍受百般屈辱，都是看在钱的份儿上。

来俄罗斯留学的人，如果是在国内没有俄语基础的，大多是为了突破高考的壁垒而来的。由于俄罗斯这些年物价连续上涨，留学的费用不断攀升，一些普通家庭也越来越难以承受。于是，在过了最初的语言关之后，这些留学生自然而然就去寻找一些打工的机会。

俄罗斯的大学对于课程的要求不高，本国大学生可以采用函授或者全日制面授方式完成学业。即便是全日制课程，也有夜间班可以选择。如果一个学生，由于经济原因无法在白天学习，也可从全日制白天班转到夜间班。这样的学生，如果功课好，用功努力，会特别得到老师的欣赏和帮助，俄罗斯的电影里常将这样的青年作为正面而励志的典范。俄罗斯的懒人多，而且很多懒人还爱喝酒闹事，所以，热爱生活、热爱工作的人，没有不良嗜好而且有专业知识的人，会赢得社会的尊重。打工的大学生，一边工作，一边学习，积累了社会经验，获得了学位，有的自然而然就留在打工的单位工作，继续从事相关的工作。这样的人在这个工作岗位上的升迁也会比较快。

拥有良好的语言基础，来到俄罗斯后又迅速融入当地文化的中国留学生很快就能成为劳动力市场上的抢手货。他们出去打工的目的，一是为了挣钱，二是为了更好地提高俄语水平，融入当地社会，为了未来的就职积累经验。留学生里面，还有一部分人是以学生身份作掩护，专门来俄罗斯打工挣钱的。

冯林，是《留学》杂志本次采访对象之一，今年32岁，在莫斯科已经有10年的打工经历。他出身艺术家庭，父亲曾是某省级交响乐团的小号演奏家。

在他上中学时，冯父辞职下海，在北京一所高校开了一家高档餐厅。10年前，冯林上大一，父亲原计划送他去美国留学，结果没有办成，于是改道来俄罗斯读书。在一个南部小城待了一年以后，他转到了莫斯科大学。不幸的是，他带的学费丢了，7000美金啊！因为不想跟家里说，他自力更生，走上了一条艰难的打工之路。

冯林曾眨着厚眼镜片后的小眼睛，定定地看着我说："你能想象我当时的惨状吗？我一天就吃一顿饭。早上5点就起来骑车去送华人报纸。到9点多回来，能挣30卢布。"我回想了一下，当时我来莫斯科的时候，一瓶酸奶就卖30卢布。

后来，冯林和女朋友在宿舍开了个小食堂，卖盒饭。之后，他去了大市场，给一个中国卖箱包的老板打工。从扛包到管钱，吃住都在市场里。几个年龄相仿的小伙子在一起，有过开心的日子，吃喝玩乐，挣了些钱；也有过争吵打闹的日子，最后生意黄摊，各自走散。再后来，他打过各种各样的长短工：在展会当过翻译，每天收入一二百美元；在俄罗斯人开的物流公司干过业务员，拉过一个单子，最后被中国人坑了；给大老板开车当马仔，低三下四地侍候过国内来的各色权贵；当过导游，施展浑身解数讲笑话娱乐游客；处理过各种繁复的突发事件；给俄罗斯公司当过采购，最后被厂家甩掉；给展览公司当过业务员，为了拉业务，免不了搞些歪门邪道的利益输送。这样的生活一直持续到他找到国内一家大企业在莫斯科设立的公司，当上了总经理，情况才有所改观。

冯林很羡慕我的俄语水平，我在听、说、读、写、译方面都无障碍。他常常跟我说的一句话是："我的俄语如果有你的这么好，那可就如虎添翼了。"

他的口头禅总掺杂着国骂。我曾问他："什么时候学会说脏话的？"

他当时眯起小眼，遥望远方，幽幽地说："在市场上的时候。哎，你不知道，那里的人都那么说话，我在市场上也没学到什么东西，就学会了骂俄语脏话。"

看到我眼里的鄙夷神色，他拿出手机给我看了几张照片。照片上有一个长相清秀的年轻人，高高的个子，留着一头及肩的长发，穿着一条白色印花T恤和泛白的牛仔裤，斜倚着栏杆，眼睛里流露出文艺青年特有的忧郁。

"这谁啊？"我问。

"真的看不出来吗？这就是我啊！刚到俄罗斯小城上预科的时候，那时候我每天就是学俄语、绘画、弹琴。"他有点失望。

我很惊讶，无论如何也找不到眼前这个粗壮的满嘴脏话的东北男人和这照片上小清新的文艺青年的联系。为了证明自己不是吹牛，有一次冯林给我弹了几支曲子，有肖邦的小夜曲和一些婉转的流行歌曲。他边弹边唱，陶醉不已。

那一刻，我忽然有些心疼这个朋友。如果当年他去了美国，如果当年他没有丢钱，如果他打工没有去大市场，如果他遇到一个好老板，他也许就不是今天的他。他应该是一个艺术家，或者是个画家，至少是一个像样的公司里的高级白领。现在的他，除了每天愁眉苦脸地琢磨怎么卖钢，还时时瞅着各种各样的赚钱机会。

"你还有理想吗？"我问他。

冯林语调坚定："有！等我赚钱了，我就回北京去，买个大房子，娶个媳妇，生个儿子，开个漫画工作室，专门画画。可是，我现在还得拼命挣钱啊！"

要知道，如果仅仅为了钱而把青春和生活埋葬在这个远离祖国的土地上是不值得的。俄罗斯并不是一个最容易赚钱的地方。以你在这里的努力，在国内你也一样可以很富有。[1]

每个人对自我目标的追求和对自我的评价都有不同的标准，也许冯林对留在俄罗斯并不感到幸福甚至很痛苦，但是他觉得在俄罗斯可以赚大钱回国买房子、娶媳妇、光耀门楣。就像攀岩是一件很危险、很艰苦的运动，但是运动员征服高峰后带来的自我满足又足以令人兴奋。然而在现实生活中，能给某人带来自我满足的东西，也许对另一个人可能意义不大或者根本就不重要。所以留学海外的学子，就是想赚钱也要找一个让自己有满足感的事情来做，切不可虚荣追风。

---

① 汪嘉波、安娜：《我他妈的得拼命赚钱啊！——留俄学生异国打工心酸史》，《留学》2014年第 9 期。

每个人的兴趣点都不一样，就拿戴口罩这件事来说吧，有些人喜欢戴，而另一些人则很不习惯。在中国就是为了防雾霾，在日本，人们戴口罩就不仅仅为此了。你能习惯这样的方式吗？

《留学》杂志特约撰稿人海尔凯特在其亲历日本系列之七《一生雕一口罩》一文中写道：

> 口罩在日本已经成为文化的缩影，从一块白色的织布口罩中，我们就能窥探出这个社会的精细、专注、守序、闷骚，以及神经质。
>
> 很多人可能不知道，日本才是真正的口罩消费大国。
>
> 但是，当你来到东京或大阪的街头，如果看到满大街密集的口罩，可千万别误会，这不一定是有啥疾病在肆虐。在日本，因呼吸道疾病戴口罩的人，只是很有限的一部分。
>
> 根据某公司对消费者的调查研究，日本人戴口罩的动可分为五大类。
>
> 第一类自然是"默认属性"预防疾病。之前日本人对 PM2.5 还没什么概念，"预防疾病"主要是指感冒，以及日本的"国民病"——花粉症。
>
> 喜欢戴口罩的第二类人，基本上可以说是女性。在日本，成年女性出门必须化妆。虽不要浓妆艳抹，但素面朝天绝对是不行的，这早已成为这个社会最基本的礼仪之一。去超市买菜也要化妆，下楼扔垃圾也要化妆……这样的生活简直就非人道啊！想偷个懒，该怎么办呢？戴个口罩呗。
>
> 第三类，是不想在公众场合引人注目的人。这未必是名人，任何人恐怕都会有脸不想被人看到的时候，比如今天气色不好，长痘痘，痘痘又破啦……据口罩公司的用户调查，日本人无论模样丑俊，几乎所有"对自己长相特别在意"的人，都更愿意选择戴口罩出门。
>
> 第四类是容易感到干燥的人。春季，先不提大气污染，就算是日本这样空气很好的地方，户外空气湿度也在30％以下；室内也不一定好到哪里去。尤其在空调环境里，口干舌燥在所难免，皮肤也容易干

燥不适。而且日本的女人脸上都是带妆的，干燥的空气无论如何都令人介意。戴上口罩，用自己呼出的空气来为自己保湿，多么简单有效。结合前文的第二类人，也就是说日本女人无论是否化妆，都可能喜欢戴口罩。

而最后这第五类人，就比较有趣了。在大和民族中，A型血占了绝大多数。大家都知道，A型血据说是对环境、他人、秩序比较敏感的一类，甚至有人说这就是整个日本社会重视"守序"的原因。那么，当一个人发现身边许多人都开始戴口罩时，自己也会情不自禁地去买来戴，哪怕他并不知道口罩对自己有什么用。这就是第五类：羊群效应下的从众者。套用社交媒体术语，也可以解释为这包含一种"病毒式传播"的因素。

口罩是日本民族特性的重要观照。相应地，由于过度在意别人对自己的看法，大部分日本人对"个性"特别谨慎。很多"个性生意"在日本很难做，因为他们并不愿意和别人太不一样。比如曾在我国热火朝天的手机彩铃，在日本却至今难以打开市场。

口罩也是一样，那些五颜六色、造型独特的个性口罩，虽然网上也有卖，但在日本的街头是几乎看不到的。顶多会带有淡淡的粉色，显示出一点点女性特色而已。

但个性毕竟是存在的，只不过日本人往往把它们隐藏得很深，不为外人轻易得知罢了。

虽然长得似乎都差不多，但事实上，为了满足"不化妆出门"而设计的口罩，和为了"预防干燥"而设计的口罩，其实从里到外都完全不一样。乍看白得有些无聊的口罩世界，其实是一个风格特色五花八门、市场细分已近极致的缤纷天地。

用一种广告语格式的说法：在日本，每个人都能找到适合自己的口罩。

日本人的细致与服务精神，真的是随处可见。①

---

① 海尔凯特：《一生雕一口罩》（亲历日本系列之七），《留学》2014年第9期。

当你到了日本，看到那么多人戴口罩也不会感到奇怪了吧。戴口罩可以看作当前日本风行一时的兴趣和爱好。如果你感兴趣就学，不感兴趣就欣赏。当一个人挑战目标和追求抱负去做某事就会充满兴趣，当一个人被规定去做某事，并且受到强迫和限制，就会兴味索然。

3. 通过自我调节缓解文化休克现象

自我调节首先涉及的是对诱人活动的自我抗拒。也许是自讨苦吃，但是为了顺利完成学业任务，必须让学习的动力胜过其他诱惑。

在国外，监督的人没有了，一切都靠自觉。你可以玩游戏、看电影、参加各种聚会，但是当有学习任务的时候，自我调节可以让我们调节注意力，较有效地做该做的事，还可以使自己从许多不必要的负担中解放出来。当一个人不能很好地完成学业任务，就会感到压力重重而且缺乏安全感，当缺乏调节技能时，人们都会把任务拖到最后一刻，最低限度地完成后者根本就无法完成的任务。当人们拖延需要完成的学习任务时，那些被拖延的事就会不断闯入脑海，削弱他们进行其他活动的乐趣，那些通过自我调节，调动自己的最大力量完成学习任务的人就可以避免这种自我提示的烦恼。所以自我调节是留学海外的学生实现持久学习兴趣、保持人格健康的持久源泉。如果不能实现良好调节，长期艰苦的学习就会变得单调乏味、兴趣全无，个人能力也得不到发展。自我调节还可以在留学生活中的其他方面得到运用。

初到英国留学的学生，每逢过圣诞节就寂寞孤独。中国人爱热闹，平日里喜欢清静的人或许还会躲着点儿嘈杂的地方，可是一到过年过节，讲究的就是一大家子团圆热闹，亲朋好友凑在一起自然是最佳的过节方式。

圣诞同样是英国人与家人团聚和朋友聚会的日子，英国人的圣诞传统就是足不出户，躲在家里过小日子，享受天伦之乐。

这个时候可能是中国留学生一年当中最难挨的时候了，冬天的英国本来就阴郁多雨，外加圣诞期间，所有的餐馆、商场、超市都歇业，没有家人、朋友陪伴的留学生只能自己躲在家里，特别是第一年到英国读书的新生，刚刚抵达2—3个月。对英国的生活环境还没有完全熟悉和适应，又没有朋友，人家一过节，自己就更想家。这种日子可想而知有多难过了。

在这样的压抑环境下，留学生产生心理问题就不足为奇了，特别是发生问题之后，自己并不能认识到自身的心理问题，长期得不到疏导，导致问题进一步恶化。

根据统计，2013年下半年，英国的各高校都接连发生学生意外身亡事件，其中部分原因就是因为留学生因为学习压力大等因素诱发心理问题而发生的悲剧。

一个人远离父母亲人，远离熟悉的环境，独自在海外生活，身心都要承受陌生环境带来的压力和冲击。

学业上、生活上、朋友间、感情上，一旦遇到困难和挫折，在陌生的环境中就有可能被无限放大，而对自己造成的影响也会随之增长数倍。处于这样的情境下，依靠别人是行不通的，只有靠自己对情绪和心理进行有效的调节。

最近网上流传一篇名为《留学生自我保护宪法》的文章，总结了20多项留学生海外生活自我保护的原则。提到的情景都是留学生容易遇到的困境，值得一读。

其中除提醒同学们在异国他乡应当遵守该国法律法规，遵守学校的各项规章制度外，特别提到留学生要学会自我心理调节和具有自我保护意识。

外面的世界很精彩，会让你心旷神怡，但也有荆棘坎坷，会令人沮丧。心旷神怡时不要忘乎所以，心情沮丧时不可崩溃抓狂，要学会自我调节。

自我调节是个体从不平衡发展到平衡的动力机制，个体通过自我观察、自我判断、自我效应，从而实现自我控制。社会学习的过程，就是坚持自我目标，并且不断努力，如果没有坚持就会受到各种负面社会现实的影响。如果自己不努力达到目标，就会随波逐流。如果目标太高，超过了个体的能力，又必须及时调整。个体在对自我不良习惯的改变中会得到好处，在他人成功的影响下，会得到鞭策和鼓励。

留学生活甘苦自知，每个人接受挑战和困难的限度也因人而异。虽然父母亲人不在身边，但遇事不要憋在心里，最好给家人打个电话，找朋友商量商量，有人分担是减轻压力的最好方法。

留学生在安排好自己的生活后，也需要在学习方面加强自律，以尽快适应从国内"被动学习"到国外"培养自学能力"的转变。独立学习的能力是说，自己能够坐得住，看得进去书，也可以用电脑学习。很重要的一条是留学生要耐得住寂寞。

到了国外，求生是第一位的，工作是第一位的，心里不平衡是没有用的，天天抱怨和叹息也没有用。到了国外，一切都得靠自己。和中国相比，这是一个更加无情的世界，有时候叫天天不应，叫地地不灵。在中国，实在觉得憋屈了，到朋友那儿哭一场，到父母那里住几天，实在不行了几十元人民币也能活一个月。在这儿就不行，大家都在找活路，谁有时间听你倾诉啊。一切都得靠自己，像一头孤独的狼一样去寻找自己的食物。

这里有两句话大家一定要记住，第一句是：Don't wait to be loved，to love。第二句是：Don't wait to have a good job，to start to work。这两句话包含几层意思：一是我们要有自信，相信我们能够爱别人，相信我们能够把工作做好；二是我们所拥有的东西一定是主动获得的，只有我们爱了别人，别人才会爱我们；只有我们做出了好工作，我们才会拥有好工作。

自我调节对人的社会化进程有重要的影响，当人一旦社会化，就不再依靠外在的奖励和惩罚，而是靠自己内部的标准来调节自己的行为。这样自我调节成为一个自然的过程，而不再需要过分强调和要求。

在国外学习工作，根据所在国的情况不断调整个人心态十分重要，我们无法改变环境，但是我们必须调整自己适应环境，这成为缓解文化休克的重要方法。

4. 提升健康水平，缓解文化休克

今天健康的概念在人们的行为习惯中，成为人们越来越关注的话题，而且良好的习惯对心理和身体健康具有十分重要的影响。如果在留学期间罹患疾病，无疑对学习和深造都会带来影响，这也属于文化休克的一个方面。许多慢性的健康问题都是由于非健康的行为和有害的环境积累的产物。健康不仅仅指不存在身体损失和疾病，更强调的是健康水平的提高和疾病的预防。这一定向是从疾病模型向健康模型的重要转变。然而除了遗传因素以外，身体健康主要取决于生活习惯和环境条件。不良的饮食习惯可以使人罹患心脏病和某种癌症；久坐就会减弱心脏的能力和活力；吸烟是患癌症、呼吸系统疾病和心脏病的主要原因；酒精和滥用药物会对身体造成负担；性传播疾病会引起严重的后果；暴力和其他对身体充满危险的活动会使人们致残或缩短寿命；对应激源的失调应对方式会损害抵抗疾病的免疫系统。[①]

当我们在海外留学，我们将面临各种健康问题。这些健康问题的产生，往往会造成留学危机。很多在海外留学的学子熬夜苦读，以身体健康为代价换取学分，这样的方式是否可取呢？

据说在美国要想读名校、当学霸就得自觉熬夜，想随便进入一所排名尚可的大学读书是件很简单的事，但要做学霸、进名校，就得拿得了全A，踢得了四分卫，主持得了市政会青少年论坛，心里还装得下世界繁荣与和平。在这样的要求之下，美国学霸们也少不了熬夜奋战、拼搏青春，不过和国内不同，美国学霸是自觉熬夜，中国学生是被迫熬夜，而熬夜所做的事，也真的不在一个量级上。

很多人认为美国读书很轻松，假如能到美国的高中留学，毕业后进名牌大学就跟玩儿似的，毫无压力。其实，这种看法大错特错。

美国的中学教育并不像中国那样一切以"升学率"为中心，管你能不能读下去，想不想读，一律按照进一流大学的要求来强迫每一个人学习。因此，中国学生在备战高考的时候，熬夜、做题完全是常态。

想进美国名校的学生，从高中一年级（九年级）开始，就必须一直选修最挑战自己的、难度很高的课程，甚至是大学程度的课程，而且还要保持平均分满分。

---

① 参见［美］A. 班杜拉《自我效能：控制的实施》（上），缪小春等译，华东师范大学出版社 2003 年版，第 259—260 页。

美国高中的科目评分不是根据一次考试决定的，而是综合平时作业、研究项目、考试测验等综合评价。哪一个方面差了，就可能把整体成绩拉下，最惨的是一门科目的成绩差了一点点，是无法重修的。

考试一次半次拿好分数容易，可是每一次交上去的功课或者测验都拿好成绩，从高一到高四都是很好的成绩，这样就很难了。为了让自己交上去的功课每次都是最好的，美国学生很多都熬夜写作业或者做研究、写论文。

假如是文科的，要读很多书，查很多资料；假如是理科的，同样也要读很多书，还要用课余时间做实验。假如上大学的科目（AP课），老师是按照大学生的程度来要求，无论是作业量、题目量和阅读量都比高中课程要多得多。

天资不是太高，却硬要上这些课的学生，只有用勤奋、用时间来换好成绩了。

中国高中的母语课（即语文课），绝对不会要求学生填词写古体诗，也不会要求学生写短篇小说。但是，美国高中的英语课，按照一定的韵律写古体诗根本就是基本要求；写短篇小说还必须仿照某种风格的，不能乱写。

这样难的东西，不花时间是不行的。但是，美国的名牌大学在录取学生的时候，学习成绩仅仅是其中一部分，另外，很多学校要看学生是否具备领导才能，是否能成为未来世界的领导者。

名校因为申请的学生众多，已经不满足于普通的义工经验或者社团活动的领导经验了，它们动辄要求学生有国际视野，有能够改变国际政治、经济、生活方方面面的活动经验。这些活动和经验，是需要花时间的。

美国名校的录取官都很聪明：假如一个学生所有的科目全A，SAT和ACT能考满分，而且还考了8门AP课，门门满分，手里还拿着两三门AP课，还是学校足球队四分卫、篮球队后卫，教委会学生代表，市议会青少年论坛的主持人，市长办公室的学生联络官，能写代码，能杀木马，去洪都拉斯帮灾民建过房，参加世界奥数赛得过金奖，这种人有这样多的时间做这么多事情，假如不是神，距离神也不远了。

假如不熬夜，有谁可以做那么多事？

有一个考进了常春藤盟校之一的布朗大学的学生，全奖。她最突出的贡献是成立了一个缅甸女生扫盲促进基金会，帮助缅甸的女孩子上学读书。

因为时差的关系，她经常要在凌晨跟缅甸那边的学生领袖通话联络，刚好就利用这个机会熬夜。她说，她经常会在晚上八点左右睡觉，然后把闹钟调到两点，凌晨起来以后就熬夜到早上六点，又是新的一天，要准备上学了。

"读书、社会活动、睡觉，我只能要两样。"这个女孩子说。

她代表了大部分没有校友关系，不是富豪，无法拼爹，但却希望进入美国顶级名校的美国学生的共同经历：天下没有免费的午餐，想进入竞争白热化的名校，无论是在中国，还是在美国，熬夜的程度都是一样的。所不同的是美国的学生是自觉选择熬夜，中国的学生可能是被迫熬夜而已。[①]

一个人过度劳累，身体由知觉到的威胁和额外的要求所产生的情绪状态，已被看作许多身体机能失调的重要原因。如果我们不能通过睡眠、锻炼、营养补充来调节身体，则会激活神经激素、儿茶酚胺和内啡肽系统并对免疫系统的机制造成损伤。因此应激的强度和时间的长度必须要由人来作出控制和调整，对客观环境要求如果不能作出有效的调整和积极的支配，就会增加细菌和病毒感染的敏感度，这就必将导致身体失调的发生，加速疾病发展的进程。

【案例6-14】2013年9月，创新工场创始人李开复被查出患有淋巴癌，一度退出公众视野。阔别17个月后，6月27日，李开复携新书《向死而生：我修的死亡学分》再度归来。李开复讲述了自己生病后，在死神阴影下所修的7个学分。其中提到最重要的一点就是健康的重要性。

他说，我非常热爱我的工作，然而，当面临死亡、面临癌症的时

---

① 参见《在美国做学霸竟这么难 美国学霸都自觉熬夜》，环球留学网（http://lx. huanqiu. com/2015/lxnews_0326/33891. html）。

候，我心中闪过的每一个思念都和工作没有丝毫关系。有一位护士看了很多病人，得到的最大结论是什么？大部分的临终病人最大的遗憾是没有和自己的家人有足够的时间在一起，而不是后悔自己事业没有达到巅峰。这样一件事情，我们每一个人都是临死才要想到吗？

在毫无防备下，我战栗地感觉到死神和自己离得那么近；和癌细胞交手的诊治过程备受痛苦，让我仿佛从云端瞬间坠落，刹那间，不知身在何处，渺小且无助。

我仿佛被禁闭在一间玻璃屋里，虽然可以看到、听到外面的世界，但那个活色生香的世界已经完全不属于我。

人在世俗里面，很容易陷入今天的这个世界里面，而面对死亡我们反而可能得到顿悟，了解生命真正的意义。死亡成为生命里一个无形好友，提醒着我们，好好活，不是只度过每个日子，不是追求现实的名利和目标。

健康无价。我平时的生活，热爱美食，不爱睡觉，每天晚上深夜二三点回家就急回邮件，让同事们看到我的工作是多么勤奋。而且在同事面前比的是看谁睡得晚。真正生病以后才深深体会到，失去了健康就什么都没有了。生命最重要，健康和生命是一样的。很多人说，你养生就没有事业了，就去过慢日子吧。其实不是这样的，不是说要放弃一切来维护健康。我们的健康简单来说包括睡眠、压力、运动、饮食这四点。如果四点可以达到及格，对于年轻人来说可以有时间工作。一个礼拜用掉4个小时去维护你的健康，不要等到有一天像我这样几乎来不及才知道学会要爱惜自己的身体。

在癌症降临之前，我的事业可谓一帆风顺。数十年来，尽管劳碌繁忙，每天工作十五六个小时，但我其实志得意满，毕竟自己想做的事多半都能实现，眼前还有无尽的疆土，等待我去开拓。

在52岁生日前不久，我被医生宣判得了第四期淋巴癌。身体在我多年来的摧残之后，发出最严正的抗议，要我正视它的存在；在毫无防备下，我战栗地感觉到死神和自己离得那么近。

我终于放下热爱的工作，回到台湾接受治疗，被迫补修死亡学分。

这段不在我人生计划里的"假期",意外让我的生命有了深刻的回旋,除了我的身体有待修补,没想到,我的心灵也神奇般地得到滋养。

这场生死大病开启了我的智慧,我依旧会尽力投身工作,让世界更好;但我更真切地知道,生命该怎么过才是最圆满的。

李开复反思说:"健康、亲情、爱,才是永恒。牺牲健康去换取所谓的成功和梦想,这简直是天大的笑话!"他说以前总鼓励年轻人要去追求什么,而现在,他也认为年轻人需要放下追逐虚名,关注健康、亲情和爱才更重要。

如果人们能有效应对环境应激源,人就可以缓解文化休克的困扰。但是当一个人对控制有害应激源没有引起高度重视,他们自己就会产生痛苦并损伤自己的机能水平。所以在健康促进行为中,要从个人改变开始,考虑矫正有害健康的习惯,通过了解潜在危险来保证行动的执行。久坐的人都知道规律性体操是使心血管功能提高的方法,别人开的处方没有任何用处,只有个人行动起来才是保证心脏健康的最有效方法。健康功能促进是一个人提高自我功能水平、缓解文化休克的有效途径。

三 返乡文化休克的应对

今天,越来越多的海外留学人员纷纷从国外返回国内,在面对国内各行各业的工作时,人们总是选择机遇最多的地方发展。在全球经济普遍不景气的情况下,中国经济一枝独秀,连续几年保持7%的增长率。尤其是在中国加入WTO、举办2008年奥运会成功的背景下,人们对中国未来几年的经济形势普遍持乐观的态度。而且,中国政治稳定,法制逐渐完备,投资环境进一步改善,再加上13亿人口的市场,这对全世界而言具有极大的吸引力。以跨国公司为代表的国际企业纷纷进军中国市场,而拥有西方的先进技术、西方的风险投资经验、西方先进的商战理念、丰富的中西沟通经验和人际关系资源的中国海外留学人员自然而然地成为开路先锋。

随着国际产业布局的不断变化,由此必然带来技术人才的国际迁移,尤其当某些高科技产业集中在一些国家时,高层次人才也会随之迁移到这些国家，例如近些年来的计算机行业，逐步从美国迁往中国，由此带来世界各国从事软件工作的人才纷纷来到中国，在其他国家留学或工作的中国人才返迁的趋势也十分明显。

同时美国的许多大公司通过将总部迁至海外以逃避国内高额企业税。美国公司在不缴纳美国国内企业税的情况下获取离岸收入，从而让这类公司难以从事税收倒置和在海外拆分其分支机构。所谓税收倒置，指在美国现行税收制度下，美国本土公司在收购海外公司后，将其总部迁至海外，成为外国公司，规避国内较高的企业税。很多公司利用这一渠道，通过跨国并购将公司总部迁到税收较低或几乎零税收的国家。美国是全球企业税负最高的国家之一，联邦企业税率约为 35％。据统计，过去十年里，有数十家美国企业将它们的纳税申报地迁移至海外，其中大部分发生在 2008 年以后。

据教育部统计，2014 年度我国出国留学人员总数为 45.98 万人，其中国家公派 2.13 万人，单位公派 1.55 万人，自费留学 42.30 万人。2014 年度各类留学回国人员总数为 36.48 万人，其中国家公派 1.61 万人，单位公派 1.26 万人，自费留学 33.61 万人。

2014 年度与 2013 年度的统计数据相比较，我国出国留学人数和留学回国人数都有进一步增加。出国留学人数增加 4.59 万人，增长了 11.09％；留学回国人数增加了 1.13 万人，增长了 3.20％。

从 1978 年到 2014 年年底，各类出国留学人员总数达 351.84 万人。截至 2014 年年底，以留学生身份出国，在外的留学人员有 170.88 万人，其中，108.89 万人正在国外进行相关阶段的学习和研究。改革开放以来，留学回国人员总数达 180.96 万人，有 74.48％的留学人员学成后选择回国发展。

当前归国就业的留学生中，英国留学归来的学生居第一位。之后依次是美国、澳大利亚、韩国、法国、日本、新加坡、德国、加拿大和俄罗斯。

据《2015 中国留学（课程）白皮书》显示，超过一半（53.80％）的海归人员认为回国后一直难以融入国内环境。这就是西方现代的思维方式和中国传统的人文观的冲突。海归人员只有调整好自己的状态，找到符合国内环境的职场处事方式，才能充分运用自己的所学，发挥海外教育的所长。

在回国就业过程中，海归对薪酬的期望值各不相同。其中，月薪期望3000—5000元的占33％，月薪期望5000—8000元的占30％，甚至还有8％的海归月薪期望在3000元及以下。海归就业薪资与期望薪资还存在较大出入：认为低很多的占38％，认为低一些占39％，认为高一些和高很多的各占1％。面对如此庞大的留学群体，海归早已褪去"精英"的光环，如果海归在回国就业初期过于看重薪资，则会错过很多长远发展的机会。

海归就业的岗位层级分布显示，57.80％处于基层岗位，27.40％处于中层岗位。与此同时，海归收回留学成本时间也更不相同：5年及以上的达到49％，4年占11％，3年占18％。数据显示，海归学生第一年年均薪酬只有8.3万元，第二年则达到13万元，第三年突破32万元。留学资金成本收回时间长、就职基层岗位，在回国就业的留学生中非常普遍。这是需要广大海归及有计划留学的学生们需要摆正心态的地方。

虽然大多数海归期望就职于外资企业或中外合资企业，但超过一半的海归最终就职民营企业。这是海归对于国内企业情况不熟悉的反映，民营企业目前仍是国内就业市场的主力军，因而海归回国后在"接地气"方面仍需努力。①

今天的海归积极归国创业，然而海归的特殊成长环境也在一定程度上影响了他们的性格和气质。多年的校园生活让他们相对单纯，优越的学习条件让他充满自信，异国的文化差异让他们内心冲突不断，他们回国后遭遇的各种返乡文化休克让他们也吃了不少苦头，在这里我们要共同探讨返乡文化休克应对的问题。

（一）海归求职的心态调整及返乡文化休克缓解

根据心理学和社会学研究发现，人的"需要'是人的能动性的源泉和动力'。当人产生了某种欲望或需要时，心理上就会产生不安和紧张的情

---

① 参见《86％海归6个月内找到工作　就业难问题并不突出》，腾讯教育（http://edu.qq.com/a/20150630/039288.htm）。

绪，成为一种内在的驱动力，心理学上称为动机。有了动机就要寻找、选择目标，即目标导向行动。当目标找到后，就进行满足需要的活动，即目标行动。当行为告成，动机在需要不断得到满足的过程中而削弱。行为结束了，需要满足了，人的心理紧张消除了。然后又有新的需要发生，再引起第二个动机与行为。这样，周而复始，往复循环，直到人的生命终结为止，这是人的动机与行为的一个客观规律"[1]。如图6-2所示。

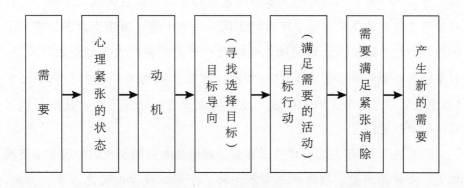

图6-2　需要运动过程[2]

许多海归人员回国后面临的最直接的问题是找工作，因为他们需要生存，当工作难找时，很多人选择了自主创业，然而在自主创业的过程中，很多人遭遇到创业低谷。像2014年，海归人员的创业现状就十分严峻。

2014年毕业季，预计有35万海归同国内727万应届毕业生一起竞争就业。原本含金量十足的海外文凭，在国内外学生扎堆学习的热门专业上，并未成为海归找工作时能够加分的砝码。海归本想出国"镀金"，提升自我实力，回来却发现自身所学成了"普遍技能"，归国后，自己的留学经历没能起很大作用。实际上，国内教育逐渐同国际接轨。在国内大学生各方面的素质都有了较大提升的同时，海归数量的递增与整体质量下降，这使国内招聘单位对海归并不"感冒"，而更看重个人潜力和岗位

---

① 苏东水：《管理心理学》，复旦大学出版社2002年第4版，第113页。
② 同上。

需求。

出去留学，社会各方面本身就对其抱有更高期待。这种高期待与回国适应期碰撞在一起，加剧了海归工作、生活、社交等方面的压力。理想与现实的落差下，一些本是社会重要精英的海归沦为职场失意、社交失联、文化融入困难的弱势群体。

王国成是北大留学生创业园的主任，他对《留学》杂志讲述了"留创园"作为留学生归国创业的大本营的过去和今天。在过去的二十年中，针对留学生创业的政策发生了巨大的变化。二十年前，留学生大多是掌握了国外核心技术的精英，借助国内外科技水平的差异，大多创业比较成功，百度就是典型的成功案例。六七年前，政策依旧向海归倾斜：基本是个"海龟"就会有政策发的大红包，比如减免税务，减免房租，甚至提供可观的启动资金。

但是在2010年左右，留创园逐渐发现留学人员的层次随着留学生规模加大、差异化增强，整体水平有所下降；于是，政策也随之改变。首先，留学归国创业人员的普惠政策在和"土鳖"创业的政策逐渐拉近，很难仅仅因为留学生的身份而获利。其次，寻找优秀的项目、优秀的留创人需要建立严格的标准，或者进行系统的测评，从而不浪费创业园区的资源。

很多园区还是采用过去的方法，按照数量指标引进留学生，许多当宝贝一样引进的留学生并不掌握核心技术，而许多留创园也接触不到一流的人才。王国成也提出了政府引入高端人才的方式方法需要变化。①

海归人员在国内求职，早期很多人都聚集在留学生创业园，有固定的工作地点，有较高的待遇和收入，海归人员也如所望，为社会创造了大量的社会财富。可是随着留学人数的逐年暴涨，海归人员为了求职，可谓是冲突不断。

【案例6-15】2012年1月14日，天津卫视求职节目《非你莫属》的一期内容引起网友广泛关注。从新西兰留学归国的"85后"女生刘

① 参见范笑天《21世纪留学创业：得屌丝者得天下》，《留学》2014年第14期。

俐俐欲寻找一份英文编辑的工作。刘俐俐的一些回应遭到主持人张绍刚和评审团的质疑，引发场上唇枪舌剑，最终求职者失败离场。

当天刘俐俐在自我介绍中坦言自己的缺点是说话直接，而矛盾的爆发，是在她回答张绍刚问题时，说自己喜欢莎士比亚的英雄双行体。接下来的争议是"中国"的称谓。主持人对中国人为什么称祖国为"中国"而不解。并表示"为什么我在与你沟通时浑身一阵一阵地发冷"。最后，连嘉宾席的 Boss 团也加入了舌战。他们也认为刘俐俐说话时眼神带着凶狠和轻蔑，具有攻击性。当被问及是否是家庭原因造成攻击性强时，刘俐俐答道"父母健在！"这一回答在她看来是一个幽默的回应，而在嘉宾们看来则是一种恶意的反击。有的嘉宾更指出刘俐俐"站姿做作""笑容狂浪"，双方争执不下，最后刘俐俐挑战失败退场。

网友们对此事件也是各有说辞。有的认为主持人和嘉宾态度傲慢，对归国求职者缺乏宽容。有的则认为刘俐俐以其有留学背景而态度高傲，回答过于草率，缺乏圆融，所以招致围攻。

其实，这一事件并非个例，而是一种群体现象。归国留学人员回到祖国后，常常会经历各种"不适应"。①

很多留学生回国后，发现一切并没有像他们所想象的那样：回到祖国的怀抱一切都那么熟悉、顺当。他们对自身微妙的变化，自然也毫无察觉，认为理所当然。然而时过境迁，人和事变化得竟是那么快。有求职需求，但也要慢慢适应国内的现实状况。

网上有一则"海归创业屡失败，为求富走上贩毒路"（长江网）的新闻引起众多关注。据了解，新闻中提到的吴某在留学加拿大期间就开始创业，并从国外赚到第一桶金。然而回国创业失败后，他心理失衡，走上了贩毒的不归路。

---

① 黄远卿：《归国留学人员文化再适应问题研究——从〈非你莫属〉刘俐俐的求职遭遇说起》，《泉州师范学院学报》2013 年第 3 期。

海归创业难免失败。"目前创业成功率约 5％，有的是缺钱，有的是团队内部不融合，有的是找不到市场投放。"在 2015 中国未来经济论坛上，一方集团总裁杨越在谈及中国当前的创业现状时如此说。每个人对"创业失败"的理解不同，"有想法而未做出产品""有产品却没有用户群""创业项目半途而废"等都是创业失败的表现。但创业为何会失败？如何度过失败低潮期？重新出发如何选择？这是我们要探讨的问题。

海归创业者王曦冉的科技公司刚刚起步，此前，他也见过不少创业失败的海归。在他看来，部分海归已经习惯了国外的政策与生活，如果他们平时很少关注国内动态，回国后马上创业，就会面临与中国社会脱节的状况。王曦冉说："比如说一款产品在国外很火爆，但不一定也能在中国引起轰动。因为国内外的政策、社交等环境不同，引进的产品在国内不一定能吸引到大量用户。"

多数有过创业失败经历的海归创业者认为，创业失败的原因是缺乏对用户需求的充分了解。创业需要了解该行业的目标用户需求。"以互联网创业为例，产品首先要在逻辑上走通，其次要有足够的用户调研。"王曦冉说："产品最终是用户埋单，它需要落地到用户。一款应用软件再好，没有话题性和用户基础，就没有人用，那它就是失败的。"

在创业过程中，难免会遇到挫折。在创业不顺利、付出与收获不成正比的时候，创业者会产生沮丧的情绪，很多人也因此进入了创业的低潮期。每个创业者经历的低潮期时间段不同，但许多创业者表示，在低潮期会产生放弃创业的念头。

曾经在澳洲留学、如今正在创业的小林坦言："最难的时候，说没有想过放弃是假的。"

小林表示，跟多数创业团队一样，他们的团队也面临着各种问题。因为国内外市场的差异，尽管切入点是正确的，但小林的创业并不顺利。"中途有人退出，我们做的产品市场上又没有其他的例子做参考，这个时候便会被质疑。"

但小林认为，支撑他走过来的动力是创业的热情。"如果你只抱着想赚钱的想法，那很难坚持下去，因为一个项目需要解决用户的需求点才能维持下去。就像有的产品就是解决租不到房的问题，有的产品解决打不到车的问题。撑下去的项目，绝对不是想要做大赚多少钱，而是你想做些什么改变目前的某些不对的现状。"小林说。问及创业进程，小林笑说："现在已经越来越顺利了。"

创业失败的吴某剑走偏锋，误入了贩毒犯罪的歧途。然而留美海归文洋经历两次创业的失败，仍然没有减退对创业的热情。

【案例6-16】2012年5月，曾留学美国亚利桑那州立大学的文洋回到北京，开始了他的第一个创业项目，帮助大学生做校园活动管理平台的软件开发，最终产品还没有上线就流产了。2014年他又和朋友合伙做一个去美国游学的项目，不久第二次创业也失败了。

在过去的3年里，文洋自学了鲁比（Ruby）程序设计，并寻找了许多懂得Ruby技术的程序员组建了一个Ruby社区。为了磨炼自己的编程技术，他还找了一家IT公司做程序员的工作，去了解一个IT团队是如何运作的。事实上，文洋在国企单位有着一份稳定的工作，但他并不满足于此。"在国企工作让自己的圈子小了很多，拼劲儿也没有以前足了。"文洋说，创业是对他的激情和梦想的释放，下一步他要做的是整合现有的资源和自己的兴趣，找到能够互补的合伙人，粮草先行，兵马择机而动。

创业失败的经历是对再创业的磨砺，也是一种积累。脸书（Facebook）2015年度最佳应用"魔漫相机"的创始人任晓倩曾在加拿大留学。2011年，她开发了一款名为"漫画微博"的应用软件，这就是"魔漫相机"的前身。任晓倩说："2011年微博还很火，为了寄生在微博上，我们开发了'漫画微博'。"然而由于对微博用户痛点的不了解，这款应用软件无法满足用户通过漫画表达心情的需求，最终效果平平。

任晓倩重新审视自己的创业初心：为了做出能让用户实现个性化表达的产品，而不是为了迎合市场而投机。于是，她开始专注于研发让每个希望用艺术的形式表现自我形象的受众能最快捷地获得心仪的图像的应用软件。"这是会给人带来惊喜的方式，也是我一直以来的梦想。"

那么面临回国后的创业低谷如何进行心理调适呢？

对于如何度过低潮期，北京某家咨询公司的心理咨询师粟先生给出了一些具体的方法：

> 首先，可以通过自我激励的方式，找一些名言警句，每天有规律地激励自己，做些心理暗示。
>
> 其次，充分调查失败的原因，反思复盘，自己将会收获良多。
>
> 另外，这段时期需要多与家人、朋友交流，从家人和朋友那里得到一些安抚。在交流中也能开拓思路，让自己成长起来。
>
> 同时，还要保持适当焦虑——失败了以后，惶恐不安或者满不在乎都不可行，焦虑水平与任务成功相关曲线是呈倒"U"形，保持中等焦虑有助成功。[①]

海归人员回国创业，就要尽快适应国内的大环境。

适应人际关系。在职场上要逐步适应国内复杂的人际关系网，对于人际关系网要用心经营，以为在国内人们更注重人情，其余都是次要。在国内一般都是先吃饭喝酒才谈生意，通过吃饭活动与对方熟悉，赢得对方的信任和喜爱才能进入谈生意的阶段，或者说是才能谈其他交易。工作与生活很难分得开。如果像国外一样疏远平淡的人际关系，有事说事，按程序办在中国是行不通的。只有通过频繁交往，使关系变得密切，才有可能把事情做成功。

多聊共同话题。海归回国后，很多人觉得在国内人际关系有压力。在国外人际关系单纯，工作关系和私人关系绝对不会交叠在一起。外国人注重隐私，下班后各自的应酬都无权过问，也不会谈起。在国内，大家在一起都会问你昨晚干什么去了，和谁吃饭，有什么活动等。

刚回国很多人对国内的情况不是很了解，比如国内的歌星、电影明

---

① 徐婷、张夏、王亚萍：《创业路总是时起时伏 受挫折能否再接再厉——海归身处低谷该怎么办》，《人民日报》（海外版）2015 年 7 月 2 日。

星、各种品牌，同事们聊的话题不一定明白，感觉很隔阂，所以到了新的单位，就必须多关注身边的人关注的事物，这样才能更快适应环境。

调整心态。虽然是海归，但是大多数海归究竟在国内的时间比在国外的时间长，所以适应国内的生活只是一段时间的事情。当然对于自己实在不了解的事情也不要一味抵抗，这样也会增加烦恼。中国是人情社会，这让人温暖，但是在做生意的过程中，西方的契约精神往往会使事情更容易处理。在处理具体事务时，该约定的条款要写，该说的话说在前面，有些协议必须签，这样以后处理起事情来要方便很多。

要多接地气。让中国更好地与全球对接是海归的独特优势，如何把西方的先进管理理念和中国的实践相结合将是海归新的使命。我们经常看到海归回国创业，北京、上海是必然选择，很少选择别的城市。海归选择回国创业应多作考察，更多放眼于二线城市。海外人员回国会有一定住宅成本和人力成本，而二线城市的创业压力要小很多。许多医疗和新能源公司的创业，已经在成都、武汉、苏州、杭州等二线城市展开，这可能是未来发展的一个趋势。海归人员要目光放长远，在真正需要你的地方创业才会有好的收获。

在国外学习期间就要关注国内的工作需求动向。海归在国外学习、生活时就要找准自己的定位，借鉴前人经验教训，不能单纯为了满足家庭、社会的期待，或是为一纸文凭而学习。同时，不能割裂与国内的联系，时刻把握国内市场动向，弄清国内雇主需要什么样的能力，求职时突出自己的职业目标等。总之，海归不仅仅要分清自己的优劣势，还要树立起自己的信心，保持一颗平常心，脚踏实地，相信自己的事业会朝着理想的方向发展。

（二）海归人员的期望值调整及返乡文化休克缓解

教育部发布的《2013 回国留学人员就业报告》显示，2013 年我国各类留学回国人员总数达 35.35 万人，是同期出国留学人数的 85.4％。近些年来，很多海归都选择回国就业，而且海外回国人数将超越出国人数，据专家预测，未来五年将会迎来史上最大"海归潮"。

留学生回国就业，带有各种不同的期望。有的希望回国，是想回到家人朋友圈中，因为在国外，和别人关系再好都存在一堵隐形的墙，这种隔阂不是源于故意排斥，而是一种天然屏障，难以逾越。有的回国是因为，在海外的精英团队中，几乎很少看到华人的身影，华人面对主流高薪职业都是只有望天花板的份。有的回国是因为即使在国外，很多工作范围都只能限定在海外华人圈子中，难以扩大到西方人的圈子，因此职业发展被框死，收入也受到限制。而且很多国家工作签证十分难，被审查的过程十分繁复。国际金融危机之后，发达国家对海外人才的需求减少，中国的经济保持稳定增长，虽然目前发展有所放缓，但就业环境稳定，创业空间广阔。尤其是近年来政府出台了一系列引进国际人才的政策和战略，各地结合自身实际出台各种人才政策，都让中国留学生对国内市场的信心倍增。从世界范围看，人才格局的改变、人力资源回归的趋向在中国、印度、巴西等新兴大国上体现得格外明显。很多海归人员认为，在中国有更好的发展机遇。

花费高昂的教育成本，以期有一个好的工作和前途，"留学海外"本是一个很好的"增值"途径。近几年，国外就业环境越发严峻，大批量海归回潮，另外，留学人员留学目的不一，素质参差不齐，导致海归群体整体"光环"减退，在这样的大背景下，海归就业有着怎样的现状和前景呢？

【案例6-17】虽然容身在全球顶尖的传媒集团，虽然生活在魔都上海，虽然头顶着名校海归的光环……聂向南工作1年有余，月薪也才"税前5000元"。

刚刚工作两个月的海归李江波，虽然比同学收入要高点，但依然不足4000元。

而海归侯乐无奈地告诉《东方今报》记者，他对薪水的要求并不高。

他们三个不是个例，相关数据显示，36.5%的海归回国后的第一份工作，年薪起薪不足4万元，67.2%起薪不足6万元。不少海归大呼"就业难"。从企业能提供的薪水来看，海归在他们眼中，不再是需要用高薪来争取的"宝贝"。

此外，2013年年底一组数据显示：海归回国后3个月内找到工作的占65.3%，3—6个月找到工作的占21.0%，6—12个月找到工作的占8.2%，1年以上找到工作的占5.5%。

可见，尽管近年来海归优势在递减，但海归回国待业，即"海待"的现象并不明显，86%的海归在半年内能够找到工作。

海归人员回国就业年薪分析如图6-3所示。

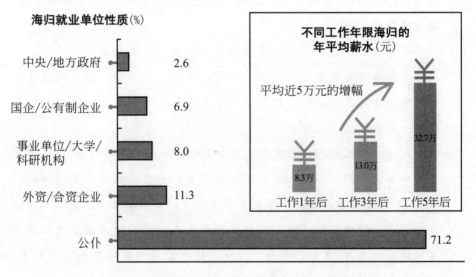

图6-3　海归人员回国就业单位性质及年薪分析

资料来源：《国际人才蓝皮书：中国留学发展报告》，社会科学文献出版社2012年版。

天基人才网产品总监坤池也是名海归，据坤池介绍，"海归"的求职竞争力略高于国内高校毕业生，但就总体趋势来说，海归的求职优势在缩小，竞争力和国内高校毕业生没多大区别。[1]

正是留学经历，让许多海归站在了更高的创业起点上，他们拥有国际

---

① 参见《海归就业报告：近4成人首份工作年薪起薪不足4万》，新华网（http://news. xinhuanet. com/overseas/2014-05/06/c_126466578. htm）。

视野，能更准确地把握时代潮流，具有更加开放的心态，掌握了更丰富的人脉资源。因此这使得很多海归人员对归国求职抱有较高的期望值。然而很多现状并不那么令人乐观。

【案例 6-18】一则消息引起了方念的注意：24 岁的"海归"孙延宇通过网络求职，找到东莞一份号称一入职月薪就可以有四五千的"工作"。到东莞后他才发现这是一个传销组织。因为拒绝加入，孙延宇被传销人员群殴致死。

"虽然这只是极端事件，但看来拥有海外学历的'金字招牌时代'真的终结了。"方念说。

他给记者算了一笔账：出国前考各种考试，各种语言突击班，来回机票等各项杂费合计为 3 万元左右，出国之后学费、住宿费等生活费每年二十几万。当然，打工贴补了点。但总体算下来，本科加上研究生一共也花了 100 万。

对于方念来说，现在拿到的这个 Offer 有点"鸡肋"，干吧，专业不对口不说，工资不高，上升空间也有限；不干，就还是个"海待"。"我上了这几年学，都算下来花了有 100 万，如果拿着一个月三四千块钱的工资，即使不吃不喝、不租房也不买房，都得 20 年才能勉强把留学的钱赚回来。"方念很矛盾，他说，每次面试都发现在排队的人中，好多都有海外留学经验。

"在国外留了学，以为已经镀了一层金，没想到回来找工作还是那么费劲儿，更不用说多挣钱了。出国这几年家里给我拿的钱，我都不知道什么时候能挣回来。"方念有些气馁，"这学留得有些不值"。与方念相比，她的学姐苏莉雯就比较幸运了，回国后，她在国内一家营销机构从事海外市场推广工作。苏莉雯说，与其他毕业一年还没有就业的同学相比，她现在无论是从工作前景还是收入水平来讲都算好的了，"我原来的求职目标是进入大国企或者银行，但今年的形势让我不得不调整了方向。今年许多银行和企业缩减了招聘计划，连博士想进去都难，更别说我这硕士了，只能牺牲此前所学的专业，重新开始"。能找到现在的工作，苏莉雯已经知足了，不过，专业知识无用武之地，这也成为这些海归跨行就业后的遗憾。

一般情况下，"海归"常倾向于选择可同时发挥其专业特长和语言优势的职位，但职位要求通常与这种预期存在落差，这也促使不少海归求职时根据现实情况调整求职预期和就业方向。

"很多同学因为想在国外工作、签证等原因留不下，想回国又找不到合适的工作，犹犹豫豫地待在国外，成了'海泡'。"苏莉雯说。

互联网上有这样一组名称：留学人员回国受重用者叫"海鲜"；"海归"中的明星叫"海星"；不断找工作的叫"海藻"；扎根海外且有一定基础的叫"海根"；拿不定主意，在留学地和国内之间左右不定的叫"海泡"；学术背景不高、找工作很难的叫"海草"。

一项调查显示，"海归"回国后的第一份工作的年薪普遍不高，其中 36.5% 年薪不足 4 万元，67.2% 年薪不足 6 万元。这与动辄数十万元的留学成本相比，投入产出极度失衡。[①]

面对海归的较高期望值，从国内当前的就业状况看，很多海归仍需要调整心态，期望过高，失望就大；期望过低，又不能激发人们回国的动力，祖国建设将失去众多人才。为缓解海归返乡文化休克现象，建议作出以下调整：

降低薪酬期待。很多海归因为缺乏工作经验，对薪酬要求又高，于是在工作应聘中屡遭挫折。在接下来的应聘中，应该降低对薪金的要求，在工作中通过锻炼和积累工作经验以求薪水不断提高。事实上海归留学回国，刚开始找工作时与国内毕业生同台竞争，在薪资方面不会有特别的待遇。几年之后优势会显露，海归的成长速度和空间往往会高于国内毕业生。因此，海归对自己的薪资要作出适当的调整，先扎下根来再作进一步考虑。

---

① 《海归花费 100 万留学反"海带"　找个工作三四千》，腾讯网（http：//edu.qq.com/a/20130801/006746.htm）。

民营企业值得期待。很多海归刚开始找工作的时候主要针对世界500强，尤其是外企。没有外企就直奔北上广，这样的海归非常多，于是海归需要分析形势，转变"非外企不进的想法"，将目标企业范围放宽。就业不要老是盯着外企，民企里面的机会也许更多。近年来，政府加大了对民营企业的支持力度，同时民营企业也在不断调整自身，为了逐步实现走出国门的目标，急需吸纳更多的海外人才助其发展。目前海归正在逐渐增多，但并不是所有人都适合外企，倾向于压力较小、发展稳定的海归则可考虑选择国企和民企。

一线城市锻炼，二三线城市发展。很多海归一回国就直奔一线城市，希望在一线城市驻扎下来，寻找工作。但随着对一线城市的了解，面对高房价和高物价，很多海归最终可能会转向二三线城市发展。这样可以转移在一线城市找工作的竞争压力，同时较低的房价和较平和的生活方式，无疑也是一个比较合适的选择。

中国与全球化智库研究员王鹤霖认为："正确梳理自己的'期望值'，一步一个脚印地创造条件，去实现自己真正的'高期望值'，需要一个心理适应期及工作顺应期，它们相互配套渐进才能成功。"

（三）海归人员的婚恋观调整及返乡文化休克的缓解

海归的婚恋观经历过中西文化的影响，很多海归对于婚姻的看法已经有所改变，但是他们回到中国，到了一定的年龄，父母总是希望他们早日成家立业。然而他们本人却不那么看。案例6-19是一位海归女孩对婚姻的看法。

【案例6-19】中国女性很容易忽略自己的潜力和生活的各种可能性，并把太多梦想和期望值托付给婚姻。这不仅让我们活得很被动，更给男人带来不必要的压力。记得我一位纽约从事心理学工作的好友跟我讲过："当女人完全长大成熟，搞明白做女人这件事情，并学会释放自己的能量时，她们一定是这个世界上最强大的生物。"不要掉进别人为我们设置的该在多大年纪前结婚生子的圈套中。婚姻不是解决我们问题的灵丹妙药，更没有脱胎换骨的功效。婚姻只是人类多种关系中的一种，由你自己的意愿选择结婚或保持单身。

　　除非钱是你唯一想要的东西，而除此之外你一无所需，不然不要为了金钱而结婚，你得到后会感到更加空虚，因为你卖了灵魂。我们可以把做无聊的公主梦的时间用来培养习惯和爱好，比如做志愿者，经营一个温馨的小店，学习一项技能或运动，并定期旅行。要想成为一个思维敏捷、风趣、大方的女人，我们需要学会研究这个世界。我相信在这个世界上 Mr. Right 不止一个，只是在适当的时候我们选中了一个。做一个有趣的人，这是曾经生活在纽约时，我从身边那些风情万种的曼哈顿女人身上看到的最耀眼的特质。

　　作为女性，不要一味去等待所谓的好男人出现，可以用单身这段时间塑造自己，成为更好的女人。总是想调查一下身边那些催我们结婚的人，他们的婚姻是否幸福？他们又因此完整了吗？人人都需要安全感，但真正的安全感来自我们的内心。无论已婚或单身，作为女性都应该美丽、健康、积极、快乐。

　　有人把中国近代的人称作"橡皮人"。他们无痛、无趣、无梦、因为多数人的生活和社会从他们身上所期望的只是一堆状况（婚姻状况、工作状况、收入状况等）。中国教育从孩童时期就提倡攀比，比成绩，比学校，比学位，比挣钱多少。

　　如果这个社会把大多数人的价值都体现在数字上，我相信这种对人性本质的忽略是很多人焦虑的原因——社会没有把人当人对待，而人只是制造一些数字的工具。这里的人担心别人怎么看待他们，远远超过担心怎样开创自己的梦想。而他们的梦想，如果这也算是梦想的话，是建立在外部条件的对比上的，更有钱、更大的房子、更奢侈的跑车，而更少人专注于自己内心的渴求。

　　在了解自己真正的需求以前，中国的小孩就被社会教条灌输适龄结婚才是完整的人生。现代婚姻典型的过程是：你碰巧认识了一个人，这个人碰巧喜欢你，经过一段时间，你们结婚了，一段时间后，是没完没了的妥协，试图维持这个婚姻。这样的社会体制创造出的人总是处在焦虑、恍惚、封闭和困惑状态，拥有再多也不快乐。他们无论是领导者、管理者，还是配偶，能力和能量都非常有限，因为他们缺乏生活的基本工具——认识并表达情感的能力。①

以上的言论也许代表了一部分海归的心声，但是他们的父母在传统文化的氛围当中，他们对自己孩子的婚姻又是什么看法呢？案例 6-20 是来源于中新网的一篇报道。

【案例 6-20】愈来愈多的留学生"海归"后面临着婚姻的压力。这些"80 后"与"90 后"的独生子女们，多半是父母的"心头肉"。被召唤归国以后，纵身一跃投入相亲的热潮。父母们呕心沥血培养了这些满腹洋墨水的儿女，带着浓浓的期望与更高的要求，开始了"选媳、选婿"的茫茫之路。但是，他们似乎依然陷入了困境。

首先，是他们个人的"高不成，低不就"。"海归"留学生的择偶要求如同择业一样，高门槛、高要求、高水准。见多识广的留学生们对于未来生活的渴望，几乎都建立在"质优兼备"的基础上。外国的各种思潮和教育观，现代化的物质观与价值观，让"海归"们渐迷双眸，乱了阵脚。他们不愿让自己处于劣势，选择的对象必须是体面的，甚至条件优于同龄人。过多的外在条件让"海归"们成为滞销的优质库存。其实，货比三家，可行！择偶一旦开始比较，那就是"一山更比一山高"了。

其次，是"海归"的父母们要求过高。费尽苦心掏空腰包培养出来的留学生怎么可以敌不过身边亲戚家的孩子。"海归"们无疑成了父母炫耀的资本，面子问题成为"大问题"。他们学成归国，身着进口的外衣，未来的婚姻也要高于同龄人的级别。同样的婚房，多层住宅、高层住宅、私家别墅，甚至花园洋房；同样的婚宴酒席，大饭店、星级酒店、露天婚宴等。在许多父母眼中，子女婚姻的体面度跟生活的满意度已经毫无关系了。他们希望女子的婚姻闪出光彩，这其中还隐含借子女的婚姻让自己光彩一下的心结。

---

① 《一个海归女孩儿的自白》，豆瓣网（http://www.douban.com/group/topic/45120909/？type＝like）。

再次，是社会环境变化后带来的压力。"学成归国""报效祖国"，20世纪中国改革开放后走出国门的第一批留学生，一旦"海归"而来，立即就会被荣誉、美誉、职场、职位、住宅、汽车等包围起来，犹如众星捧月一般，解决个人婚姻问题自然可以从容地"百里挑一"。如今，伴随中国经济的发展，"海归"也不再是"香饽饽"，成为"海待"的数不胜数，他们除了文凭以外，几乎可以说是一无所有。一种怀疑他们在海外"混不下去"的目光，一种瞧不起他们继续做"啃老族"的认识，一种轻视他们语言和人际关系交往能力的感觉，让他们在择选婚姻对象时屡屡受挫。更让人感到心痛的是，许多"海归"对这些因素，或者不知，或者是不想知道，他们依然生活在自我的"宅"中。

"我的婚姻，我做主！"许多"海归"是这样想的。但是，要真正这样去做，也实在不是一件容易的事情。所以，号准症结，调整自己，"不为浮云遮望眼"，才有可能获得美满的婚姻。[①]

海归一直被相亲界奉为"绩优股"，单身、适龄、有结婚意向的海归更是婚恋市场的"紧俏货"。然而，年轻的海归一代同样面临着"长期抗战"的境况，"女恨嫁，男未娶"的现象在年轻海归中已不鲜见。上海海外人才服务中心负责人透露，在回国就业的海归中，处于25岁至35岁的婚嫁适龄人士占极高比例，其中，单身年轻海归难觅合适伴侣成为突出问题。海归只要调整心态，真爱不再难求。

对有成家意向的男海归来说，回国后要全面适应国内环境，而且事业上的打拼也刚开始，自身压力较大，大多希望能在相对稳定的情况下再相亲交友，并不着急结婚。专家建议不要因太投入事业而忘记寻找生活的乐趣，毕竟个人的成就感标准是建立在事业和家庭双重基础之上的。

女海归则面临"嫁不出去"的困境，逐渐加入高年龄、高学历、高收

---

① 洪琳：《海归回国婚恋期望高　婚姻成"面子问题"陷困境》（http://www.chinanews.com/lxsh/2012/06-25/3984595.shtml 2012-06-25）。

入的"三高女"行列。而对于优秀的海归"剩女",在择偶上应尝试调整期望值。"很多'三高女'希望找处处比自己实力强的男性,但拥有这个条件的男性通常择偶的范围也更大。"某交友网站资深人士表示。

一些已婚海归人士表示,女海归在寻找另一半的时候要问自己:你是想要成功男士还是成功生活伴侣?不管是在谈恋爱还是在婚姻生活中,"完美主义"是绝对要不得的,"始终抱着平和的心态,而并非盲目,这才是男女正确的相处之道"。有着几年幸福婚姻生活的林菁女士如是说。

单身海归在调整心态之余还应多参加一些交友活动,扩大交友范围,增大与异性的接触机会,毕竟单靠亲友介绍交友圈有限。但同时专家表示,目前相亲机构举行的交友活动大多只是在进行外在数字(学历、年龄)的"机械"匹配,很难以男女双方的幸福感为选择标准,海归在参加时也需"擦亮双眼"。①

---

① 参见郭肖杰《海归婚恋难,心态需调整》,《人民日报》(海外版) 2010 年 4 月 3 日。

附录 关于"文化休克及返乡文化休克对比"的问卷调查

尊敬的海外归国人员：

您好！

非常感谢您在忙碌的工作和学习中能够抽出时间来完成这份问卷。当您在国外留学时，您是否经历过与人交流方面等种种不适？这些不适是否影响了您在国外的生活？而今回国后，您是否又感受到了与国人交流方面的不适？这些不适是否又影响了您在国内的生活？为了更好地了解和掌握出国留学人员及海外归国人员所经历的文化休克及返乡文化休克的情况，我们以问卷形式向您了解情况。问卷全部采用匿名的形式，您的答案也没有对错之分，您只需按照您的真实感受如实回答即可，这对我们的研究将是莫大的帮助。衷心感谢您的配合！祝您生活愉快！

一 您的基本概况

1. 您的性别_____

2. 您的年龄_____

3. 您的最高学历_____

4. 您曾经出国的国家是_____

5. 您出国的年份_____年

6. 您出国时的年龄？

    A. 20 岁以下   B. 20—30 岁   C. 30—40 岁   D. 40 岁以上

7. 您在国外居住的时间？

A. 1 年以下　　　B. 1—5 年　　　C. 5—10 年　　　D. 10 年以上

二　出国前的准备

1. 出国前的外语水平如何？

A. 与当地人交流完全没有问题

B. 可以应对日常生活，但对于专业问题或口音或俚语还不能完全理解

C. 只会用一些简单的单词交流

D. 基本不能和当地人交流

2. 出国留学前您是否去过其他国家？

A. 去过一些（3 个及以上）

B. 去过，但不多（1—2 个）

C. 没去过

3. 出国前您是否对可能遇到的困难（包括客观的和心理上的）有所准备？

A. 有充分准备，所以遇到困难时我没有很沮丧

B. 有所准备，但没想到有这么多困难

C. 没有准备

4. 出国前您是否接受过跨文化适应的培训？

A. 有　　　　　　　　　　　　B. 没有

三　出国后的学习与生活

1. 出国后的语言流利程度如何？

A. 与当地人交流完全没有问题

B. 可以应对日常生活，但对于专业问题或口音或俚语还不能完全理解

C. 只会用一些简单的单词交流

D. 基本不能和当地人交流

2. 您在国外的朋友主要是_____

A. 中国留学生　　　　　　　　B. 当地学生

C. 当地居民　　　　　　　　　D. 其他国家留学生

3. 您经常参加当地人的活动吗，如学生联谊会等？

    A. 从不参加   B. 偶尔参加

    C. 经常参加   D. 主动并积极参加

4. 您与朋友交流时更喜欢哪种交流方式？

    A. 更喜欢国内的交流方式

    B. 更喜欢国外的交流方式

    C. 能灵活在两种方式间转换

5. 和当地人相处时内心感受如何？

    A. 亲近   B. 自在

    C. 拘谨   D. 讨厌

    E. 小心翼翼   F. 有隔阂感

6. 如果您和国外朋友有过矛盾，主要原因是_____

    A. 文化差异   B. 性格差异

    C. 生活习惯差异   D. 价值观差异

    E. 经济纠纷   F. 其他

7. 您在国外的饮食习惯及生活起居习惯更偏向于_____

    A. 中国模式   B. 国外模式

四 文化休克

1. 您出国后经常感到孤独、失落和思念家人吗？

    A. 是   B. 否

2. 从何时开始的？

    A. 1 个月   B. 3 个月

    C. 6 个月   D. 1 年

3. 大约持续了多长时间？_____

4. 您感受到文化休克的程度如何？

    A. 严重   B. 一般

    C. 轻微   D. 无

5. 除了孤独、失落外，在经历文化休克时您常感到有下面哪些症状？

    A. 失眠   B. 特别想家

C. 想哭   D. 情绪低落，不稳定

E. 想放弃留学生活   F. 对未来前途迷茫

G. 无任何不适

6. 您在以下哪些方面感受到不适？（可多选）

A. 自然气候   B. 人际交流方式

C. 生活方式   D. 文化价值观

E. 其他（请具体指明，可多写）：_____

7. 在经历文化休克的过程中，是否经历过反复？

A. 是   B. 否

8. 反复的次数？_____

五 返乡文化休克

1. 您在回国后是否经历过返乡文化休克？

A. 是   B. 否

2. 从何时开始的？

A. 1 个月   B. 3 个月   C. 6 个月   D. 1 年

3. 大约持续了多长时间？_____

4. 您感受到的返乡文化休克的程度如何？

A. 严重   B. 一般   C. 轻微   D. 无

5. 您在以下哪些方面感受到不适？（可多选）

A. 自然气候   B. 人际交流方式

C. 生活方式   D. 文化价值观

E. 其他（请具体指明，可多写）：_____

6. 您回国后的朋友主要是_____

A. 同样有过出国经历并回国的留学生

B. 原先的朋友

C. 其他国家来中国留学的留学生

7. 您对国内朋友的交流方式_____

A. 能够顺利转回国内的交流方式

B. 习惯了国外的交流方式，一时改不过来

8. 回国后，与国内朋友相处时内心感受如何？

    A. 亲近　　　　　　　　　　B. 自在

    C. 拘谨　　　　　　　　　　D. 讨厌

    E. 小心翼翼　　　　　　　　F. 有隔阂感

9. 如果您回国后与家人朋友有过矛盾，主要原因是_____

    A. 文化差异　　　　　　　　B. 性格差异

    C. 生活习惯差异　　　　　　D. 价值观差异

    E. 经济纠纷　　　　　　　　F. 其他

10. 关于国内外文化价值方面，您对以下哪些话的表述比较认同？

    A. 国外和国内的价值观念很不相同

    B. 我感受到两种价值观念的冲突

    C. 价值观上的冲突影响了工作和生活

    D. 国内外的文化存在很大不同

    E. 文化上的冲突影响了工作和生活

    F. 出国使我的思想观念更开放

    G. 出国使我更注重个性体现

    H. 出国使我更注重个人价值的实现

11. 在经历文化休克的过程中，是否经历过反复？

    A. 是　　　　　　　　　　　B. 否

12. 反复的次数？_____

13. 您觉得目前对国内的适应情况_____

    A. 很好　　　　B. 一般　　　　C. 较差

文化休克及返乡文化休克对比的半结构式访谈大纲

1. 您出国时感受到的文化休克和回国时感受到的文化休克哪个更强烈？您觉得这与您出国的年龄、国外待的时间和语言水平有关系么？

2. 出国时感受到的不适和困难对您的影响有多大？是否经历过反复？

3. 回国时感受到的不适和困难对您的影响有多大？是否经历过反复？

4. 您对于出国和回国感受到的不适和困难时如何应对的？

5. 能否结合您自己的经历，举一些具体的例子来说明您感受到的文化休克和返乡文化休克，以及克服它们的过程中自己的一些感受？

参考文献

一 中文文献

[1] [美] 爱德华・C. 斯图尔特（Edward C. Steward）、密尔顿・J. 贝内特（Milton J. Bennett）:《美国文化模式 跨文化视野中的分析》，卫景宜译，百花文艺出版社 2000 年版。

[2] 安秋玲:《青少年同伴群体交往与自我同一性发展研究》，华东师范大学出版社 2007 年版。

[3] [美] A. 班杜拉:《自我效能：控制的实施》，缪小春等译，华东师范大学出版社 2003 年版。

[4] [美] A. 班杜拉:《自我效能》，《心理学评论》1977 年第 84 期。

[5] 卞浩宇、高永晨:《论中西饮食文化的差异》，《南京林业大学学报》（人文社会科学版）2004 年第 2 期。

[6] 蔡荣寿、金芳颖:《跨文化交际通论》，苏州大学出版社 2009 年版。

[7] 陈慧、车宏生、朱敏:《跨文化适应影响因素研究述评》，《心理科学进展》2003 年第 6 期。

[8] 陈国明:《跨文化交际学》，华东师范大学出版社 2009 年版。

[9] 陈晓萍:《跨文化管理》，清华大学出版社 2009 年第 2 版。

[10] 陈欣:《传统礼仪与中英文化差异》，《江西社会科学》2005 年第 12 期。

[11] 陈雪飞:《跨文化交流论》，时事出版社 2010 年版。

[12] 陈学敏:《高中生出国留学步步惊心：如何规避留学风险》，《羊城晚报》2015 年 2 月 3 日。

[13] 邓茗文:《留学生的朋友圈都是中国老乡？——"中国幽灵"突破圈子：一半人

能成功》,《留学》2014 年第 5 期。

[14] 范笑天:《21 世纪留学创业:得屌丝者得天下》,《留学》2014 年第 14 期。

[15] 高凤霞:《跨文化交际中的文化差异》,《商丘职业技术学院学报》2005 年第 1 期。

[16] 关阳山:《陈丹青海外磨就的自由灵魂》,《留学》2014 年第 6 期。

[17] 关阳山:《李安炼成记——"我一辈子都是外人"》,《留学》2014 年第 8 期。

[18] 郭肖杰:《海归婚恋难 心态需调整》,《人民日报》(海外版)2010 年 4 月 3 日。

[19] 郭亚伟:《浅探中法酒文化差异》,《现代交际》2014 年第 1 期。

[20] 海尔凯特:《一生雕一口罩》(亲历日本系列之七),《留学》2014 年第 9 期。

[21] 何伟琼:《美国文化的精神渊源探析》,《枣庄学院学报》2013 年第 8 期。

[22] 黄远卿:《跨文化交际中反向文化冲击原因及策略探究》,《长江大学学报》(社会科学版)2010 年第 4 期。

[23] 黄远卿:《归国留学人员文化再适应问题研究——从〈非你莫属〉刘俐俐的求职遭遇说起》,《泉州师范学院学报》2013 年第 6 期。

[24] 〔英〕J. R. 波尔:《美国平等的历程》,张聚国译,商务印书馆 2007 年版。

[25] 蒋金芳:《浅谈跨文化交际中中日文化差异》,《牡丹江师范学院学报》(哲学社会科学版)2010 年第 3 期。

[26] 金芳颖、蔡荣寿:《文化身份的冲突和改变:在英国生活的中国移民个案研究》,《教育前沿》2008 年第 6 期。

[27] 靳淑梅:《教育公平视角下美国多元文化教育研究》,博士学位论文,山东大学,2009 年。

[28] 〔美〕克拉克洪(Kluckhohn, C.):《文化与个人》,高佳译,浙江人民出版社 1986 年版。

[29] 〔美〕诺兰·麦卡蒂、基思·普尔、霍华德·罗森塔尔:《政治泡沫:金融危机与美国民主制度的挫折》,贾拥民译,华夏出版社 2014 年版。

[30] 潘一禾:《超越文化差异:跨文化交流的案例与探讨》,浙江大学出版社 2011 年版。

[31] 〔美〕理查德·格里格、菲利普·津巴多:《心理学与生活》,王磊、王甦等译,人民邮电出版社 2003 年版。

[32] 李建军、李贵苍:《跨文化交际》,武汉大学出版社 2011 年版。

[33] 李晶:《逆向文化冲击中的文化适应——对上海市归国留学人员的实证研究》,硕士学位论文,复旦大学,2008 年。

[34] 李琼:《出国读高中——低龄留学更要准备充分》,《广州日报》2015 年 5 月 20 日。

[35] 李先知：《试析中国留美高校学生的跨文化适应和对策——以美国俄克拉荷马州立大学为例》，硕士学位论文，重庆大学，2011 年。

[36] 林碧英：《班杜拉的"社会学习理论"与榜样教育》，《福建师范大学福清分校学报》1992 年第 2 期。

[37] 凌文辁、郑晓明、方俐洛：《社会规范的跨文化比较》，《心理学报》2003 年第 2 期。

[38] 刘建华：《美国跨国公司与"民主输出"研究》，博士学位论文，复旦大学，2007 年。

[39] 刘小雪：《水平—垂直维度文化对自评和他评差异的影响研究——以本土和在华外资企业 360 度反馈为例》，硕士学位论文，复旦大学，2010 年。

[40] 罗志野：《美国文化和美国哲学》，广西师范大学出版社 1993 年版。

[41] 陆欣、王小芳：《中美友谊概念的对比研究》，《吉林广播电视大学学报》2006 年第 4 期。

[42] 陆风生：《作为视野的参考团队》，《社会》1987 年第 6 期。

[43] 马克思、恩格斯：《马克思恩格斯全集》（第 32 卷），人民出版社 1974 年版。

[44] 马克思、恩格斯：《马克思恩格斯全集》（第 4 卷），人民出版社 1995 年版。

[45] 马想斌、王楠：《怎么融入美国主流社会？自得其乐就行》，《留学》2014 年第 8 期。

[46] 孟庆涛：《美国的"言论自由门"》，《人民日报》2014 年 7 月 28 日第 21 版。

[47] 慕娅林：《中英文化观念差异的深层透视分析》，《赤峰学院学报》（汉文哲学社会科学版）2012 年第 7 期。

[48] 潘翎、崔贵强：《海外华人百科全书》，香港三联书店 1998 年版。

[49] 任裕海：《影响跨文化人际关系若干因素探析》，《南京社会科学》2002 年第 8 期。

[50] 史沛：《跨文化交际视阈下的中俄餐桌上的非言语交际对比》，《吉林省教育学院学报》2014 年第 2 期。

[51] 苏东水：《管理心理学》，复旦大学出版社 2002 年第 4 版。

[52] 孙波：《中西饮食文化差异对比分析》，《海外英语》2011 年第 11 期。

[53] 涂成林：《澳大利亚学者对中国的研究》，《开放时代》1999 年第 1 期。

[54] 汪东亚：《留学中介进中小学欲"破堤" 教育部"截流"》，《留学》2014 年第 5 期。

[55] 汪嘉波、安娜：《我他妈的得拼命赚钱啊！——留俄学生异国打工心酸史》，《留学》2014 年第 9 期。

[56] 王丹：《关于美国哲学"宽容"理论的评析》，《理论观察》2008 年第 4 期。

[57] 王维波、车丽娟：《跨文化商务交际》，外语教学与研究出版社 2008 年版。

[58] 王希：《自由：一个尚未结束的美国故事——读埃里克·方纳的〈美国自由的故事〉》，《美国研究》2002 年第 2 期。

[59] 王梓伊：《伦理与契约：东西方人际关系的差异》，《辽宁社会主义学院学报》2006 年第 6 期。

[60] 徐婷、张夏、王亚萍：《创业路总是时起时伏 受挫折能否再接再厉——海归身处低谷该怎么办》，《人民日报》（海外版）2015 年 7 月 2 日。

[61] 严文华：《跨文化沟通心理学》，上海社会科学院出版社 2008 年版。

[62] 姚以镜：《别人的"美国梦"》，《国际金融报》2014 年 11 月 10 日。

[63] 雨山：《美国教育的利与弊》，《新京报》2012 年 11 月 17 日。

[64] 张澜涛：《论社会公平与社会经济安全——美国经济发展史的借鉴》，《国际关系学院学报》2008 年第 6 期。

[65] 张娜：《浅谈对中日文化差异的理解》，《传播与版权》2013 年第 6 期。

[66] 张善培：《老吾老以及人之老 透视中国人的敬老文化传统》，《北京晚报》2011 年 10 月 3 日。

[67] 赵胤伶、曾绪：《高语境文化与低语境文化中的交际差异比较》，《西南科技大学学报》（哲学社会科学版）2009 年第 2 期。

[68] 郑晓明、方俐洛、凌文辁：《社会规范研究综述》，《心理学动态》1997 年第 4 期。

[69] 周晓虹：《现代社会心理学：多维视野中的社会行为研究》，上海人民出版社 1997 年版。

[70] 周义、徐志红：《中西文化比较》，人民教育出版社 2004 年版。

[71] 朱国龙：《基于"三圈理论"看医疗保障制度改革——以美国为例》，《开发研究》2011 年第 6 期。

[72] 朱苏妍：《中俄跨文化交际语言差别初探》，《咸宁学院学报》2010 年第 9 期。

[73] 庄怡川：《国外有关归国人员文化再适应研究综述》，《华侨华人历史研究》2005 年第 4 期。

二　英文文献

[1] Adler, N. J., Re-entry: Managing Cross-Cultural Transitions, *Group and Organization Studies*, 1981, 6 (3): 341—356.

[2] Alder, P. S. , The Transitional Experience: An Alternative View of Culture Shock, *Journal of Humanistic Psychology*, 1975 (15): 13—23.

[3] Alder, P. S. , Culture Shock and the Cross-cultural Learning Experience, In L. F. Luce&E. C. Smith（Eds. ）, *Toward internationalism: A Reader*, Cambridge, MA: Newbury, 1987: 389—405.

[4] Austin, C. N. & Jones, B. V. , Reentry Among Missionary Children: An Overview of Reentry Research from 1934—1986, *Journal of Psychology and Theology*, 1987 (15): 315—325.

[5] Babiker, I, . Cox, J. & Miller, P. , The Measurement of Culture Distance and its Relationship to Medical Consultations, Symptomatology and Examination Performance of Overseas Students at Edinburgh University, *Social Psychology*, 1980 (15): 109—116.

[6] Bennett, M. J. , Transition Shock: Putting Cultural Shock in Perspective, In N. C. M. Jain（Ed. ）, *International and Intercultural Communication*, Falls Church, VA: Speech Communication Association. 1977.

[7] Bennett, M. J. , Transition Shock: Putting Culture Shock in Perspective, *International and Intercultural Communication Annual*, 1977 (4): 45—52.

[8] Bennett, M. J. , Transition Shock: Putting Cultural Shock in Perspective, In Milton J. Bennett（Ed. ）, *Basic Concepts in Intercultural Communication: Selected Readings*, 1998: 215—224.

[9] Church, A. T. , Sojourner Adjustment, *Psychological Bulletin*, 1982（91）: 540—572.

[10] Deutsch, S. E. & Won, G. Y. M. , Some Factors in the Adjustment of Foreign Nationals in the United States, *Journal of Social Issues*, 1963 (19): 115—122.

[11] Draguns, J. G. , Problems of Dealing and Comparing Abnormal Behavior Across Cultures, In L. L. Adler（Eds. ）, *Issues in Cross-cultural Research*, New York: New York Academy of Science, 1977: 664—675.

[12] Drever, E. , *Using Semi-Structured Interviews in Small-Scale Research: A Teacher's Guide*, Glasgow: The Scottish Council for Research in Education, 1997.

[13] Frederickson H. George. , *Public Administration with an Attitude*, Washington,

DC: America Society for Public Administration, 2005: 173—174.

[14] Emerson, R. W. , *Nature Addresses and Lectures*, Boston and New York: Houghton MifTlin Company, 1980: 115.

[15] Friedman, P. , Dyke, L. S. & Murphy, S. A. , Expatriate Adjustment from the Inside Out: An Auto-ethnographic Account, *The International Journal of Human Resource Management*, 2009, 20 (2): 252—268.

[16] Gaw, K. F. , Reverse Culture Shock in Students Returning from Overseas, *International Journal of Intercultural Relations*, 2000 (24): 83.

[17] Graves, T. D. , Psychological Acculturation in a Tri-ethnic Community, *Southwestern Journal of Anthropology*, 1967 (23): 337—350.

[18] Gullahorn, J. T. & Gullahorn, J. E. , An Extension of the U-curve Hypothesis, *Journal of Social Issues*, 1963, 19 (3): 33—47.

[19] Guthrie, G. M. , A Behavioral Analysis of Culture Learning, In R. W. Brislin, S. Bochner & W. J. Lonner (Eds.), *Cross-Cultural Perspectives on Learning*, New York: Wiley, 1975.

[20] Hall, E. T. , *The Silent Language*, New York: Anchor Books, 1959.

[21] Higbee, H. , Role Shock-A new Concept, *International Education and Cultural Exchange*, 1969 (4): 71—84.

[22] Hoff, B. L. R. , *Classroom-generated Barriers to Learning: International Students in American Higher Education*, Ph. D. diss. , United States International University, San Diego. 1979.

[23] Hofstede, G. , *Masculinity and Femininity: The Taboo Dimension of National Cultures*, Thousand Oaks CA: Sage Publications, 1998.

[24] Jandt, F. , *An Introduction to Intercultural Communication*, SAGE Publications, 2007.

[25] Kim, Y. Y. & Ruben, B. D. , Intercultural Transformation: A system Theory, In Y. Y. Kim & W. B. Roben Gudykunst (Eds.) *Theories in Intercultural Communication*, California: Sage Publication, 1988: 299—321.

[26] Kim, Y. Y. , Cross-cultural Adaptation, In Richard L. Wiseman (ed.), *Intercultrual Communication Theory*, SAGE Publications, Inc. , 1995: 170—193.

［27］ Kim, Y. Y. , Cross-cultural Adaptation, In Richard L. Wiseman (ed.), *Intercultrual Communication Theory*, SAGE Publications, Inc. , 1995: 170—193.

［28］ Kim, Y. Y. , *Becoming Intercultural: An Integrative Theory of Communication and Cross-cultural Adaptation*, Thousand Oaks, CA: Sage, 2001.

［29］ Kluckhohn, F. R. & Strodtbeck, F. L. , *Variations in Value Orientations*, Evanston, IL: Row, Peterson, 1961.

［30］ Lewis, T. & Jungman, R. (Eds.), *On Being Foreign: Culture Shock in Short Fiction*, Yarmouth, ME: Intercultural Press, 1986.

［31］ Lysgaard, S. , Adjustment in Foreign Society: Norwegian Fullbright Grantees Visiting the United States, *International Social Science Bulletin*, 1955 (7): 45—51.

［32］ Mansell, M. , Transcultural Experience and Expressive Response, *Communication Education*, 1981 (30): 93—108.

［33］ Martin, J. N. , The Intercultural Reentry: Conceptualization and Directions for Future Research, *International Journal of Intercultural Relations*, 1984, 8 (2): 115—134.

［34］ Martin, J. & Nakayama, T. , *Intercultural Communication in Contexts*, The McGraw-Hill Companies, 2004: 282—283, 294.

［35］ Marx, E. , *Breaking Through Culture Shock*, London: Nocholas Brealey. 1999.

［36］ Mezirow, J. : *Education for Perspective Transformation*, New York: Center for Adult Education, Columbia University, 1978.

［37］ Mezirow, J. , A Critical Theory of Adult Learning and Education, *Adult Education Quarterly*, 1981 (32): 3—24.

［38］ Mezirow, J. , *Transformative Dimensions of Adult Learning*, San Francisco, CA: Jossey-Bass, 1991.

［39］ Miller, D. T. , The Norm of Self-interest, *American Psychologist*, 1999 (54): 1053—1060.

［40］ Morris, R. T. , *The Two-way Mirror*, Minneapolis, Minn: The University of Minnesota Press, 1960.

▶▶▶ 文化休克 与 返乡文化休克 ◀◀◀

[41] Oberg，K.，Culture Shock：Adjustment to New Cultural Environments，*Practical Anthropology*，1960 (7)：167—221.

[42] Pedersen，P.，*The Five Stages of Culture Shock：Critical Incidents Around the World*，Westport，CT：Greenwood，1995.

[43] Redfield，R.，Linton. R. & Herskovits，M. J.，Momorandum on the Study of Acculturation，*American Anthropologist*，1936 (38)：149—152.

[44] Ruben，B. D.，Human Communication and Cross-cultural Effectiveness，In L. A. Samovar & R. E. Porter (Eds.)，*Intercultural communication：A reader*，CA：Wadsworth，1988.

[45] Searle，W. & Ward，C.，The Prediction of Psychological and Sociocultural Adjustment During Cross-cultural Transitions，*International Journal of Intercultural Relations*，1990 (14)：449—464.

[46] Smalley，W. A. ，Culture Shock，Langue Shock，and the Shock of Self-discovery，*Practical Anthropology*，1963 (10)：49—56.

[47] Smith，M. B.，Some Features of Foreign Student Adjustment，*Journal of Higher Education*，1955 (26)：231—241.

[48] Taylor，E. W.，A Learning Model for Becoming Interculturally Competent，*International Journal of Intercultural Relations*，1994 (18)：389—408.

[49] Thomas，K. & Althen，G.，Counseling Foreign Students，In P. B. Pedersen，J. G.，Draguns，W. J. Lonner，& Trimble，J. E. (Eds.)，*Counseling Across Cultures*，Honolulu：University of Hawaii Press，1989：205—241.

[50] Uehara，A.，The Nature of American Student Reentry Adjustment and Perceptions of the Sojourn Experience，*International Journal of Intercultural Relations*，1986，10 (4)：415—438.

三 网络资料

[1] 水影儿：《我刚到美国如何熬过语言休克期》（http：//blog. sina. com. cn/s/blog_53404ecc01009ma4. html）。

[2] 文军：《文化休克》（http：//www. cunews. edu. cn/html/xbwc/20040714/174001. html 2004-7-14）。

[3] 林忆夏：《新海归遭遇"逆向文化冲突"值得全社会重视》（http：//blog. sina. com. cn/s/blog_8f071c7d01010qln. html）。

[4]《"文化休克"的故事》，网易博客（http：//foundationcheng. blog. 163. com/blog/
    static/20074011120152135041265/ 2012-5-21）。

[5] 周有光：《美国社会的发展背景》，共识网（http：//www. 21ccom. net/articles/
    sdbb/2013/1009/93214. html 2013-10-8）。

[6]《中国留学生在美国 融不入的熔炉》，《纽约时报》（http：//edu. sina. com. cn/a/
    2014-11-07/1403251810. shtml 2014-11-7）。

[7] 涂子沛：《现代美国人的主流家庭观念：基于平等的爱》，中国新闻网（http：//
    www. chinanews. com/cul/2011/06-10/3103996. shtml 2011-6-10）。

[8] 王英：《美国如何建立社会主流价值观》，《学习时报》电子版（http：//
    www. gmw. cn 2012-3-19）。

[9]《闲谈美国的自由》，凤凰网博客（http：//blog. ifeng. com/3087777. html 2010-6-
    11）。

[10]《美国人的宽容》，东方网（http：//www. sina. com. cn 2007-5-22）。

[11] 刘扬：《东西相遇》（http：//www. 360doc. com/content/10/0520/19/1192431 _
    28612769. shtml）。

[12]《外国民间评出 30 大"最中国"行为》，腾讯网（http：//mp. weixin. qq. com/s?
    _ biz ＝ MzAwMTA2MzY5Mg ＝ ＝ ＆mid ＝ 207657604＆idx ＝ 5＆sn ＝
    c6c3a5b2ca724a53b0846620a5039a05＆scene ＝ 1＆from ＝ singlemessage ＆ isap-
    pinstalled＝0♯rd）。

[13]《一对跨国夫妇的教育观》，新浪博客（http：//blog. sina. com. cn/s/blog _
    a202012001011vpt. html）。

[14]《海外留学生：留过学的人，到底有什么不同》，中华网（http：//edu. china. com/
    abroad/news/535/20140915/18787117. html 2014-9-15）。

[15] 胡敏：《留学期间这样打工最有效》（http：//blog. sina. com. cn/s/blog _ 474d99130100gq6q.
    html 2009-12-14）。